Wladimir Woinowitsch

Auf gut russisch

oder

Der ich hätte werden können

Erzählungen und offene Briefe

Deutsch von G. von Halle

Diogenes

Originaltitel:
Путем взаимной переписки
Die Erzählung »Sergej Skurlatski, Schriftsteller«
wurde von Alexander Kaempfe übersetzt.

30/82/35/1
ISBN 3 257 01633 6

Inhalt

Vorbemerkung des Autors

Ein Kritiker, Emigrant, stellte unlängst die Behauptung auf, alles, was ich bis zum *Tschonkin* geschrieben habe, hätte auch in jedem beliebigen sowjetischen Organ, ›Molodaja gwardija‹ und ›Krokodil‹ inbegriffen, publiziert werden können.

Dem ist nicht ganz so.

Selbst die für ihre Zeit wagemutige und mit Abstand beste Zeitschrift ›Nowy mir‹ ließ meine Prosa, abgesehen von meiner ersten Erzählung »Wir leben hier«, nur mit Müh und Not und manchmal auch gar nicht (»Brieffreundschaften« zum Beispiel) durchgehen.

Die erste Erzählung (›Nowy mir‹, Nr. 1, 1961) wurde von der Kritik alles in allem positiv aufgenommen. Doch bereits damals konnten die ach so wachsamen Kritiker nicht umhin, auf die Tatsache hinweisen zu müssen, daß der junge Schreiber nicht nur die Vorwärtsbewegung von Kombinen und sonstigen landwirtschaftlichen Maschinen beschreibe, sondern sich auch, wie sich einer der Kritiker auszudrücken beliebte, einer »uns fremden Poetik der Darstellung des Lebens, wie es ist« bediene. Und ein gewisser A. Iwanow (heute übrigens Chefredakteur der Zeitschrift ›Molodaja gwardija‹) bezeichnete die völlig harmlose Erzählung »Zwei Kameraden« als ideologisch gesehen schädlich sowie antisozialistisch und pornographisch, wobei er als Beispiel für Pornographie ein Lied anführte, das von einer der Heldinnen der Erzählung gesungen wird:

> Mama, ich liebe einen Piloten.
> Mama, ich gehe mit einem Piloten.
> Der Pilot fliegt hoch in die Höh
> Und kriegt viel Geld dafür.
> Mama, ich gehe mit einem Piloten.

Und was in den Zeitungen über die Erzählung »Ich will ehrlich sein« (»Der ich hätte werden können«) geschrieben worden ist und wie sich der gegenwärtige Sekretär des ZK der KPdSU, Iljitschew, dazu vom hohen Rednerpult herab geäußert hat, will ich gar nicht erst wiederholen. Nicht zufällig ist diese Erzählung, die in viele andere Sprachen übersetzt worden ist, für den russischen Leser bis zum heutigen Tag lediglich als Publikation in einer Zeitschrift (›Nowy mir‹, Nr. 2, 1963) zugänglich.

Vorliegender Sammelband vereinigt zu verschiedenen Zeiten Geschriebenes, Texte, die bislang noch nicht in einer eigenen Ausgabe Aufnahme gefunden haben. Ich beabsichtige damit, den Leser mit verschiedenen Seiten meiner literarischen Arbeit bekanntzumachen und habe daher Dinge darin aufgenommen, die in der Sowjetunion, aber auch im Ausland erschienen oder noch nirgends veröffentlicht worden sind, sowie meine (meiner Ansicht nach) am besten gelungenen offenen Briefe.

Die Erzählung »Ich will ehrlich sein« trug ursprünglich, das heißt bereits in der Manuskriptfassung, den Titel »Der ich hätte werden können«. Die Titeländerung wurde auf Drängen eines Mitglieds des Redaktionskollegiums von ›Nowy mir‹ vorgenommen, das den neuen Titel im Hinblick auf die Zensur für weniger gefährlich hielt. Durch seinen deklarativen Charakter zog aber der Titel »Ich will ehrlich sein« viele Leser an und rief gleichzeitig bei der staatlichen Kritik Gereiztheit hervor. Mir persönlich hat er auch nie recht zugesagt, und ich gebe der Erzählung hiermit ihren alten Titel zurück, nicht, um die staatlichen Kritiker zufriedenzustellen, sondern ausschließlich aus ästhetischen Erwägungen.

Wladimir Woinowitsch

Erzählungen

Der ich hätte werden können

(Ich will ehrlich sein)

Mein Freund, mein teurer Freund,
Wie, wußtest du denn nicht:
Mein Leben lang bemüht war ich
Zu werden, o mein Gott, nicht
Der ich hätte werden können...
Henry Lawson

I

Jeden Morgen dreiviertel sieben klingelt mein Wecker auf dem Tisch und gemahnt mich, daß es Zeit ist aufzustehen und zur Arbeit zu gehen. Natürlich habe ich weder Lust aufzustehen noch zur Arbeit zu gehen. Draußen ist noch Nacht und das regennasse Fenster kaum von der dunklen Wand zu unterscheiden. Ich ziehe an der Schnur des Lichtschalters, liege einige Minuten im Licht und gebe dem ursprünglichsten aller Wünsche nach, dem Wunsch, noch ein wenig vor sich hinzudösen. Dann lasse ich die Beine auf den Fußboden herab, erst das eine, dann das andere, und mit diesem Augenblick beginne ich mich langsam in den Menschen zu verwandeln, der ich jetzt bin.

Erst einmal sitze ich auf dem Bett, blicke stumpfsinnig auf irgendeinen unbestimmten Punkt an der gegenüberliegenden Wand, kratze mich, seufze und öffne weit den Mund. Ich habe einen widerlichen Geschmack im Mund und in der Brust brodelt es siedend, wahrscheinlich, weil ich zu viel rauche. Das Herz schmerzt. Vielmehr: Es schmerzt nicht, ich spüre es einfach. Mir ist, als habe man mir einen runden Pflasterstein unter die Haut gelegt. Hätte jetzt irgendwer, der mich nicht kennt, das zweifelhafte Glück, mich in diesem Augenblick sehen zu können, würde er wohl ein nicht geringes Vergnügen empfinden bei meinem Anblick. Denn es gibt wohl kaum etwas Häßlicheres auf der

Welt als mein Gesicht, meine Figur und die Haltung, die ich in diesem Augenblick einnehme. Dann beginne ich, die nackten Zehen zu bewegen, recke die Arme zur Seite und stelle alle möglichen anderen Manipulationen an, die nur sehr entfernt an gymnastische Übungen erinnern. Auf dem Boden unter der Heizung liegen Hanteln, die ich mir letztes Jahr gekauft habe. Sie sind mit einer dicken Staubschicht bedeckt und sehen größer aus, als sie in Wirklichkeit sind. Ich habe sie schon lange nicht mehr in der Hand gehabt, und die Tatsache, daß sie voller Staub sind, entschuldigt mich ein wenig: Ich habe keine Lust, mir die Hände schmutzig zu machen. Früher jedoch war ich durchaus in der Lage, drei Minuten nach dem Wecken mit Militärmantel, Maschinenpistole und der gesamten übrigen Ausrüstung über der Schulter loszurennen und dabei noch gymnastische Übungen zu machen. Schuldykow, unser Spieß, der mir das als erster beigebracht hat, pflegte zu sagen:

»Auch im Zivilleben werden Sie mir in drei Minuten aus den Federn sein! Das bringe ich Ihnen bei. Ist mein Lebensziel.«

Sollte er wirklich kein anderes Lebensziel gehabt haben, darf angenommen werden, daß Schuldykows Leben völlig spurlos vorübergegangen ist.

Während ich mir so meine Gedanken mache, fahre ich mir mit der Hand über die Backen und stelle fest, daß es nicht schlecht wäre, sich zu rasieren. Meine Bartstoppeln wachsen in einem erstaunlichen Tempo. Wer mich abends sieht, wird um nichts in der Welt glauben, daß ich am Morgen noch glattrasiert war wie ein Kinderpopo. Ich habe mit sechzehn angefangen, mich zu rasieren, und schon in der Schule hieß ich der »haarige Hadrian«.

Der elektrische Rasierapparat »Newa« macht einen solchen Lärm, daß der Rentner Iwan Adamowitsch Schischkin hinter der Wand wach wird und anfängt, zartfühlend zu hüsteln, um damit zu verstehen zu geben, daß es sich in meinem Alter nicht mehr gehört, sich wie ein Hooligan aufzuführen. Leider kann ich ihm nicht helfen und setze tapfer das begonnene Werk fort, wobei ich mich eines kleinen, runden Spiegels in einer Eisenfassung bediene. Offen gesagt, bereitet mir der Spiegel wenig Freude. Denn aus ihm blickt mich ein Mensch an, teils rothaarig, teils glatzköpfig, dicker als nötig und mit großen Ohren, die mit grauschwarzem Flaum bewachsen sind. Als ich noch klein war, sagte die Mutter einmal, Beethoven habe genauso große Ohren gehabt. Anfangs war mir die Hoffnung, auch einmal so einer zu werden wie Beethoven, ein Trost. In den frühen Jugendjahren habe ich mich dann meiner Ohren geschämt. Inzwischen jedoch habe ich mich an sie gewöhnt, denn letzten Endes sind sie mir nicht sonderlich hinderlich gewesen im Leben.

Sobald ich mich rasiert habe, gehe ich ins Badezimmer und wasche mich lange und gründlich mit dermaßen kaltem Wasser, daß die Finger steif werden und rot anlaufen.

Dann ziehe ich Gummistiefel, Pullover, Jackett und Regenmantel an, setze die zottigwollene Schirmmütze auf und gehe hinaus auf den Treppenaufgang. Dem Postkasten an der Tür entnehme ich einen Brief. Der Brief ist von meiner Mutter. Ich werde ihn am Arbeitsplatz lesen.

2

Draußen ist es Oktober geworden. Der Himmel zeigt sich über und über wolkenbedeckt. Noch ist der Tag nicht angebrochen, und es hat den Anschein, als wolle es heute überhaupt nicht Tag werden. Schwer zu glauben, daß die Sonnenstrahlen dieses undurchdringliche Grau in Grau zu durchbrechen vermögen.

Doch die Stadt ist bereits zum Leben erwacht. Tausende von Leuten eilen, den Kragen hochgeschlagen oder den Schirm aufgespannt durch die Straßen, stürmen die regenfunkelnden Autobusse und verschwinden im Eingang zur Tabakfabrik. Wenn man sie so sieht, wird einem angst und bange: Woher nur diese vielen Menschen kommen mögen?

Am Fußgängerstreifen hat sich eine Riesenmenge angesammelt, bereit, sich bei der ersten nur bietenden Gelegenheit zwischen die kein Ende nehmen wollenden Autoschlangen zu stürzen. In dieser Menschenmenge überquere ich die breite Straße und lande vor einer großen Cafeteria oder eher einem Schnellimbiß, so etwas wie einer großen Glocke halb aus Glas, halb aus Metall. In dem Restaurant gibt es ein Büfett und ein paar hohe Tische mit Beinen aus Eisen. Der Zementboden ist mit einer dicken Schicht Sägespäne bedeckt.

Eine lange Schlange zieht sich am Büfett entlang. Die Leute treten von einem Fuß auf den anderen, zittern vor Kälte und reiben sich die Hände. Die durchnäßten Mäntel und Umhänge dampfen.

Hinter dem Büfett steht Soja, ein hochgewachsenes Mädchen mit glattgekämmten Haaren. Sie wirft das Kleingeld auf einen Plastikteller, gibt den Restbetrag heraus und hantiert flink mit den blinkenden Hebeln der Kaffeemaschine. Vielleicht kommt es ihr so vor, als stünde sie am Steuerpult eines Atombootes.

Als sie mich sieht, lächelt Soja erfreut und zeigt ihre schönen, gleichmäßig gewachsenen Zähne. Doch dürfte ich kaum ihr Typ sein. Ihr Lächeln will wohl einfach nur zu erkennen geben, daß ich zur Stammkundschaft gehörig betrachtet werde.

»Wie geht's? Wie immer?« fragt Soja.

»Wie immer«, sage ich.

Für den halben Rubel, den ich ihr hinhalte, reicht sie mir Würstchen mit Kohl, einen Milchkaffee und ein Mohnbrötchen. Die Schlange hinter mir wird ungeduldig und will aufbegehren, aber Soja weiß sie zu beschwichtigen:

»Das ist einer von unseren Leuten.«

Und sie lächelt.

Vielleicht gefalle ich ihr doch. Das käme für mich nicht einmal unerwartet, denn ich gefalle vielen Frauen, da ich hochgewachsen bin und kräftig, dazu noch ein gutes Auskommen habe und nicht leichtsinnig bin im Umgang mit Alkohol.

3

Nicht weit von der letzten Busstation erstreckt sich ein weites, von Bretterzäunen umgebenes Terrain, das Faulbaumgelände des Ortes.

An einem der Zäune hängt ein großes Sperrholzschild mit der Aufschrift:

BAUVERWALTUNG II
LEITUNG: BAUFÜHRER
GENOSSE SAMOCHIN

Und gleich daneben ein Anschlag mit der Ankündigung:

ES SINGT HELENA WELIKANOWA

Genosse Samochin, das bin ich. Mit Helena Welikanowa habe ich nicht das geringste zu tun – die Werbeabteilung hat lediglich den freien Platz neben dem Bauschild nutzen wollen.

Die Gastvorstellungen der Sängerin sind bereits beendet, und gestern abend hat sie unsere Stadt verlassen. Der Anschlag wird bald schon abgenommen werden, und das Schild mit meinem Namen wird ebenfalls bald verschwinden, denn das Haus, dessen Bau mir untersteht, ist so gut wie übergabebereit. Da steht es nun hinter dem Zaun, vorläufig noch leer, mit seinen vom Regen dunkelnden Wänden aus Silikat-Ziegelsteinen.

Ein regungsloser Turmdrehkran reckt seinen Hals in den trüben Herbsthimmel. Den Kran brauche ich nicht mehr; man sollte Montagearbeiter von der Produktionsgruppe »Baumechanisierung« kommen und ihn wegholen lassen.

Am rechten Flügel des Gebäudes, an einer der Türen im ersten Stock der vierten Sektion, hängt ein Pappschild mit der Aufschrift: *Bauhütte*. Hier bin ich normalerweise täglich von halb acht bis fünf anzutreffen, häufig jedoch auch noch nachts um zehn, elf oder zwölf, denn mein Arbeitstag ist nicht fest geregelt.

Die Luft in der Bauhütte ist total verräuchert, und es herrscht ein Höllenlärm. Das Licht der Lampe vermag kaum die dichten Rauchschwaden zu durchdringen. Die in der Hütte versammelten Arbeiter haben es sich auf Schemeln oder der langen Holzbank bequem gemacht oder hocken einfach an den Wänden entlang oder um den Eisenofen herum. Der Stuckarbeitertrupp von Babajew liegt geschlossen und vollzählig auf dem Boden.

»Kann man denn nicht wenigstens ein Klappfenster aufmachen«, knurre ich, indem ich mich zum Tisch, der am Fenster steht, hindurchkämpfe.

Keiner nimmt auch nur die geringste Notiz von mir, und ich öffne das Klappfenster selber. Der Qualm verzieht sich allmählich. Von der Straße her zieht Feuchtigkeit herein.

Bis zum Arbeitsbeginn ist es noch eine halbe Stunde, und die verbringt jeder nach Gutdünken. Schilow, der Leiter der Arbeitsgruppe, sitzt auf einer Kiste für Nägel und trocknet am Ofen seine Fußlappen. Babajew blättert in einem Buch und bereitet sich auf das Studium an der Volkshochschule vor, und die Hilfsarbeiterin Katja Shelobanowa erzählt ihrer Freundin Ljusa Markina, daß sie im Sommer am Strand den Sänger Rostschin gesehen hat und daß er, wie sich herausstellte, eine Glatze hat und wahrscheinlich, wenn er im Fernsehen auftritt, eine Perücke trägt.

Am Fenster steht Derjuschew, ein dicker, schwammiger, schwerfälliger Kerl im Matrosenkittel. Schnaufend vor Anstrengung versucht er, ein Brecheisen zu biegen, das er mit dem einen Ende in eine Ritze zwischen die Lamellen des Radiators gesteckt hat. Neben ihm steht der Parkettleger Schmakow, der »Schriftsteller« genannt, weil er auch im Winter ohne Kopfbedeckung herumläuft.

»Los, man immer ran«, stachelt er Derjuschew an. »Mußt dich bloß richtig mit den Beinen dagegenstemmen.«

»Was machst du da?« frage ich Derjuschew.

Derjuschew zuckt zusammen und lächelt verlegen:

»Nichts weiter, Jewgeni Iwanytsch, treiben nur Unfug.«

»Ach, Derjuschew, Derjuschew«, seufzt der Schriftsteller bekümmert, »mit so einem Kasten kannst du doch kein Brecheisen biegen. Muß dich wohl zu Neujahr abstechen, das gibt Fett und

Speck. Hier, Jewgeni Iwanytsch biegt dir's ohne viel Federlesens«, versucht er mich ranzukriegen.

Es ist mir ein bißchen zu familiär, wie er mit mir umgeht, und ich will ihn schon zurechtweisen, aber da geht mir durch den Kopf: »Warum sollte ich's nicht in der Tat einmal probieren? Wäre was, womit man sich brüsten könnte.«

»Also gut. Gib her.«

Ich nehme das Brecheisen, lege es überm Genick an und ziehe es an den Enden nach unten. Ich spüre, wie es in den Ohren dröhnt und das Blut in die anschwellenden Halsadern steigt.

Bedachtsam lege ich das zu einem Bogen gekrümmte Brecheisen vor mich auf den Boden. Und kann es nicht lassen zu fragen:

»Wie wär's, vielleicht schafft's noch jemand?«

»Donnerwetter, das will Kraft heißen«, seufzt Derjuschew neidisch und läßt unauffällig seine schlaffen Muskeln spielen.

Katja Shelobanowa blickt mich mit unverhohlener Bewunderung an. Der Sänger Rostschin hätte es wohl kaum geschafft, ein Brecheisen über seinem Genick zu krümmen.

Mir bleibt fast die Luft weg. Das Herz hämmert, als hätte ich ein Zehnkilometerrennen hinter mir. Irgendetwas ist mit mir in letzter Zeit. Um mir nicht anmerken zu lassen, daß ich völlig außer Atem bin, setze ich mich an den Tisch und tue so, als wühlte ich in Papieren.

Der Schriftsteller hört nicht auf, Derjuschew die Hölle heiß zu machen.

»Schau dir das mal an, Derjuschew«, sagt er, »was würdest du wohl machen, wenn du solche Kraft hättest? Würdest bestimmt zum Zirkus gehen. Sag mal, würdest du?«

»Wer weiß«, antwortet Derjuschew nachdenklich, »vielleicht würde ich wirklich gehen!«

»Wenn du meine Meinung hören willst: Meinetwegen könntest du auch so gehen. Dich kann man den Leuten glatt für Geld vorführen. So ein dickes Schwein angucken – da kommt doch jeder, auch, wenn es Geld kostet.«

Der Schriftsteller lacht und läßt seinen Blick in die Runde

schweifen, als wolle er die anderen auffordern, in sein Gelächter einzustimmen. Doch da ist niemand, der ihm beisteht, abgesehen von Ljusja Markina, die sich in den Schriftsteller verguckt hat und daraus auch keinerlei Hehl macht.

»Schmakow«, sage ich zum Schriftsteller, »bist du das gewesen, der in der dritten Sektion den Fußboden gedielt hat?«

»War ich. Na und?«

Er blickt mich mit der ihm eigenen Unverfrorenheit an.

»Nun ja«, sage ich. »Das Parkett hat sich völlig verzogen.«

»Macht nichts, wird sich schon wieder zurechtziehen. Vor der Übergabe einfach mit ein bißchen Wasser drüber, und das ganze zieht sich hübsch wieder zusammen.«

»Schmakow«, nun werde ich pathetisch, »hast du eigentlich überhaupt keinen Arbeitsstolz? Fehlt es dir wirklich an jeglichem Willen, deine Arbeit ordentlich zu machen?«

»Unsereins gehört nun mal nicht zu den gebildeten Leuten«, sagt er, »unsereiner braucht seine Groschen und ordentlich was zu essen.«

Wie er so spricht, fürchtet er nichts und niemanden. Zureden nützt nichts bei ihm und drohen schon gar nicht. Auf dem Bau wird schließlich jeder wie der eigene Augapfel gehütet, wenn auch nicht sonderlich geschont dabei. Zu uns kommen Kriegsdienstentlassene und Leute, die gerade erst vom Dorf gekommen sind – kommen, arbeiten eine Zeitlang, schauen sich ein wenig um und machen sich wieder aus dem Staub, der eine in die Fabrik, der nächste in irgendeinen Betrieb. Dort verdient man mehr und arbeitet zudem noch im Warmen.

Da drüben vor dem Ofen sitzt Matwej Schilow. Er hat die Schuhe ausgezogen, trocknet seine Fußlappen und denkt an Gott weiß was. Vielleicht setzt er in Gedanken sein Entlassungsgesuch auf. Aber solche wie Schilow gehen selten. Er ist schon zwölf Jahre auf dem Bau. Und hat sich eingewöhnt, so wie wir uns an ihn gewöhnt haben.

Ich schaue auf die Uhr: Die Zeiger gehen auf acht.

»Alles vollzählig versammelt?« frage ich Schilow.

Er dreht den Kopf gemächlich zu mir herum und läßt dann genau so gemächlich seinen Blick über die Anwesenden wandern.

»Sieht so aus.«

»Schluß mit der Zigarettenpause, an die Arbeit!«

»Komme schon«, antwortet Schilow unwillig und beginnt, sich seine Fußlappen umzuwickeln. Als er fertig ist, steht er auf, stampft erst mit dem einen, dann mit dem anderen Bein auf und holt ohne alle Eile den Hammer vom Ofen hervor. Er hält ihn dem Schriftsteller hin: »Los, ran ans Werk.«

Der Schriftsteller zieht gehorsam los und holt mit dem Hammer aus: Der mit einem Draht am Laternenpfahl vor der Tür befestigte Waggonpuffer dröhnt wie eine Kirchenglocke und verkündet den Beginn des Arbeitstages. Alle begeben sich langsam nach draußen.

4

»Mein lieber Sohn!

Schon zwei Wochen keinerlei Nachricht von Dir, und ich weiß einfach nicht, was ich davon halten soll. Wie lange willst Du mich noch quälen? Gestern habe ich im Traum gesehen, wie Du barfuß durch den Schnee daherkommst. Ich glaube nicht an Träume, aber wenn es um Dich geht, fange ich unwillkürlich an, mir Sorgen zu machen. Mir gehen dermaßen schlimme Gedanken im Kopf herum, daß einem schon angst und bange wird, nur davon zu sprechen. Ständig habe ich die Vorstellung, Du könntest krank geworden oder, Gott möge es verhüten, unter ein Auto gekommen sein ...«

Soweit der Brief meiner Mutter, ehemals Lehrerin, inzwischen pensioniert. Schon früher bekam sie gern Briefe, aber jetzt noch viel lieber.

Aber was soll ich schreiben? Jeden Tag ein und dasselbe: Dreiviertel sieben aus dem Bett. Um acht Arbeitsanfang. Von zwölf bis eins Mittagspause. Um fünf Arbeitsschluß. Halb sechs Besprechung beim Leiter der Bauverwaltung. Apropos unters Auto kommen: Dergleichen würde die Personalabteilung oder die Verkehrspolizei mitteilen – werden schließlich dafür bezahlt.

»...Bei mir gibt es weiter nichts Neues, will man davon absehen, daß ich vorgestern auf der Aktivversammlung zur Vorsitzenden des Hauskomitees gewählt worden bin. Du betrachtest dergleichen natürlich skeptisch, aber ich war sehr angetan.

Vor einigen Tagen habe ich auf der Straße zufällig Wladik Tugarinow getroffen. Ist mit seiner Frau in Urlaub gefahren. Gibt neuerdings eine große Figur ab und ist gerade zum Leiter irgendsoeines Riesenbauprojekts in Sibirien ernannt worden. Hat nach Dir gefragt und sich Deine Adresse notiert, sagte, er würde Dir bestimmt schreiben.«

Natürlich weiß ich, was das alles zwischen den Zeilen heißen soll: Wladik hat zwar auch nicht mehr auf dem Kasten als ich und zumindest in Mathematik weit schlechter abgeschnitten, sitzt aber inzwischen auf einem prima Chefposten. Und ich, ich könnte genau so einen passablen Posten haben, wenn ich nicht ständig von einer Stelle zur anderen, von einem Ort zum anderen pendeln würde.

Was Mama nicht bedenkt bei der Sache ist der Umstand, daß Wladik sein Diplom im Jahre vierundvierzig gemacht hat (wir hatten gemeinsam angefangen zu studieren), als ich gerade im »Boris und Gleb«-Hospital lag. Natürlich kann Wladik nichts dafür, daß er nicht an die Front mußte – schon in der zehnten Klasse hatte er einen Kurzsichtigkeitsgrad von minus acht. Aber ich kann schließlich genausowenig etwas dafür, daß ich damals gerade erst dabei war, meine Praktikantenzeit als Student zu absolvieren, während Wladik bereits Leiter einer technischen Produktionsabteilung war.

Natürlich hätte ich nach dem Studium an ein und demselben Ort bleiben können. Stattdessen habe ich auf Sachalin gearbeitet, in Jakutien, im Petschorabecken und sogar im Neuland und habe dort Lehmziegelhütten gebaut. Wer weiß, vielleicht werde ich's auch hier nicht lange aushalten?

5

Genau in diesem Augenblick klingelt das Telefon. Ich werde oft angerufen, was mich normalerweise nicht sonderlich aus der Fassung bringt. Aber diesmal spüre ich irgendwie in den Fingerspitzen, daß der Anruf etwas Unangenehmes zu bedeuten hat. Einen Grund für dieses Gefühl habe ich nicht, habe einfach nur so eine Ahnung und nehme daher den Hörer nicht ab. Soll ruhig klingeln, werden sehen, wer den längeren Atem hat. Ich stecke mir eine Zigarette an, ziehe die Schreibtischschublade heraus und blättere in den Auftragsunterlagen. Aber der da anruft, hat den längeren Atem. Ich nehme den Hörer ab und höre Silajews Stimme, die Stimme unseres Bauverwaltungsleiters.

»Samochin, wieso gehst du nicht ans Telefon?«

»War auf dem Bau. Konnte nicht wissen, daß Sie anrufen.«

»Muß man aber. Man muß im Gefühl haben, wann Vorgesetzte anrufen.«

»Das habe ich auch«, sage ich, »nur nicht gleich. Ein bißchen später.«

»Das ist es ja. Wenn du's erst einmal rechtzeitig im Gefühl haben wirst, wirst du wer sein.«

Er scheint sich heute höchst zweideutig auszudrücken. Ich mag nicht, wenn Vorgesetzte sich übermäßig lustig machen.

»Hör zu, Samochin«, der Vorgesetzte wird ernst, »komm mal rüber, müssen etwas besprechen.«

»Worum geht's?«

»Wirst schon hören. Ist nichts fürs Telefon.«

»Also gut. Ich mache schnell noch eine Runde um den Bau . . .«

»Nu mach schon, aber stante pede.«

Was blieb mir übrig, ich mußte los. Verlasse also die Bauhütte und gehe in den vierten Stock hinauf. Auf dem Treppenabsatz steht Schilow und geht die Wände mit der Spritzpistole lang. Ein himmelblauer Strahl bricht sich pfeifend aus dem bronzefarbenen Rohr Bahn und überzieht die Stukkatur gleichmäßig mit Farbe. Schilow selbst ist auch von Kopf bis Fuß voller Farbe, von der Mütze über die wattierte Jacke bis zu den Stiefeln.

»Na, was ist, Schilow«, frage ich, »sind die Fußlappen trocken geworden?«

»Trocknen an den Füßen.«

»Und warum kommt die Farbe so dick?«

»Gibt keinen Ölfirnis, nichts zum Verdünnen da. Wird's irgendwann mal Ölfirnis geben?«

»Wird es«, sage ich, »wenn Bogdaschkin damit rausrückt.«

»Heißt also nein«, bemerkt Schilow skeptisch. »Bogdaschkin wird nichts rausrücken.«

»Macht nichts, mit Gottes Hilfe werden wir schon drankommen.«

»Schwerlich.«

Schilow spuckt aus und schaut aus dem Fenster.

Ich gehe in eine der Wohnungen und schaue mich um. Alles in allem scheint alles so einigermaßen. Nur die Stukkatur will und will nicht trocknen. Und die Türen sind von der Feuchtigkeit aufgequollen und lassen sich nicht schließen. Hätte man sie rechtzeitig gefirnißt, wäre dem nicht so.

Ich gehe in die Küche. Was sehe ich: Katja Shelobanowa und Ljura Markina sitzen, die Beine von sich gestreckt, an der Zentralheizung. Unterhalten sich. Über irgendwelche Freier, über Speiseeis, Filme und alles mögliche andere, was in keinerlei Beziehung zu ihren eigentlichen Obliegenheiten steht. Die Heizung funktioniert übrigens gar nicht, das Wasser ist nämlich noch nicht angeschlossen.

»Ist euch nicht kalt?« frage ich.

Schweigen.

»Was sitzt ihr so da? Habt ihr nichts zu tun?«

»Schlummerpause«, versucht Katja verlegen zu scherzen und muß selber lachen.

»Kaum angefangen zu arbeiten und schon Pause. Geht mal rüber in die vierte Sektion, Kacheln hinbringen.«

Ich sage das einigermaßen griesgrämig und mit heiserer Stimme. Sogar gegen mein ureigenstes Ich. Aber da kann ich mir nicht helfen: Der Anblick von Leuten, die nichts tun, reizt mich nun mal. Da sie nun einmal zur Arbeit gekommen sind, heißt das arbeiten und nicht, sich in Ecken rumdrücken.

Am meisten von allen brachte mich Derjuschew in Wut. Er war dabei, Balkongitter mit dem Gasschweißer zusammenzuschweißen. Ich merkte sofort, daß seine Nähte ungleichmäßig und viel zu schwach waren. Ich puffte gegen eines der Gitter, und es fiel auf der Stelle in der Naht auseinander.

»Was soll das«, sagte ich zu Derjuschew, »willst du vielleicht, daß wir beide hinter Schloß und Riegel landen?«

Derjuschew löschte die Flamme und schob die blaue, mit Metallsplittern vollgespritzte Brille auf die Stirn.

»Das Flußmittel, Jewgeni Iwanytsch, ist zu schwach, hält einfach nicht«, sagte er und lächelte, als habe er mir eine angenehme Neuigkeit zu überbringen. »Und überhaupt, das Ganze müßte mit einem Elektroschweißer geschweißt werden.«

»Weiß ich auch ohne dich, aber woher nehmen? Du wirst mir sämtliche Gitter noch einmal schweißen, und ich werde sie überprüfen. Werden schon ein gutes Flußmittel kriegen.«

Alle wollen sie irgendwas von mir, und allen muß ich irgendwas versprechen. Dem einen Flußmittel, dem nächsten Ölfirnis und einem dritten Segeltuchhandschuhe. Aber wo um alles in der Welt das alles herkriegen?

6

Irgendwann als Schüler habe ich von meinem Physiklehrer von James Watt gehört. Als er noch ein Kind war, soll er einen Teekessel mit siedendem Wasser gesehen, sich in späteren Jahren an den Teekessel erinnert und daraufhin die Dampfmaschine erfunden haben. Als ich das hörte, meldete ich mich sofort und fragte:

»Und wer hat den Teekessel erfunden?«

Diese Frage bewegt mich bis heute. Während des Studiums haben uns die verschiedensten Professoren eine Menge komplizierter Dinge eingetrichtert, die ich innerhalb von fünfzehn Jahren glücklich und erfolgreich wieder vergessen habe. Weder die euklidische Geometrie noch die Relativitätstheorie kamen mir im Leben zustatten, wenn auch unsere Professoren der Ansicht waren, das alles müsse nun mal jeder zukünftige Architekt unbedingt wissen. Sie wußten viel, diese Professoren, doch kein einziger von ihnen hätte ein so simples Problem lösen können wie: Wie an eine Kiste Nägel kommen, wenn sie nicht gerade auf Lager oder Bogdaschkin nicht gerade bei Laune ist?

Bogdaschkin, diesem absolut stumpfsinnigen Geschöpf, untersteht die Belieferung und Versorgung unserer Bauverwaltung. Solange wir einen Oberingenieur hatten, funktionierte die Versorgungsabteilung so einigermaßen, und es herrschte zumindest eine gewisse Ordnung. Inzwischen ist der Oberingenieur in Pension gegangen, und da nun niemand mehr ein Auge auf Bogdaschkin hat, läßt er sich völlig gehen. Von früh bis spät klingelt das Telefon bei ihm, und die Bauführer versuchen, auf alle mögliche Weise alles mögliche Material bei ihm loszueisen. Bogdaschkin, der schließlich nicht mehr wußte, wo vorn und hinten ist in diesem Tohuwabohu, beschloß, die Sache zu vereinfachen: Er schickte ab sofort einfach das, was ihm paßte. Wenn nun also einer bei ihm Alabaster verlangt, kriegt er eine Leitungsschnur, will aber einer eine Leitungsschnur haben, kriegt er Türklinken. Mir hat er neulich einen zweiten Gasschweißer geliefert. Ich wußte lange nicht, was ich mit ihm anfangen soll und habe ihn dann schließlich bei Lymar gegen einen Elektromotor zum Mörtelmischen eingetauscht.

Man könnte Bogdaschkin anrufen und fragen, ob er Ölfirnis hat, aber dabei wird kaum etwas rausspringen. Er hat einfach keinen Firnis, und selbst, wenn man sich auf den Kopf stellen wollte, würde man nichts bei ihm erreichen. Vielleicht könnte man mit jemandem kaupeln... Ich nahm einen Fetzen Papier und stellte folgende Verteilerliste auf:

Bauführer	*hat*	*braucht*
Filimow	Ölfirnis	Dachblech
Lymar	Kacheln	Fenstersimsblöcke
Sidorkin	Dachblech	Kacheln
Jermoschin	Fenstersimsblöcke	Fliesen
Ich	Fliesen	Ölfirnis

Wenn ich also Jermoschin anrufe und bei ihm meine Fliesen gegen seine Fenstersimsblöcke tausche, für die Blöcke dann bei Lymar Kacheln erstehe, Sidorkin mir für die Kacheln sein Dachblech überläßt und ich dann Filimow anrufe... Geht nicht auf. Mir fällt ein, daß Filimow seinen gesamten Firnis Jermoschin für weiß nicht was gegeben hat. Aber wozu braucht Jermoschin Ölfirnis, wenn er doch noch gar nicht mit dem Verputz angefangen hat?

Ich sehe meine Verteilerliste an. Ein regelrechter Strategieplan. Und das Ganze nur, um an eine einzige Flasche Ölfirnis zu kommen.

7

Zweiter Auftritt: dieselben Personen sowie Sidorkin. Er öffnet die Tür und platzt in die Bauhütte in all seiner Pracht: lang und hager, mit einem grünen, verknautschten Hut, einem abgetragenen blauen Mantel und Hosen von ungeheurer Weite. Die Halbstiefel sind bis zu den Knöcheln dreckverschmiert. Und in diesen Schuhen steuert Sidorkin direkt auf meinen Schreibtisch zu.

»Hättest dir wenigstens die Füße abtreten können«, sage ich zu ihm. »Betrittst schließlich ein anständiges Haus.«

»In anständigen Häusern pflegt man Perserteppiche unter den Füßen zu haben.«

Er setzt sich auf einen Stuhl, zieht den einen Stiefel aus und streckt das Bein von sich. Die Socken sind völlig durchnäßt.

»Kannst du dir keine Gummistiefel kaufen? Bist vielleicht ein Knauser.«

»Bin nicht knauserig«, brummt Sidorkin und kneift die Augen zusammen. »Habe schon Rheuma von diesen Stiefeln. Dabei bin ich in Karelien immer darin rumgelatscht.«

Er nimmt sich eine Zigarette aus meiner Zigarettenschachtel, steckt sie sich an, langt aus seiner Manteltasche ein abgewetztes Kartenspiel hervor und beginnt lässig zu mischen.

»Spielen wir eins?«

»Um was?«

»Um einen Sack Zement.«

»Daraus wird nichts. Du schummelst eh.«

»Also dann die Schnur.«

Er holt ein Stück Schnur aus der Manteltasche, legt sie zu zwei Ringen zusammen und brummelt dabei vor sich hin:

»Hopp-hopp-hopp, der Teufel reit' Galopp, Galopp auf einem Ochsentier, auf einem grünen Kränzela direkt aus Groß-Amerika. Dreh dich, dreh dich, dafür zahl ich. Setzt du hier, bist du Sieger, setzt du dort, bist Verlierer. Mach die Augen auf, wird schon Geld daraus! Also, wie setzt du?«

»Hör mal, Sidorkin«, sage ich, »weißt du was? Ich schenke dir einen Sack Zement samt Schenkungsurkunde und dann verschwindest du hier schleunigst auf Nimmerwiedersehen.«

»Aber hör mal«, erklärt Sidorkin großherzig, »ich kann dich doch nicht wegen irgendsoeinem Sack Zement um ein solches Vergnügen bringen. Wenn du mir ein Pärlein davon schenkst, will ich's mir nochmal überlegen.«

Nicht zu fassen, diese Unverschämtheit. Während er seinen dreckigen Stiefel wieder anzieht, wähle ich Bogdaschkins Nummer. Am anderen Ende der Leitung wird der Hörer abgenommen.

»Bogdaschkin?« frage ich.

»Nicht am Apparat«, antwortet Bogdaschkin mit verstellter Stimme und hängt ein.

»Schweinehund, verfluchter«, sage ich und sehe Sidorkin an.

Sidorkin sieht mich an.

»Beliebt er wieder zu scherzen?« fragt er teilnahmsvoll. »Reg dich nur nicht auf. Was der kann, können wir auch.«

Er zieht den Apparat zu sich heran und wählt Bogdaschkins Nummer. Ein Bursche mit Talent, dieser Sidorkin! Hätte er sich rechtzeitig für eine Schauspielerkarriere entschieden, er wäre nicht mit Geld zu bezahlen!

»Hallo Dima, bist du's?« sagt er mit tiefer Frauenstimme ins Telefon.

Ich habe Bogdaschkin zwar nicht vor mir, kann mir aber gut vorstellen, wie er über sein ganzes aufgedunsenes Gesicht strahlt. Dieser alte Dämelack! Steht schon kurz vor der Pensionierung und jagt immer noch hinter jungen Dingern her! Weder die Jahre, die er auf dem Buckel hat, noch die Alimente, für die die Hälfte seines Lohns draufgeht, können ihn dahin bringen, Vernunft anzunehmen.

»Grüß dich, Dima«, zwitschert Sidorkin zärtlich. »Hier ist deine kleine Pussimaus. Ich habe Papa schon von unserem Entschluß erzählt, und Papa möchte dich gern sprechen. Ich gebe den Hörer an Papa weiter.«

Ich nehme in hämischer Schadenfreude den Hörer in die Hand.

»Na, reingefallen?«

Ein schweres Schnaufen ist zu hören – Bogdaschkin denkt nach.

»Wer ist da?« fragt er schließlich.

»Hier ist der Papi deiner kleinen Pussimaus«, gehe ich auf Sidorkins Spielchen ein.

»Worum geht's?«

Bogdaschkin hat mich bereits erkannt, und seine Stimme läßt sein Mißfallen erkennen.

»Um nichts Besonderes. Nur ein Faß Ölfirnis.«

»Ölfirnis?« Bogdaschkin scheint meine Frage als eine persönliche Beleidigung aufzufassen. »Schmiert ihr euch das Zeug eigentlich aufs Brot? Ich habe dir doch erst letzte Woche zwei Fässer schicken lassen. Mehr ist nicht drin.«

»Vielleicht kannst du doch noch was auftreiben?« frage ich ohne die geringste Hoffnung.

»Was heißt hier auftreiben«, Bogdaschkin wird böse. »Für den einen soll ich das auftreiben, für den nächsten das. Und jeder kommt damit zu Bogdaschkin. Der braucht Bogdaschkin und jener braucht Bogdaschkin. Dabei ist Bogdaschkin der einzige in der ganzen Verwaltung!«

Schließlich kann ich nicht mehr, fahre aus der Haut und stoße ihm auf gut russisch Bescheid. Bogdaschkin nimmt das nicht im geringsten krumm, denn schließlich kriegt er von allen mehr oder weniger dasselbe an den Kopf geschmissen.

»Was soll das Gefluche?« knurrt er einigermaßen friedfertig. »Willst höhere Bildung haben und nimmst derlei Wörter in den Mund. Ein bißchen Alabaster kannst du haben, wenn du willst.«

Am liebsten würde ich ihn Gott weiß wohin wünschen, aber dafür kann ich mir nichts kaufen. Und Alabaster ist immerhin was Handfestes, und sei es, um irgendwas damit zu erkaupeln.

»Der Teufel soll dich holen«, erkläre ich mich einverstanden, »gib schon deinen Alabaster. Immerhin ein Büschel vom räudigen Schaf«.

Solange ich mit Bogdaschkin redete, hatte Sidorkin geduldig dagesessen und gewartet. Jetzt aber erhob er sich.

»Ich kriege also drei Säcke?«

»Bist wohl völlig übergeschnappt«, sage ich. »Erst willst du einen, dann zwei, und jetzt sind dir auch noch zwei zu wenig.«

»Allerdings«, sagte Sidorkin. »Einen aus Freundschaft, einen dafür, daß ich dir aus den Augen komme, und einen – für Bogdaschkin.«

»Also gut«, sage ich, »nimm vier Säcke und mach, daß du wegkommst!«

»Ist gefällig«, sagte Sidorkin, indem er Arkadi Raikin nachäffte. »Werde sofort einen Wagen kommen lassen!«

Ich war schon im Begriff, mit ihm zu gehen, aber da kam Jermoschin mit seinem Kipper angefahren. Er blieb noch eine Weile auf dem Trittbrett stehen, trat dann unentschlossen auf ein im Dreck liegendes schmales Brett und balancierte wie ein Seiltänzer darüber hin. Sidorkin und ich beobachteten ihn interessiert, nicht ohne insgeheim zu wünschen, daß er ausrutscht. Er schaffte es indessen, wohlbehalten über das Brett zu kommen, sprang auf das nächste und stand plötzlich vor uns, ohne den geringsten Dreck abgekriegt zu haben, ganz, als sei er durch die Luft zu uns herübergetragen worden. Schnurrbart, Backenbart und Hut verliehen ihm, wie er so dastand, einen gescheiten Gesichtsausdruck.

»Schon das Neueste gehört?« fragte Jermoschin zu Sidorkin gewandt. »Zum Oberingenieur hat man ihn ernannt!«

Er nickte in meine Richtung.

Das kam nicht nur für Sidorkin, sondern auch für mich völlig unerwartet, wenn auch schon seit langem Gerüchte über meine Ernennung im Umlauf waren. Doch die Gerüchte blieben nichts als Gerüchte, die jeglicher Bestätigung entbehrten, wenn man von zwei, drei Anspielungen seitens Silajews absieht.

»Hör doch auf«, sagte Sidorkin ungläubig. »Hast du denn eine Bestätigung vom Chef?«

»Noch nicht, aber er hat ein Antragsformular angefordert, habe gerade höchst persönlich das Telefongespräch mitgekriegt.«

»Wieso sollte ihm eine solche Ehre zuteil werden?« Sidorkin musterte mich kritisch von oben bis unten. »Dick ist er, rothaarig dazu und nichts, aber auch nichts Vornehmes im Gesicht. Und du? Dich hat man, scheint's, übergangen?«

»Ich wechsle rüber zur Gewerkschaftsarbeit«, sagte Jermoschin mit wichtiger Miene. »Romanenko ist entlassen worden, ich kriege seine Stelle.«

»Na dann, nur zu«, sagte Sidorkin, erhob sich und sagte zu mir gewandt: »Ich kriege also die Gipsolitfliesen von dir?«

»Was denn für Gipsolitfliesen?« fragte ich verwundert zurück.

»Na hör mal! Wir haben doch eben gerade abgemacht, daß du mir die Fliesen gibst und du dafür von mir ein Faß Ölfirnis kriegst. Oder kapierst du nicht vor lauter Freude?«

Sidorkin blinzelte mir angestrengt zu, und ich begriff, daß er Jermoschin foppen wollte.

»Nein«, sagte ich, »nur ein einziges Faß, dafür kriegst du sie nicht.«

»Worum geht's?« fragte Jermoschin mit gespielter Gleichgültigkeit.

»Nichts weiter von Belang«, erklärte ich, »bei mir liegen da so hundertfünfzig Gipsolitfliesen herum, und Sidorkin will sie von mir gegen ein Faß Firnis tauschen.«

Beißt er an oder nicht? Aber was bleibt ihm anderes übrig? Der Köder duftet gar zu appetitlich. Hundertfünfzig Gipsolitfliesen! Soll mal einer versuchen, die Bogdaschkin abzuluchsen!

»Ich könnte dir anderthalb Faß dafür geben«, sagt er schließlich und versucht dabei, an Sidorkin vorbeizublicken.

»Und wozu brauchst du Fliesen?« sagt Sidorkin. »Ich denke, du bist schon mit dem Aufstellen der Trennwände fertig, hast du gestern abend in der Versammlung verkündet.«

»Was ich nicht alles verkündet habe«, wehrt Jermoschin ab. Er wendet sich zu mir um: »Also, willst du die anderthalb Liter?«

»Dich sticht wohl der Hafer? Hundertfünfzig Gipsolitfliesen für anderthalb Faß Ölfirnis! Schmier sie dir doch in die Haare!«

»Ich habe nun mal nicht mehr.«

»Geh doch zu Bogdaschkin, vielleicht gibt der dir hundertfünfzig Fliesen.«

»Also gut«, beschließt Jermoschin. »Zwei Faß und abgemacht.«

»Von wegen. Bring doch deine Fässer zu Bogdaschkin!«

Ich bin unerbittlich, obgleich ich weiß, daß er wirklich nicht mehr hat. Aber es gibt schließlich noch andere und nicht minder wertvolle Dinge auf der Welt. Zu guter Letzt kommen wir also überein, daß mir Jermoschin zusätzlich zu den zwei Fässern

Ölfirnis noch zehn Pack Parkettstäbe und etwas Flußmittel für die Gasschweißung überläßt.

Wir sind beide mit unserem Handel zufrieden: Er glaubt, er habe mich gekonnt um den Finger gewickelt, und ich glaube dasselbe von mir. Und jeder hat auf seine Art recht. Sowohl er wie ich haben aus dem anderen rausgeholt, was irgend möglich war, und das unter Aufwendung unserer gesamten Energie und all unserer Geistesfähigkeiten. Dabei könnte alles soviel einfacher sein, wenn nur Bogdaschkin jedem gäbe, was ihm zusteht!

Kaum war Jermoschin gegangen, klingelte das Telefon. Ich dachte, es wäre wieder Silajew und bat Sidorkin, den Hörer abzunehmen.

»Wenn es Silajew ist, ich bin nicht da.«

Sidorkin nahm den Hörer ab.

»Hallo. Einen Moment. Oberingenieur Samochin ist beschäftigt, aber ich will versuchen, Sie zu verbinden... Sie!« sagte Sidorkin und reichte mir den Hörer, wobei er verklärt die Augen schloß.

Ich nahm den Hörer und vernahm Klawas Stimme.

»Bist du es?«

»Ja, ich.«

»Ich wollte dich nur einmal anrufen, einfach so, um mit dir zu plaudern.«

»Da hast du dir ja gerade die günstigste Zeit ausgesucht«, sagte ich höflich.

»Sei mir nicht böse, aber: Kommst du einmal vorbei? Ich habe gestern den ganzen Abend auf dich gewartet, bin dann in ›Iwans Kindheit‹ gegangen. Hast du den schon gesehen?«

»Nein.«

Womöglich fängt sie jetzt an, mir den ganzen Film zu erzählen!

»Ich komme wahrscheinlich heute mal vorbei«, sagte ich.

»Wirklich?«

»Vielleicht«, präzisierte ich. »Und jetzt entschuldige mich, ich bin in Eile.«

Sidorkin und ich verließen die Bauhütte. Es nieselte immer noch.

»Ich schicke also einen Wagen rüber und lasse die fünf Säcke abholen«, sagte Sidorkin, indem er den Kragen seines Regenumhangs hochschlug.

»Zehn«, sagte ich. »Kannst zehn haben. Hast sie dir heute verdient.«

8

Als ich eintrat, saß Silajew allein am Schreibtisch und brachte seine Schreibtischlampe in Ordnung. Irgendwann einmal vor langer, langer Zeit hat er in einer Fabrik als Schlosser gearbeitet, woran er immer wieder gern zurückdenkt. Noch immer pflegt er sich mit Hingabe an die Reparatur aller möglichen technischen Dinge zu machen, was normalerweise damit endet, daß man anschließend den Elektriker oder Fahrstuhlführer kommen lassen muß, je nachdem, was der Chef gerade wieder in Angriff genommen hat.

»Wieso bist du so spät? Werde demnächst Kuriere schicken, dich holen zu lassen«, brummte Silajew mißmutig und nickte, ohne eine Antwort abzuwarten, Richtung Sessel, der auf der anderen Seite des Schreibtischs stand. »Nimm Platz.«

Ich unterließ es, mich in den Sessel zu setzen; er war mir zu weich. Man versinkt so tief darin, daß man sogar bei meiner Größe kaum mit dem Kinn bis an die Schreibtischplatte langt. Dergleichen Sessel werden offenbar absichtlich für Besucher angefertigt, damit sie sich, wenn sie darin sitzen, so richtig und in vollem Maße ihrer Nichtigkeit bewußt werden. Stattdessen nahm ich mir einen Stuhl von der Wand und schob ihn an den Schreibtisch.

»Wie geht's?« fragte der Chef und nahm den Milchglasschirm der Tischlampe ab.

»Danke«, sagte ich, »geht so.«

»Wie geht's deiner Frau?«

Silajew nahm den Schalterknopf aus der Lampe und stocherte mit dem Schraubenzieher darin herum.

»Danke, gut« – ich hatte es satt, ihm jedes Mal wieder sagen zu müssen, daß ich nicht verheiratet bin.

»Schön«, sagte der Chef und legte den Schraubenzieher auf den Tisch. »Du weißt sicher, warum ich dich habe rufen lassen?«

Nach dem Gespräch mit Jermoschin ahnte ich zwar, was kommen würde, sagte aber auf alle Fälle nein.

»Um so besser«, sagte Silajew, »dann wird es wenigstens eine richtige Überraschung für dich.«

Er drückte auf den Klingelknopf, und augenblicklich erschien seine Sekretärin Ljusja in der Tür, ein sehr hübsches Mädchen, nur hatte sie ihre Wimpern zu sehr mit Tusche bearbeitet.

»Ljusenka, bringen Sie mir bitte den Antragsentwurf in Sachen Samochin«, bat Silajew, ohne sie eines Blickes zu würdigen.

Ljusja verschwand genauso geräuschlos, wie sie erschienen war. Silajew blickte auf die sich hinter ihr schließende Tür und seufzte aus irgendeinem Grunde.

»Was macht die Arbeit?« fragte er. Und nach kurzem Schweigen: »Mir scheint, ich war lange nicht bei dir auf dem Bau. Wann soll dein Objekt laut Plan übergeben werden?«

»Zu Neujahr.«

»Und verpflichtungsgemäß?«

»Zum ersten Dezember.«

Das alles wußte er genausogut wie ich und ich dachte schon, er fragt mich nur, um das Gespräch nicht einschlafen zu lassen, als er mich plötzlich anschaut und zögernd sagt:

»Also gut. Die Übergabe wird zum Staatsfeiertag stattfinden.«

»So, in unfertigem Zustand?« frage ich.

»Was heißt hier in unfertigem Zustand. Du bist natürlich bis dahin fertig, bereit zur Übergabe.«

Ljusja erschien abermals in der Tür. Mit klappernden Stöckelabsätzen ging sie zum Schreibtisch und legte ein Blatt Papier vor Silajew hin.

»Ist das alles?« fragte sie lächelnd wie immer, wenn sie mit Vorgesetzten sprach.

»Nein, noch nicht«, sagte Silajew in strengem Ton. »Lassen Sie auf den Baustellen vermelden, daß heute um siebzehn Uhr dreißig eine Produktionsberatung stattfindet. Nein, lieber genau siebzehn Uhr. In weniger als einer halben Stunde kriegt man die Leute sowieso nicht zusammen.«

Ljusja stand da, die Wimpern abwartend gesenkt.

»Kann ich gehen?« fragte sie.

»Sie gehen, wenn ich es sage.«

Der Chef wurde böse. Er war offenbar nicht bei Laune und suchte nach einem Blitzableiter.

»Was stehen Sie da wie angenagelt und klimpern mit Ihren Wimpern? Wollen mich wohl verführen, wie?«

»Sie – nicht«, sagte Ljusja leise.

Ihre Antwort brachte den Chef völlig aus der Fassung.

»Ich werde gleich einen nassen Lappen nehmen«, sagte er, »und Ihnen mal gründlich Ihre Wimpern waschen.«

»Dazu haben Sie kein Recht.«

»In Ihrem Falle schon, schließlich könnte ich Ihr Vater sein.«

»Ich habe selber einen Vater«, bemerkte Ljusja.

»Schlimm genug«, sagte Silajew, korrigierte sich jedoch augenblicklich: »Schlimm genug, daß Ihr Herr Papa nicht auf Sie aufpaßt. Gehen Sie.«

Ljusja machte kehrt und klapperte mit ihren Stöckelabsätzen Richtung Tür. Während des ganzen Gesprächs hatte sie kein einziges Mal den Ton ihrer Stimme gewechselt noch auch nur einen einzigen Muskel ihres Gesichts verzogen.

Mir war klar, daß mit Silajew irgend etwas los war. Immer, wenn ihm eine Laus über die Leber gelaufen ist, läßt er seine miese Laune an seiner Sekretärin aus, die seine Anwandlungen geduldig über sich ergehen läßt. Das wird wohl auch der Grund dafür sein, daß er sie behält.

»Weiß der Teufel«, brummt er vor sich hin, als sich die Tür hinter Ljusja geschlossen hat. »Dumme Gans.«

Er öffnete ein Päckchen »Kasbek«, zündete sich eine Zigarette an und schob mir schweigend das Papier zu, das Ljusja gebracht hatte. Es war der Antrag auf meine Ernennung zum Oberingenieur.

»Hast du gelesen?« fragte Silajew. »Die Papiere kriegst du gleich nach der Übergabe.«

»Im Dezember also«, sagte ich.

»Früher«, sagte Silajew. »Die Übergabe ist vor dem Staatsfeiertag, und nach dem Staatsfeiertag kriegst du dann deine Papiere. Kannst das ruhig als einen Befehl auffassen, der ausgeführt werden muß.«

»Befehle, Gleb Nikolajewitsch, sollten überzeugend und vernünftig sein«, sagte ich. »Sie wissen doch selber so gut wie ich, daß die Stukkatur- und Malerarbeiten noch nicht beendet sind. Das Parkett muß auch noch gelegt werden.«

»Das wirst du alles machen.«

»Aber nicht einmal die Stukkatur kann bis dahin trocken werden.«

»Geht mich nichts an. Das Objekt hat fertig zu sein. Du denkst wohl, das sei eine Grille von mir. Ist ein Befehl von dort.« Er zerdrückte die Zigarettenkippe am Rande des Aschenbechers und zeigte nach oben. »Das Bezirkskomitee hat beschlossen, daß den Komsomolfamilien ein Geschenk gemacht werden muß. Staatsfeiertag, Trommelwirbel und Schlüsselübergabe. Und du solltest dich freuen, daß die Idee dich getroffen hat.«

»Ich würde mich freuen«, sagte ich, »wenn ich diese Idee gegen ein Faß Ölfirnis eintauschen könnte. Wird ein schönes Geschenk werden. Heute Übergabe und einen Monat drauf Totalrenovierung. Und was ist, wenn ich die Übergabe einfach verweigere?«

»Die Übergabe verweigern?« Silajew blickte mir in die Augen. »Da gibt es eine ganze Skala von Möglichkeiten. Bis hin zur Entlassung. Hast also die Wahl. Entweder Übergabe des Bauobjekts zum geforderten Zeitpunkt und alles übrige. Oder ... kannst dir's aussuchen.« Er stand auf und reichte mir die Hand. »Entschuldige mich, ich muß zum Verwalter.«

9

Ich bin ein Pechvogel. Jedenfalls meint das meine Mutter. Ich bin ein Pechvogel, weil aus mir weder ein Wissenschaftler noch irgendein großes Vorgesetztentier geworden ist. Ich bin immer noch nichts weiter als ein Oberbauführer. Oberbauführer, das ist so ungefähr das, was beim Militär der Oberleutnant ist. Wer bis zu seinem vierzigsten Lebensjahr nicht weiter gekommen ist, kann sich den Marschallstab getrost aus dem Sinn schlagen.

Ich bin schon zweiundvierzig. Mit zweiundvierzig hat man mir also nun den Posten eines Oberingenieurs angetragen, obgleich man das schon viel früher hätte tun können. Fünfzehn Jahre sind vergangen, seit ich die Hochschule für Bauwesen absolviert habe, und so gut wie alle diese Jahre arbeite ich auf ein und demselben Posten, als Oberbauführer nämlich. Während dieser Zeit habe ich eine Glatze und einen Schmerbauch bekommen und bin nervös und reizbar geworden.

Meine Arbeit ist nicht besser und nicht schlechter als andere Arbeiten auch. Ob das nun meine eigentliche Bestimmung ist oder nicht, weiß ich bis zum heutigen Tage nicht, und es interessiert mich offen gesagt auch wenig. Bestimmung oder nicht, das läßt sich nur bei einer Tätigkeit nachprüfen, bei der irgendwelche persönlichen Fähigkeiten verlangt werden. Einem Bauführer nützen irgendwelche überflüssigen Fähigkeiten überhaupt nichts, für ihn genügt es völlig zu wissen, wie man an Material herankommt, Baupläne liest und den Arbeitern rechtzeitig Anweisungen gibt. Ich kann beispielsweise ein Haus nicht besser bauen, als es das Projekt vorsieht.

Manchmal bin ich jedoch gezwungen, schlechtere Arbeit zu liefern als ich eigentlich könnte, was mir aufs äußerste mißfällt. Erhebe ich Einspruch, mißfällt das wiederum den Vorgesetzten. Zwei Arbeitsplätze habe ich »auf eigenen Wunsch« verlassen. Ich könnte auch von hier weggehen – in dieser Stadt gibt es schließlich noch andere Möglichkeiten –, aber ich habe es allmählich satt, ein Wanderleben zu führen. Ich habe es satt, in Zelten oder

Waggons zu hausen oder eine Schlafstelle auf dem »Privatsektor« zu mieten. Wenn man die Vierzig hinter sich hat, möchte man ein normales Menschenleben führen, ein eigenes Eckchen haben und vielleicht sogar eine eigene Familie.

Bei mir zu Hause steht auf dem Nachttisch unter dem Spiegel das Foto eines achtzehnjährigen Mädchens. Längliches Gesicht, große dunkle Augen, dunkle Zöpfe, akkurat um den Kopf gelegt. Das ist Rosa. Ich habe sie Anfang einundvierzig in Kiew kennengelernt, auf dem Weg in den Winterurlaub. Sie ging in die zehnte Klasse (sich vorzustellen, daß ich heute eine solche Tochter haben könnte!) und hatte vor, an der Historischen Fakultät der Pädagogischen Hochschule zu studieren.

Als die Deutschen nach Kiew kamen, ist sie Gott weiß warum dageblieben und liegt jetzt wahrscheinlich in Babi Jar. Sie war jung und schön, wie man auf dem Foto sehen kann. Sie war aber auch gescheit und gut. Sie war ungewöhnlich zärtlich und feinfühlend. Übrigens kann es durchaus sein, daß ich mich gar nicht mehr an die eigentliche Rosa erinnere, in meiner Erinnerung vielmehr nur ein Bild lebt, das ich mir selbst von ihr gemacht habe. Aber seitdem bin ich keinem einzigen weiblichen Wesen begegnet, das mich auch nur im entferntesten an dieses Bild erinnert hätte. Mag sein, daß ich deshalb bis zum heutigen Tage unverheiratet geblieben bin.

10

Punkt halb sechs betreten wir Bauführer, einer nach dem anderen, Silajews Arbeitszimmer. Wir nehmen an dem langen Tisch Platz, der senkrecht zum Schreibtisch des Chefs steht. Während wir Platz nehmen, sitzt Silajew, über einen Berg Papier gebeugt, und schreibt irgend etwas, ohne im geringsten Notiz von uns zu nehmen.

Kaum hat die Besprechung begonnen, und zwar viel zu früh, setzt auch schon jeder alles daran, sie so gut wie nur möglich für sich zu nutzen: Lymar zieht ein Büchlein über »Atom im Dienste des Menschen« aus der Brusttasche und Sabidse hat ein Blatt Papier vor sich ausgebreitet und ist bereits dabei, irgend jemanden zu zeichnen. Tichon Generalow, ein betagter, mürrischer Mensch, sitzt links von mir und stellt einen Erziehungsmaßnahmenplan für seine Kinder zusammen.

Plan

1. Iwan: Körperstrafe (Riemen) anwenden
2. Natascha: dreißig Minuten Eckestehen fürs Kaputtmachen des Fernsehapparates
3. Alla und Ljuba: Eintrittskarten fürs Puppentheater besorgen
4. Sergej: Tagebuch kontrollieren
5. Mit der Frau wegen der schmutzigen Wäsche reden (man kann sie in die Wäscherei geben)

Rechts von mir nimmt Waska Sidorkin Platz. Er holt ein kleines Reiseschach mit Löchlein für die Figuren im Brett aus der Manteltasche:

»Spielen wir?«

»Na gut.«

Sidorkin stellt das Schachbrett so an den Stuhlkanten zwischen sich und mir auf, daß man es vom Tisch aus nicht sehen kann.

Der Chef hebt den Kopf.

»Sind alle da?«

»Fast alle«, antwortet Jermoschin, der wie immer dem Chef am nächsten sitzt.

»Also fangen wir an.«

Der Chef zieht die Zigaretten zu sich heran. Alle anderen folgen seinem Beispiel und holen ebenfalls ihre Zigaretten heraus, auch Sidorkin, der nie welche hat, langt nach meiner Schachtel. Innerhalb von fünf Minuten ist das Arbeitszimmer zigarettenqualmvernebelt, wenn auch vorläufig noch hell genug.

»Wer will als erster Bericht erstatten?« fragt der Chef. »Jermoschin?«

Jermoschin, der redegewandteste von uns, erstattet stets als erster Bericht. Er steht auf, nimmt würdevolle Haltung an und rückt seine Krawatte zurecht.

»Am heutigen Tag ist auf dem mir anvertrauten Bauabschnitt...«

Der Chef schließt vor Wohlbehagen die Augen. An dem, was Jermoschin vorbringt, ist er weniger praktisch als rein literarisch interessiert: Jermoschins Rede strömt leicht und fließend dahin, als verlese er eine Zeitungsnotiz unter der Rubrik »Lokalberichterstattungen«.

»Das Baukollektiv«, trägt Jermoschin gewohnheitsmäßig schleppend vor, »das dem Wettbewerb um eine würdige Begegnung des vierundvierzigsten Jahrestages des Großen Oktobers beigetreten ist...«

»Des dreiundvierzigsten«, röhrt Sidorkin prompt.

Jermoschin verstummt betreten und beginnt zu zählen, wobei er langsam die Lippen bewegt. Der Chef blickt verwirrt einmal auf Sidorkin, dann wieder auf Jermoschin und rechnet ebenfalls. Jermoschin ist als erster fertig:

»... um eine würdige Begegnung des vierundvierzigsten Jahrestages des Großen Oktobers«, fährt er standhaft fort und wirft Sidorkin einen verächtlichen Blick zu.

»Moment«, fällt ihm Silajew ins Wort. »Sidorkin, sind Sie wieder mal dabei, Schach zu spielen?«

»Nicht die Bohne«, fährt ihn Sidorkin unverfroren an und verschlingt den Vorgesetzten geradezu mit den Augen.

»Schauen Sie gefälligst her zu mir!«

»Zu Befehl!« brüllt Sidorkin und macht unauffällig den nächsten Zug.

Nach Jermoschin kommen die anderen an die Reihe. Alle zählen des langen und breiten auf, was sie an Erfolgen zu verbuchen haben und erwähnen so ganz beiläufig auch etwaige Mißstände. Wie üblich fallen alle mit Beschimpfungen über Bogdaschkin, den Leiter der Versorgungsabteilung her. Bogdaschkin sitzt an einem Einzeltisch an der Wand und trägt wie auf allen Zusammenkünften, Betriebsbesprechungen über Planerfüllungsfragen und Kurzbesprechungen alles, was vorgebracht wird, gelassen in ein dickes, jedem zugängliches Heft mit Kalikoeinband ein. Würde man sämtliche Aufzeichnungen Bogdaschkins einzeln herausgeben, käme ein recht umfangreiches gesammeltes Werk zusammen.

Zu guter Letzt kommt die Reihe an Sidorkin. In der Eile macht er nicht den erforderlichen Zug, bevor er aufsteht.

»Also, bei mir ist alles in bester Ordnung«, sagt Sidorkin und zieht sich die Hosen höher. »Bloß, Bogdaschkin gibt mir keine Radiatoren. Schreib das hin, Bogdaschkin!«

Und Bogdaschkin schreibt es gehorsam in sein Heft.

Der Chef wartet geduldig, um dann den Kopf in meine Richtung zu drehen.

Ich bin als Letzter dran.

Mir hört schon niemand mehr zu, alle haben die Nase voll und wollen nach Hause. Sidorkin sammelt widerwillig seine Schachfiguren zusammen. Sabidse hat einen Bleistift zerbrochen und sitzt da und langweilt sich.

Der Chef bohrt mit dem Schraubenzieher im Schreibtischschloß herum. Er wartet nur darauf, daß ich fertig werde mit meinem Bericht, um zu fragen:

»Also, wie ist es, werden wir Ihr Objekt zum Staatsfeiertag übergeben können?«

»Kaum.«

»Wieder das alte Lied. Genossen Bauführer, Samochins Objekt hat zum Staatsfeiertag fertig zu sein. Wenn wir die Übergabe schaffen, ist laut Verwaltung der Jahresplan im großen und ganzen erfüllt. Deshalb mache ich den Vorschlag, daß morgen jeder von euch Samochin drei Mann von seiner Baustelle zur Verfügung stellt. Bogdaschkin, bei der Verteilung des Baumaterials werden morgen in erster Linie Samochins Bedürfnisse berücksichtigt. Irgendwelche Fragen?«

»Ja«, sagte Jermoschin.

»Deine Frage hat sich erledigt«, sagte der Chef, »du bekommst im Winter deinen Urlaub. Damit erkläre ich die Besprechung für beendet. Lebt wohl, Genossen.«

11

Gegen acht Uhr treten wir auf die Straße hinaus. Der Regen hat aufgehört, wenn auch offenbar nur für kurze Zeit, und ein feuchter Wind kriecht unter die Regenumhänge und dringt durch Mark und Knochen. Sidorkin hat den Kragen hochgeschlagen und hält ihn fest, um sein krankes Ohr zu schützen.

Irgend jemand hat den Vorschlag gemacht, »eine Flasche springen zu lassen«. Einwände besonderer Art gab es nicht. Wir holten also im Laden drei halbe Liter Wodka und machten uns auf zum Speisesaal der Textilfabrik, die sich dadurch auszeichnet, daß es immer Shiguljowsker Bier gibt und man dort sitzen kann, ohne sich groß auszuziehen.

Während wir Bier und Koteletts mit Makkaronis ranschafften, goß Sidorkin unter dem Tisch den Wodka in die Gläser und färbte ihn mit etwas Bier. Die ganze Prozedur wickelte er ebenso schnell wie unmerklich ab.

Die Reinmachefrau Marusja kam und schüttelte bei unserem Anblick vorwurfsvoll den Kopf.

»Da habt ihr also wieder mal Wodka rangeschleppt. Hier kommen Ordner lang, haben gerade vor einer halben Stunde zwei festgenommen.«

»Macht nichts, Marusja«, sagte Sidorkin, »keine Angst, uns nimmt keiner mit.« Und er legte ein Halbrubelstück an die Tischkante.

Marusja schob sich mit einem Lappen das Geld in die Hand und ging beruhigt davon; nun hatte sie keine Angst mehr vor den Ordnern.

»Worauf wollen wir trinken?« fragte Sidorkin.

»Auf unsere Freundschaft«, sagte Jermoschin. »Auf daß wir immer Freunde bleiben.« Bei diesen Worten schaute er mich an.

»Du willst aber hoch hinaus«, sagte Sidorkin und spülte als erster seinen Wodka runter.

Wir tranken ex. Sidorkin verteilte die zweite Flasche auf die Gläser und stellte sie wie die erste unter den Tisch. Wir tranken wieder ex. Jermoschin, der immer über sämtliche Neuigkeiten Bescheid wußte, sagte, er habe in der Produktionsgruppe gesprächsweise erfahren, daß wir im neuen Jahr zum Großblockbau übergehen werden.

»Längst schon fällig«, sagte Filimonow, der erst vor zwei Monaten zu uns gekommen war, und zwar direkt von der Fakultät, und sich mit Leib und Seele jeglichen fortschrittlichen Methoden verschrieben hatte. »Endlich mal was Vernünftiges. Ein Monat, und schon steht das Haus.«

»Was soll daran gut sein«, sagte Sidorkin. »Wirst bloß immer von einem Ort zum andern jagen müssen. Für einen Bauführer kann es nichts Schlimmeres geben, als ständig von einem Ort zum anderen rennen zu müssen. Stimmt's nicht, Jermoschin?«

»Ich bin für den Fortschritt«, sagte Jermoschin.

»Denn man los«, zeigte sich Sidorkin mit Vergnügen einverstanden. »Also, Jungs, noch ein Tröpfchen? Wer hat die Flasche?«

Die dritte Flasche hatte ich, doch kam ich nicht dazu, sie hervorzuholen – zwei Ordner betraten gerade den Speisesaal, einer lang und breitschultrig mit einem alles verstehenden Blick, der andere klein und schmächtig. Sie standen in der Tür und blickten in die Runde, um auch gleich direkt auf unseren Tisch zuzusteuern.

»Also, Jungs, lassen wir uns unser Shiguljewsker schmecken«, forderte uns Sidorkin herzlich auf und goß sich ein Bier ein.

»Ein andermal«, sagte der Lange und warf einen Blick unter den Tisch, indem er die Tischdecke hochhob.

Ich erstarrte vor Schreck und sah Sidorkin an. Der nippte an seinem Bierglas und schaute ebenfalls unter den Tisch. Jermoschin sprang plötzlich auf, sagte, er wolle Tee holen gehen und machte sich ohne alle Eile auf Richtung Ausgabe.

Sidorkin und der Lange richteten sich gleichzeitig wieder auf und blickten einander in die Augen – der Mann vom Ordnungsdienst verwundert und forschend, Sidorkin freundlich und zutraulich.

»Also dann«, sagte der Lange, »entschuldigen Sie bitte.«

»Macht nichts«, sagte Sidorkin höflich, »kommen Sie wieder mal vorbei.«

»Entschuldigen Sie«, wiederholte der Lange. »Gehen wir, Oleg!«

Sie waren noch nicht an der Tür angelangt, als Sidorkin sie zurückrief:

»He, Jungs!«

Die beiden machten kehrt. Jermoschin hatte seinen Tee bekommen, als er aber sah, daß die Ordner wieder zurückkamen, blieb er an der Ausgabe stehen und studierte eingehend das Menüangebot an der Wand.

»Jungs«, sagte Sidorkin zu den Ordnern, »soll ich euch mal ein Kunststück vorführen?«

»Was für ein Kunststück?« fragte der Kleine, und seine Augen glänzten vor Neugier.

»Was schon für eins. Ein ganz gewöhnliches, wie im Zirkus«, versprach Sidorkin. »Nur eben unter uns, o. k.?«

»O. k.«, zeigte sich der Kleine auf der Stelle einverstanden, und der Lange stimmte widerwillig zu:

»Einverstanden.«

»Also gut«, sagte Sidorkin, »schaut mal unter den Tisch.«

Die beiden schauten unter den Tisch. Sidorkin hob die Beine hoch, und auf dem Boden standen zwei leere Flaschen.

»Habt ihr gesehen?« fragte Sidorkin. »Werdet ihr nicht noch einmal zu sehen bekommen.« Und indem er die Beine wieder runterließ, verdeckte er die Flaschen wie gehabt mit seinen Hosenbeinen.

Die beiden Ordner sahen sich verdutzt an, wußten zunächst nicht, wie sie sich in diesem Fall verhalten sollten, erinnerten sich dann aber offenbar an ihr Versprechen.

»Also gut«, sagte der Lange, »nächstes Mal wissen wir Bescheid. Auf Wiedersehen.«

Sie gingen. Jermoschin wartete, bis sich die Tür hinter ihnen geschlossen hatte, bevor er an den Tisch zurückkam.

»Na, wie ist der Tee?« fragte Sidorkin. »Nicht kalt geworden?«

»Kalt geworden«, sagte Jermoschin und blickte zur Seite. »Ihr nehmt's mir hoffentlich nicht übel, Jungs. Wenn was gelaufen wäre, hätte ich am meisten Unannehmlichkeiten gekriegt.«

»Wieso das denn?« fragte Sidorkin.

»Weißt doch, wegen meiner gesellschaftlichen Tätigkeit. Mich kennt jeder. Heißt dann: Reißt in Versammlungen groß das Maul auf, dabei...«

»Man kann eben nur eins von beiden«, sagte Sidorkin, »entweder nicht singen oder nicht das Maul aufreißen. Shenka, gib mal deine Flasche rüber!«

Ich weiß nicht mehr, wie es dazu kam, aber nach der dritten Flasche fingen wir plötzlich an, uns über Ehrlichkeit in die Haare zu kriegen. Jermoschin meinte, Bauführer und Ehrlichkeit seien offen gesagt ebenso unvereinbare Begriffe wie Genie und Verbrechen. Man könnte auf ehrlich machen so viel man wollte, und trotzdem sei man gezwungen, sich ständig aus der Patsche helfen zu müssen, gefälschte Auftragsunterlagen auszufüllen oder Prozente wissentlich falsch zu berechnen.

»Nehmt doch mal zum Beispiel Samochin«, sagte Jermoschin, »der ist auch nicht besser als wir. Da hat man ihm befohlen, sein Objekt zum Staatsfeiertag zu übergeben, und er, der Liebling, wird es hübsch übergeben, egal in welchem Zustand.«

Wäre es nicht Jermoschin gewesen, der das gesagt hat, sondern irgendeiner von den anderen, ich hätte wahrscheinlich geschwiegen. Aber in diesem Fall geriet ich in gerechten Zorn und sagte, ich würde das Haus erst dann übergeben, wenn es auch wirklich fertig ist, und daß ich auf Silajew pfeife und auf alle anderen auch und so handeln werde, wie es mir mein Gewissen vorschreibt.

Ich wettete noch mit Jermoschin um eine Flasche Kognak, daß

ich genau so handeln werde, wie ich gesagt habe, und wir gingen auseinander.

12

Als ich nach Hause kam, traf ich meinen Nachbarn, Iwan Adamowitsch Schischkin, wie immer in der Küche über seinem Lieblingsbuch an. Wie das Buch hieß und wer es geschrieben hat, war nicht mehr festzustellen; es hatte längst schon keinen Einband mehr, und die Seiten waren gründlich zerlesen und zerfledert. Doch nur über dieses Buch, und nur über dieses, vermochte Iwan Adamowitsch die ganze Weisheit und Einfalt unseres Lebens zu begreifen.

Kaum daß er mich sah, sprang Iwan Adamowitsch auf wie immer und ging hinter mir her in mein Zimmer. Das Buch hielt er, in der Mitte aufgeschlagen, in beiden Händen.

»Shenja, sieh einmal, was hier geschrieben steht«, sagte er voller Verwunderung wie stets. »Du glaubst, daß du existierst. Aber in Wirklichkeit gibt es dich gar nicht. Was heißt das?« Nach kurzem Schweigen antwortete Iwan Adamowitsch selber auf seine Frage: »Das ist so. Weder du existierst, noch das Zimmer, noch der Tisch, nichts. Alles ist nichts weiter als ein Trugbild unserer Fantasie. Ein weltweites Vakuum. Darüber sollte man sich einmal Gedanken machen.«

Ich hatte aber nun mal gerade keine Lust, mir darüber Gedanken zu machen.

»Iwan Adamowitsch«, sagte ich, »wozu mich immer gleich mit solchen Enthüllungen überfallen. An solche Fragen kann man nur schrittweise herangehen.«

»Und wie?«

»Einfach so. Zunächst einmal stellen wir uns vor, Sie wären nicht in diesem Zimmer. Und der Tisch, das Zimmer und ich bleiben erst einmal an Ort und Stelle. Ein Teilvakuum.«

Iwan Adamowitsch blickte mich aufmerksam an und versuchte sich klarzuwerden, ob er meinen Gedanken auch richtig begriffen hatte. Er hatte ihn richtig begriffen.

»Also gut«, sagte er gekränkt, »ich gehe.«

»Guten Weg.«

13

Ich schlafe immer sehr schnell ein, habe aber einen leisen Schlaf. Wenn jemand im anderen Zimmer das Radio anmacht, wenn Iwan Adamowitsch die Tür zuschlägt oder wenn ein Feuerwehrauto durch die Straßen fährt, werde ich jedesmal wach.

Diesmal wurde ich vom Klingeln des Telefons geweckt. »Wenn es nur nicht für mich ist«, dachte ich und hielt den Atem an, als ob das etwas nützen könnte.

Schischkin ging ans Telefon.

»Hallo. Wer ist da? Klawa? Nein, er schläft. Ich hole ihn sofort.«

Er klopfte an meine Tür, und da ich nicht antwortete, klopfte er noch einmal.

»Shenja, du wirst am Telefon verlangt.«

Ich steckte die Füße in die Hausschuhe und ging in den Korridor hinaus. Schischkin war offenbar gerade im Begriff, schlafen zu gehen, denn er stand in Unterhose und Brille am Telefon. Er strahlte vor Schadenfreude übers ganze Gesicht.

»Konntest du nicht sagen, daß ich nicht da bin«, zischte ich haßerfüllt.

»Konnte ich nicht«, sagte Schischkin. »Wie kann ich denn sagen, du wärst nicht da, wenn du da bist.«

Iwan Adamowitsch hatte noch niemanden hintergangen, schon gar nicht, was das weibliche Geschlecht anbelangt.

Ich nahm den Hörer in die Hand und hörte:

»Was meinst du, ist für einen Menschen am schwierigsten?«

»Am schwierigsten ist, Telefongespräche führen zu müssen, wenn man schlafen will.«

Ich fing allmählich an, rasend zu werden.

»Du hast recht«, pflichtete sie mir bei, als hätte ich irgendeine Weisheit von mir gegeben. »Sag mal, warum bist du nicht vorbeigekommen?«

»Ich hatte zu tun.«

»Aber jetzt hast du doch nichts zu tun?«

»Jetzt will ich schlafen. Außerdem ist es schon spät.«

»Erst elf Uhr.«

Ich schaute auf die Uhr: stimmt. Ich dachte, es wäre schon viel später.

»Hörst du mich, ich muß dich unbedingt sehen. Unbedingt!«

Jetzt schließt sie sicherlich die Augen und wiegt den Kopf hin und her. Dieses theatralische Getue reizt mich aufs Blut, und dennoch willigte ich ein.

»Also gut, ich komme.«

Klawa tut mir leid.

14

Irgendwann einmal ist Klawa verheiratet gewesen. Hat sieben Jahre lang mit einem Lehrer zusammengelebt, der aktiv in einer Laiengruppe mitgemacht hat, dann aber groß rausgekommen ist und ein Angebot an die Philharmonie des Ortes bekommen hat. Danach verließ er Klawa, da er zu der Überzeugung gekommen war, daß sie in ihren Interessen nicht mehr harmonieren. Klawa ging daraufhin an die Petschora, wo ich sie vor vier Jahren kennengelernt habe.

Sie arbeitete bei uns in der Ambulanz, und alles pumpte sich bei ihr Sprit, wenn es keinen im Laden gab. Unsere Beziehung stammt aus dieser Zeit und besteht immer noch – aus purer Trägheit.

Im Augenblick arbeitet sie als Bezirksärztin in der Poliklinik. Sie wohnt am Stadtrand in einem langgezogenen grauen Gebäude, wo sie früher mit ihrem Mann zusammengelebt hat. Ihr

Zimmer liegt im zweiten Stock am Ende eines schmalen Korridors, von dem die Türen schachbrettförmig zu beiden Seiten abgehen. Die Nachbarn kennen mich alle seit langem. Wenn ich den Korridor entlang gehe, gehen die Türen der Reihe nach auf, und ich verbeuge mich im Gehen nach rechts und links, als schaukele ich von einer Seite zur anderen.

Klawa treffe ich stets in ein und derselben Pose an: Sie liegt auf einer niedrigen Ottomane, von Büchern umgeben. Sie verschlingt Bücher in Unmengen, und ich beneide sie ein wenig darum. Aber man kann schließlich nicht alles wahllos herunterschlingen. Alles Gemachte und Gekünstelte an Klawa stammt aus Büchern.

Immer, wenn ich zu ihr komme, beginnt ein Frage- und Antwortabend zwischen uns.

»Wie bist du hergekommen?«

»Mit dem Taxi.«

»Ist es kalt draußen?«

»Soso.«

»Erinnerst du dich, wie kalt es an der Petschora war?«

Wenn ich nicht rechtzeitig mit diesem Frage- und Antwortspiel Schluß mache, muß ich auf Gott weiß was für Fragen antworten, seien es Fragen nach Klimawechsel, Ernteaussichten, meinen Eindrücken vom letzten Film und meiner Einstellung zum Algerienproblem.

»Hör mal, kannst du nicht einen Tee machen«, bitte ich sie, nur, um diese endlose Kette von Fragen zu unterbrechen.

»Oh, entschuldige.«

Sie springt eilig auf, nicht ohne die Schöße ihres Morgenrocks übereinanderzuschlagen und läuft in die Küche. Ich schiebe die Bücher zur Seite, lege mich auf die Ottomane, rauche und versuche, an nichts zu denken.

Ein seliger Zustand. So hätte ich am liebsten eine Ewigkeit lang gelegen, aber in sieben Stunden werde ich wieder von meinem Wecker geweckt und muß mich unter Verwünschung der ganzen Welt zu meinem Bauobjekt schleppen, bei Bogdaschkin versuchen, Baumaterial loszuschlagen, mich mit Arbeitern oder Vorgesetzten rumzanken oder auf einer Produktionsbesprechung langweilen, für die sich wahrscheinlich auch morgen wieder ein Vorwand finden wird.

Im übrigen wäre das alles zu ertragen, wenn man mich nicht mit der Übergabe meines Objekts drängen würde. Man könnte es natürlich so, wie es ist, übergeben. Aber schließlich möchte man doch etwas Ordentliches auf die Beine stellen und sich nicht blamieren. Ich könnte natürlich auch die Übergabe verweigern, wie ich es schon zweimal getan habe. Aber damals war ich noch jünger und mutiger und konnte mir noch leisten, ohne weiteres von Ort zu Ort zu ziehen, in Zelten oder provisorischen Barakken zu hausen und voller Verachtung auf jegliche Annehmlichkeiten des Lebens zu pfeifen.

Klawa brachte die Teekanne, goß Tee ein und schob mir einen Teller mit selbstgebackenen Lebkuchen hin. Sie selbst setzte sich mir gegenüber und schaute mir, den Kopf in die Hände gestützt, beim Essen und Trinken zu.

»Du siehst irgendwie schlecht aus«, sagte sie. »Mir scheint, du bist nicht ganz in Ordnung.«

»Prima Lebkuchen«, sagte ich, »wie machst du die bloß?«

»Trink deinen Tee, ich werde dir schon zuhören. Irgendwie gefällt mir dein Gesicht heute gar nicht«, sagte Klawa.

»Brauchst mir nicht zuzuhören«, sagte ich, »ich bin keine Schallplatte. Und mein Gesicht gefällt mir selber auch nicht.«

Klawa nahm meine Hand und hielt sie kurz in der ihren.

»Dein Puls ist aber ganz schön miserabel, wie kurz vor einem Herzinfarkt.«

»Letztes Mal hast du genau dasselbe gesagt«, sagte ich. »Ein Bauführer steht immer kurz vor dem Herzinfarkt. Ganz besonders vor dem Staatsfeiertag.«

»Wenn du mir nicht glauben willst«, sagte Klawa beleidigt, »geh doch zu einem anderen Arzt.«

»Ich würde sofort gehen, wenn ich wüßte, daß man mich ins Krankenhaus einweist.«

Im Stillen dachte ich, daß es eigentlich gar nicht schlecht wäre, wenn ich jetzt ins Krankenhaus müßte; soll doch Silajew selber mein Objekt übergeben, wenn es ihm so gut gefällt.

»Prima Lebkuchen«, sagte ich. »Wo hast du das Mehl her?«

»Eine gute Hausfrau bekommt alles. Bin ich nicht eine gute Hausfrau?«

»Gib nicht so an, ich werde dich sowieso nicht heiraten.«

Sie lachte laut auf.

»Was nicht nur an dir liegt. Übrigens, wie geht es deiner Soja?«

»Was für einer Soja?«

»Na, deinem großen Schwarm in dem Schnellimbißrestaurant da. Ich denke, du hast bei ihr so großen Erfolg gehabt.«

Das alles in einem betont scherzhaften Ton, der jedoch von einem raschen, beunruhigten Blick in meine Richtung begleitet ist, der Furcht, es könnte doch ein Quentchen Wahrheit sein an dem Scherz.

Während ich meinen Tee trinke, spielt sich übrigens folgendes ab: Plötzlich wird Klawa kreideweiß und legt ihre Hand auf die Brust.

»Was ist dir?« Ich springe auf.

Sie sagt kein Wort. Die Augen geschlossen, winkt sie leicht mit der Hand. Dann holt sie tief Atem und lächelt.

»Nichts... weiter.«

»Ist dir schlecht?«

»Ein wenig. Laß nur, kümmere dich nicht darum.«

Ich schaue sie mißtrauisch an. Das stammt nicht mehr aus Büchern. Klawa atmet tief.

»Idiot. Schließlich bin ich Arzt und weiß, was in solchen Fällen zu tun ist.«

»Was du weißt, weißt du nicht als Arzt, sondern als Weib.«

»Selbst, wenn dem so wäre«, zeigt sich Klawa einverstanden. »Ja, auch deshalb weiß ich's.«

Was soll's, in ihrem Alter hat sie ein Recht darauf, so erfahren zu tun, dennoch kommt mir das Ganze kränkend vor. Rosa hätte bestimmt anders geantwortet.

Ich schob das Teeglas zur Seite und stand auf.

»Du willst gehen?« fragte sie leise.

»Ja«, sagte ich.

In ihren Augen standen Tränen, aber sie fing nicht an zu weinen.

»Wenn du mich satt hast, kannst du ja gehen«, sagte sie. Nach kurzem Schweigen fuhr sie fort: »Ich werde dir nicht im Wege sein. Mein Gott, was bin ich für eine Idiotin. Warum bringe ich dich bloß immer dazu, die Nerven zu verlieren? Dabei bist du ein so anständiger, guter Mensch, dazu noch mit Talent.«

Hätte sie angefangen zu schreien oder zu weinen, hätte ich gehen können. Aber so – konnte ich einfach nicht.

»Du redest wieder mal Unsinn«, brummte ich ruhiger werdend. »Ich habe überhaupt kein Talent. Bin ein ganz gewöhnlicher Durchschnittsmensch. Und was hättest du schon davon, wenn ich Talent hätte? Du hattest doch schon mal so einen, einen mit Talent. Ist dir das zu wenig?«

Die Zeiger gingen auf zwölf. Klawa schien lange über irgendetwas nachzudenken und fragte dann:

»Sag mal, liebst du mich eigentlich ein wenig?«

»Wie oft man nur ein und dieselbe Frage stellen kann!«

»Sei nicht böse. Mir kommt es nur so vor, als ob du aus Mitleid zu mir kommst. Mitleid ist das widerlichste Gefühl, das ein Mensch haben kann.«

»Durchaus nicht«, sagte ich müde. »Das hast du wieder mal aus deinen Büchern. Es wäre gar nicht so übel, wenn wir mehr Mitleid füreinander empfänden.«

Ich war schon fest eingeschlafen, als Klawa mich in die Seite stieß:

»Weißt du, woran ich gerade denke?«

»Woran?«

Ich war nicht einmal imstande, wütend zu werden.

»Ich denke daran, wie gut es wäre zu wissen, immer einen solchen Menschen neben sich zu haben.«

Das sie von mir! Bücher führen zu nichts Gutem bei ihr.

15

Am nächsten Tag war das Wetter ein wenig besser, schon am Morgen zeigte sich die Sonne. Die Arbeiter saßen auf den Balken neben dem Mörtelmischer und rauchten. Die meisten von ihnen kannte ich nicht; die anderen Bauführer hatten sie mir auf Silajews Anordnung hin hergeschickt. Wer von ihnen was macht, konnte man an ihren Werkzeugen erkennen. Ich brachte sie zusammen mit Schilow an ihren jeweiligen Arbeitsplatz, ging um das Objekt herum und in die Bauhütte zurück. An meinem Schreibtisch in der Bauhütte saß ein gewisser Gusjew, Korrespondent der Zeitung der Stadt. Bei seiner Zeitung galt er offenbar als Spezialist für Bauwesen, denn er lungerte ständig bei uns herum. Seine Berichte zeichneten sich nicht gerade durch stilistische Abwechslungen aus und fingen fast alle ungefähr so an: »In der Produktionsgenossenschaft ›Wohnbau‹ kennt jeder den Brigadeführer...«

Als er mich sah, erhob sich Gusjew und ging mir entgegen. Er trug wie immer Cordhose, kunstlederne Bulgarenjoppe und blaue Baskenmütze.

»Grüß dich, Alter«, sagte er in einer Anwandlung von Enthusiasmus und schüttelte mir lange und ausgiebig die Hand.

»Was soll's«, dachte ich, »wie sagt doch der Schriftsteller so schön: ›Wieder mal so weit – Händeschüttelzeit.‹«

»Ich komme beruflich zu dir«, sagte Gusjew, als er sich ausgeschüttelt hatte.

»Sollst wohl was über mich schreiben?«

»Woher weißt du das?«

»Bin nun mal ein Mensch mit Scharfblick«, sagte ich. »Kommt wohl von Silajew?«

»Von Silajew«, sagte Gusjew und holte einen dicken, von einem Gummiband zusammengehaltenen Notizblock hervor.

Für mich bedeutete das Ganze ein schlechtes Omen. Wenn man sich einmal vorgenommen hatte, in der Zeitung über mich zu schreiben, würde man mir keine Ruhe mehr lassen.

»Wie man hört, wirst du bald Oberingenieur?« fragte Gusjew. Er setzte sich mir gegenüber und legte ein Bein über das andere.

»Warte erst einmal ab«, sagte ich, »vielleicht werde ich's gar nicht. Und überhaupt, du solltest besser über jemand anderen schreiben. Meinetwegen über Schilow. Ist der beste Vorarbeiter in der ganzen Produktionsgruppe.«

»Über den habe ich schon geschrieben«, sagte Gusjew und machte sich eine Notiz in seinen Block – wahrscheinlich meine Bescheidenheit betreffend.

»Also los, laß uns keine Zeit verlieren, erzähl mir ein bißchen von dir!«

»Wozu brauchst du das denn?« fragte ich. »Schreibst doch sowieso: In der Produktionsgenossenschaft ›Wohnbau‹ kennt jeder den Bauführer Samochin. Dieser hochgewachsene, breitschultrige Mann genießt mit seinem offenen Gesicht und seinem freundlichen Blick nicht umsonst hohes Ansehen in seinem Kollektiv. ›Unser Samochin‹ sagen die Arbeiter liebevoll von ihm.«

Gusjew legte seinen Notizblock zur Seite, lachte höflich und sagte:

»Was soll das, Alter, da tust du mir wirklich Unrecht. Ich bin nicht im geringsten für Schablonen. Ich will in deinem Fall mit dem Krieg anfangen, verstehst du? Du warst doch sicher an der Front?«

»War ich«, sagte ich. »Was das angeht, kann ich dir interessantes Material bieten.«

»Brauche ich jetzt nicht«, sagte Gusjew. »Zum dreiundzwanzigsten Februar soll eine Sondernummer rauskommen, dafür wär das was. Können wir sogar gemeinsam schreiben. Für den Anfang brauche ich erst einmal was vom Krieg. Ich denke mir das so: Neunzehnhundertfünfundvierzig. Du wirst zum Divisionskommandeur gerufen, und man macht dir den Vorschlag, das Bahnhofsgebäude zu sprengen...«

»Halt mal«, sagte ich. »Ich kann mich beim besten Willen nicht erinnern, jemals zum Divisionskommandeur gerufen worden zu sein. Ein einziges Mal während des ganzen Krieges habe ich mit dem Regimentskommandeur gesprochen, und zwar, als wir in Reserve standen und er mich aus dem Glied jagte, weil ich meine Stiefel nicht geputzt hatte.«

»Ist doch nicht so wichtig«, wehrte Gusjew ab.

»Siehst du, das habe ich damals auch gesagt – ist doch nicht so wichtig –, und er hat mir dafür fünfmal vierundzwanzig Stunden verschärften Arrest aufgebrummt. Brauchte ihn allerdings nicht abzusitzen, denn am nächsten Tag wurden wir an die vorderste Front abkommandiert.«

»Hör mal her, das ist alles völlig uninteressant«, sagte Gusjew. »Was geht mich dein Arrest an? Ich soll schließlich was für die Zeitung schreiben und habe mir schon so ein bißchen was zurechtgelegt. Habe ich etwa kein Recht darauf, mir etwas zurechtzulegen?«

»Hast du«, sagte ich. »Nur ist die Sache die, daß ich neunzehnhundertfünfundvierzig nicht an der Front war, sondern studiert habe und auf Krücken von Stockwerk zu Stockwerk humpelte, weil unsere Vorlesungen und Übungen in verschiedenen Hörsälen stattfanden.«

»Was, du warst verwundet?« fragte Gusjew erstaunt. »Wußte ich gar nicht. Das ist aber interessant.« Er schrieb irgendetwas in seinen Notizblock.

»Sehr interessant«, sagte ich. »Besonders, wenn du einen Splitter von einer Panzerabwehrgranate verpaßt kriegst. Ein angenehmes Gefühl.«

»Ja«, sagte Gusjew mitfühlend. »Hat sicher mächtig weh getan. Nur weißt du, was den Krieg angeht, da brauche ich einfach bloß so etwas für den Anfang. Ich müßte zum Beispiel bringen, daß du Häuser gesprengt hast und davon geträumt, sie wieder aufzubauen. Heutzutage ist das Thema ›Kampf für den Frieden‹ höchst aktuell. Bist du im Krieg Offizier gewesen?«

»Nein«, sagte ich, »ich war im Krieg Oberfeldwebel und habe keinerlei Häuser in die Luft gesprengt, weil ich nämlich bei der Aufklärung war.«

»Was ist da schon für ein Unterschied. Spielt doch keine Rolle, wo du gewesen bist«, sagte er. »Für die Idee zählt einfach bloß, daß du Häuser in die Luft gesprengt hast. Und jetzt sag mir noch: Wann hast du den Entschluß gefaßt, Architekt werden zu wollen, im Krieg oder schon als Kind?«

»Wie soll ich das erklären«, sagte ich verlegen. »Weißt du, nach der Verwundung, da wohnte ich nun mal direkt gegenüber dem Architekturinstitut. In die anderen Institute hätte ich mit der Straßenbahn fahren müssen, und hier brauchte ich nur über die Straße zu gehen. Und ich ging doch damals an Krücken...«

»Verstehe«, sagte Gusjew, machte sich aber diesmal keine Notiz in seinen Block. »Jetzt sag mir noch: Hast du irgendwelche Erfindungen oder Rationalisierungsvorschläge gemacht?«

»Nein«, sagte ich, »ich habe grundsätzlich nicht die Absicht, irgendetwas zu erfinden. Will einfach nur mal sehen, ob die Menschheit nicht auch ohne mein Zutun irgendwas zustandebringt.«

»Na, und?«

»Meiner Ansicht nach hat sie das. Man hat bereits eine Bombe erfunden, die Häuser und Autos unversehrt läßt, während du und ich uns in ein leichtes Wölkchen verwandeln. Aber ich kann dir versichern, daß ich an dieser Erfindung in keinerlei Weise beteiligt gewesen bin.«

»Jaja«, sagte Gusjew und schwieg bedeutungsvoll.

»Jaja«, sagte ich. »Und weißt du auch, wer den Teekessel erfunden hat?«

»Den Teekessel?« – Gusjew rieb sich nachdenklich die hohe Stirn. »Lomonossow?«

»Richtig«, sagte ich. »Lomonossow hat das Gesetz der Erhaltung der Energie entdeckt, hat Verschen geschrieben und in seiner Freizeit den Teekessel erfunden. Allerdings nicht den, der in unseren Läden für Haushaltsartikel steht und bei dem immer der Henkel abgeht. Den hat Jurka Golikow erfunden, der in der Genossenschaft ›Geschirrinventar‹ als Ingenieur arbeitet.«

Gusjew ging mir auf die Nerven, und ich schwatzte absichtlich allen möglichen Blödsinn, um ihn aus dem Konzept zu bringen. Ihm ging das offenbar ebenso auf die Nerven, denn er steckte seinen Notizblock in die Tasche, warf seine Zigarettenkippe in den Ofen und stand auf.

»Ich werde besser das Ganze erst einmal aufsetzen«, sagte er, »und dir dann zeigen. Einverstanden?«

»Einverstanden«, sagte ich. »Schreib nur erst einmal, werden dann schon klarkommen.«

Gusjew ging. Ich blieb noch eine Weile sitzen und ging dann die einzelnen Stockwerke entlang. Wo ich auch hinkam, konnte ich, wie stets bei Sondereinsätzen des Gesamtkollektivs, etwas Unglaubliches feststellen: Die einen sputeten sich und arbeiteten, was das Zeug hielt, andere wieder taten überhaupt nichts, saßen in den Fenstern, rauchten und erzählten sich Witze. Keiner nahm auch nur im geringsten Notiz von mir, so, als hätte ich mit der ganzen Angelegenheit nichts, aber auch gar nichts zu tun. Mir kam es schon selber so vor, als sei ich hier überflüssig und schritt nirgends ein, bis ich auf irgendsoeinen kleinen Struwwelkopf stieß, der in der vierten Sektion dabei war, Türen einzuhängen. Er nahm die Türbeschläge, steckte Holzschrauben hinein und jagte sie offenbar mit einem einzigen Hammerschlag auf den Schraubenkopf hinein. Der Werkzeugkasten stand hinter ihm, und das Werkzeug samt Schrauben lag verstreut um ihn herum.

»Hast du keinen Schraubenzieher?« fragte ich den Struwwelkopf.

»Nein«, gab er zur Antwort, »wozu?«

»Weißt du etwa nicht, daß Schrauben mit dem Schraubenzieher festgemacht werden?«

»Geht auch so«, sagte der Struwwelkopf und machte sich an den nächsten Beschlag.

»Von welchem Bauabschnitt kommst du?« fragte ich.

»Von Jermoschins.«

Ich sammelte sein Werkzeug ein und verstaute es ordentlich, wie es sich gehört, in dem Kasten. Der Bursche hörte auf, die Schrauben reinzuschlagen und schaute mir neugierig zu.

Sobald ich das Werkzeug eingeräumt hatte, nahm ich den Werkzeugkasten und reichte ihn dem Burschen.

»Auf Wiedersehen«, sagte ich, »sag Jermoschin, ich laß ihn grüßen.«

Der Bursche nahm den Werkzeugkasten, stand eine ganze Weile, sich in den Beinen wiegend, vor mir und blickte mich finster an.

»Erpresser du, gemeiner«, sagte er ehrlich heraus, spuckte aus und ging die Treppe runter.

Ich ging in die Bauhütte zurück und wählte Silajews Nummer. Ich wollte ihm sagen, daß ich das Haus nicht übergeben werde, solange es nicht hundertprozentig in Ordnung ist. Jermoschin soll ruhig schon mal den Kognak, um den wir gewettet haben, besorgen. Soll wissen, daß nicht alle sind wie er, daß es Leute gibt, die es ablehnen, gegen ihr Gewissen zu handeln.

Während das alles durch meinen Kopf ging, wuchs ich innerlich im Bewußtsein der eigenen edlen Gesinnung und kam mir äußerst mutig vor, als einer, der sich sehen lassen kann.

Doch Ljusja nahm mir sämtlichen Wind aus den Segeln, indem sie mir mitteilte, daß Silajew zu einer Sitzung des Bezirkssowjets gefahren sei und heute nicht mehr zurückkommen werde.

Was soll's... Muß das Gespräch halt auf morgen verschieben.

16

An diesem Tag war ich früher zu Hause als sonst. In der Tür stieß ich auf Iwan Adamowitsch. Er lächelte irgendwie eigenartig und wich meinem Blick aus, als habe er irgendetwas auf dem Gewissen. Ich begriff sofort, daß irgend etwas los war, aber was, war schwerlich herauszukriegen. Ich schaute Schischkin an, der sich irgendwie drehte und wandte und dämlich vor sich hinkicherte. Ich zuckte mit den Schultern und ging in die Küche, um einen Schluck Wasser zu trinken. In der Küche saß ein kleines Mädchen von etwa zwei Jahren am Tisch und hatte ein nicht mehr ganz frisches Handtuch umgebunden. Vor ihr auf dem Küchentisch stand ein Teller Grießbrei. Das kleine Mädchen langte mit der Hand in den Grießbrei, schmierte ihn sich übers Gesicht und spuckte, was dabei in den Mund kam, auf das Handtuch.

»Weißt du«, kicherte Iwan Adamowitsch verlegen, »hat mir meine Nichte für heute gebracht. Will ins Kino, hat sie gesagt... Ist schon sechs vorbei und ist immer noch nicht da... Willst du wohl brav sein«, schrie er das kleine Mädchen an, das gerade im Begriff war, den anstrengenden Schmiervorgang zu beschleunigen und mit beiden Händen gleichzeitig in den Teller zu greifen. »Wehe, wenn du unartig bist«, sagte Iwan Adamowitsch, »sonst sag ich's dem Onkel da, der steckt dich in den Sack.«

Das kleine Mädchen nahm die Hände aus dem Teller, blickte erst Iwan Adamowitsch, dann mich an und fing an zu weinen.

»Na, na, weine nur nicht«, begann Iwan Adamowitsch die Kleine zu beruhigen, »geh weg, Onkel, du kriegst meine Maschenka nicht!«

Das kleine Mädchen weinte. Iwan Adamowitsch wurde böse.

»Ich höre dein Geschrei überhaupt nicht«, sagte er. »Verstanden? Was willst du eigentlich? Ich höre dich einfach nicht, und damit basta.« Der Alte setzte eine höhnische Miene auf: »Ich höre dein Geschrei einfach nicht. Du bist einfach nicht da für mich, bist nichts weiter als ein leerer Platz. Ein weltweites Vakuum. Da hast du's!«

Das kleine Mädchen blickte ihn aufmerksam an und weinte schon nicht mehr so heftig wie zuvor.

»Shenja, ich habe dir da einen Brief durch die Tür geschoben«, rief mir Iwan Adamowitsch nach.

Der Brief lag auf dem Fußboden. Ich hob ihn auf und öffnete ihn. Er enthielt alles in allem nur wenige Zeilen:

»Sei gegrüßt, lieber Genosse Shenka!

Ich schreibe Dir diese Zeilen, obgleich ich schon lange nichts mehr von Dir gehört habe. Du trägst offenbar die Nase ganz schön hoch (ein Scherz natürlich!) und willst von Deinen alten

Freunden nichts mehr wissen. Ich habe hier einen Posten als Chef der Bauverwaltung, baue gerade ein kleines Fabrikchen. Wenn Du's satt hast, immer an ein und demselben Ort herumzuhocken, komm doch zu mir. Werden schon ein Arbeitsplätzchen für Dich finden. Für den Anfang würdest Du erst einmal eine Stelle als Oberbauführer bekommen. Bei diesem Job wirst Du Dir, wie man so schön sagt, die Hände nicht allzu schmutzig machen und dabei noch ein hübsches Sümmchen nach Hause tragen. Was die Wohnung anbelangt, kann ich vorläufig noch nichts versprechen, aber wenn es so weit ist, wird uns schon etwas einfallen. Das wär's für heute. Bleib gesund und überleg Dir's. Sewka läßt grüßen. Er arbeitet bei mir als Chef der Technischen Betriebsabteilung, ist verheiratet, hat drei Kinder, malt aber immer noch wie eh und je alle möglichen Landschaftsbilder.

Kurz und gut, komm! Ich warte auf Antwort und drück Dir die Pfote, Wladik.«

Ich las den Brief zweimal hintereinander. Ist schon, hol's der Teufel, was Schönes, von einem alten Freund so aus heiterem Himmel und unerwartet einen Brief zu bekommen. Sewka und Wladik arbeiten also zusammen. Würde mich schon interessieren, wie sie inzwischen aussehen. Hätten wirklich ein Foto mitschicken können, Hundebande die. Sewka hat also drei Kinder. Sich das vorzustellen! Ich habe ihn noch als einen Strolch sondergleichen in Erinnerung. War so ein kränklicher Rotschopf, das ganze Maul zerkratzt, denn er hatte sich ewig mit seiner älteren Schwester in den Haaren. Er verstand es, ganz ordentlich zu malen, und wir waren sicher, daß aus ihm einmal ein Maler werden würde. Doch offensichtlich hat es nicht hingehauen, sei es nun, daß er doch nicht genügend Talent hatte, sei es, daß dem irgendetwas anderes im Wege stand.

Ich las den Brief noch einmal. Warum nicht...? Kam mir gerade recht. Ein bequemer Ausweg aus meiner Lage. Übergebt ihr eure Objekte mal schön alleine, ich für meinen Teil gehe nach

Sibirien. Ich habe keine Lust, Pfusch und Stümpereien mitzumachen und dann dafür vor Scham rot werden zu müssen.

Gleichzeitig wäre auch das Problem Klawa bestens gelöst. Unsere Beziehung dauert einfach schon viel zu lange. Ist inzwischen mehr als überfällig. Sollten endlich aufhören, uns etwas vorzumachen und uns gegenseitig zu quälen.

In diesem Moment läutete es an der Tür. Da es nicht gerade häufig vorkommt, daß Leute zu uns ins Haus kommen, spitzte ich die Ohren. Ich hörte, wie Iwan Adamowitsch die Tür öffnete und mit irgendjemandem sprach. Eine unbekannte weibliche Stimme fragte nach mir. Ich ging in den Korridor hinaus. Eine weibliche Person stand auf dem Treppenabsatz. Iwan Adamowitsch unterhielt sich mit ihr durch den Türspalt und hielt die Tür fest, um sie im Falle eines Falles zuschlagen zu können. Ich schob Schischkin zur Seite und bat die Person einzutreten, und sie rauschte mit ihrem von oben bis unten regentropfenübersäten Pelzmantel herein.

»Sie werden sich wohl kaum mehr an mich erinnern«, sagte sie, indem sie mich mit ihren kurzsichtig zusammengekniffenen Augen musterte. »Wir haben uns voriges Jahr auf Klawas Geburtstagsfeier kennengelernt.«

Ich erinnerte mich indessen sehr wohl an sie. Sie war an dem Abend damals die Dickste von allen gewesen. Ich habe sogar ihren Namen – Nadja – im Gedächtnis behalten und daß sie in derselben Poliklinik wie Klawa als Gynäkologin arbeitet.

»Wie denn nicht, Nadja?« sagte ich. »Wäre doch seltsam, wenn ich mich nicht an Sie erinnerte.«

Ich hängte ihren Pelz an den Kleiderhaken und bat sie herein, nicht ohne mich für die Unordnung zu entschuldigen.

»Macht nichts«, sagte sie und betrat mein Zimmer, indem sie sich umsah. »Verstehe. Junggesellendasein. Hätten Sie eine Frau...«

»Was nicht ist, ist nicht.«

Ich schloß die Tür hinter ihr, doch nicht ganz, um Iwan Adamowitsch nicht überflüssigen Mutmaßungen auszusetzen.

Nadja begann das Gespräch mit der Bemerkung, daß mir ihr Besuch gewiß seltsam vorkomme. Ich antwortete, wobei ich mir sämtliche Regeln des guten Tons in Erinnerung rief, daß ich sie natürlich keineswegs erwartet hätte, es dessen ungeachtet um so angenehmer sei...

»Ich glaube kaum, daß mein Besuch Ihnen sonderlich angenehm sein wird.« Sie nahm eine Zigarette aus ihrer Handtasche und begann zu rauchen. »Das Thema unseres Gesprächs dürfte ein wenig zu delikat sein... Doch da ich Ärztin bin, darf ich mir wohl erlauben, direkt zu sein. Sie werden natürlich darüber im Bilde sein, daß Klawa schwanger ist.«

»Im großen und ganzen... natürlich... ich habe schon so etwas geahnt.«

»Im großen und ganzen... natürlich«, äffte sie mich nach. »Was gibt es da zu ahnen? Das sieht doch schließlich, verzeihen Sie, jedes Kind. Aber darum geht es ja nicht. Es geht vielmehr darum, daß Klawa eine sogenannte Schwangerschaftsunterbrechung machen lassen möchte, die indessen auf keinen Fall in Frage kommen kann, da ein solcher Eingriff für sie schlicht lebensgefährlich wäre. Ich übertreibe nicht im geringsten.«

»Warum sagen Sie ihr das nicht selber?« fragte ich.

»Ich habe es ihr gesagt, aber sie will es mir einfach nicht abnehmen. Auf Ihre Meinung hält sie größere Stücke. Sie haben mehr Einfluß auf sie.«

»Also gut«, sagte ich unsicher, »ich will es versuchen.«

»Versuchen Sie's«, sagte sie und erhob sich. »Und überhaupt, ich würde Ihnen raten zu heiraten. Ich habe auch lange Zeit allein gelebt und auf die Dauer nichts Gutes daran gefunden...«

»Mag sein, aber es gibt schließlich einen kleinen Unterschied zwischen uns«, wagte ich zaghaft zu bemerken.

»Der ist völlig relativ.«

Ich wollte nicht anfangen zu diskutieren und brachte sie zur Tür.

»Nun ja«, dachte ich und ging ins Zimmer zurück, da hatte ich's also. Ich blieb noch eine Weile sitzen, nahm dann die Hosen vom Stuhl und begann mich anzuziehen. Die Uhr zeigte halb zwölf.

Im Korridor stieß ich auf Iwan Adamowitsch. Er hielt mit zwei Fingern ein paar kleine Baumwollhöschen in der Hand, und sein Gesicht zeigte völlige Fassungslosigkeit.

»Shenja«, sagte er, »sieh dir das doch mal an! Da hat mir doch das unverschämte kleine Ding was angerichtet. Siehst du?«

»Sehe gar nichts«, sagte ich.

»Wieso denn nicht?« fragte Iwan Adamowitsch völlig perplex.

»Einfach so.« Ich zuckte mit den Schultern. »Sehe nun mal nichts und basta. Das bilden Sie sich alles nur ein, Iwan Adamowitsch.«

Mit der freien Hand kratzte sich Iwan Adamowitsch nachdenklich im Nacken.

»Aber es riecht doch«, sagte er unsicher.

17

Klawa schlief noch nicht. Sie saß im Hemd vor dem Spiegel und schmierte sich irgendetwas in die Haare. Als sie mich sah, war sie baff erstaunt und steckte irgendein Fläschchen in die Tischschublade.

»Was machst du da?« fragte ich, obgleich ich wahrscheinlich besser geschwiegen hätte.

»Nichts.«

Sie schaute mich immer noch fassungslos an. Ihr Haar war naß, und ich ahnte, daß sie es mit einem Entfärbungsmittel eingeschmiert hatte. Sie begann mir leid zu tun, doch um es mir nicht anmerken zu lassen, sagte ich:

»Dumme Trine du.«

Sie schmiegte sich schuldbewußt mit ihrer bepuderten Wange an mich.

Dann fragte sie:

»Wieso bist du hergekommen?«

»Einfach so. Warum, hast du etwas dagegen?«

»Nein, im Gegenteil, ich habe überhaupt nichts dagegen, bin nur überrascht, habe nicht damit gerechnet.«

»Eine angenehme Überraschung«, sagte ich. »Weißt du... Nadja war nämlich gerade bei mir.«

»Nadja?« Klawa wurde hellhörig. »Und, was hat sie dir gesagt?«

»Sie hat mir alles gesagt, was zu sagen war.«

»Idiotin die!« sagte Klawa wütend. »Idiotin! Was geht die das an? Habe ich sie etwa darum gebeten? Was hat die sich da reinzumischen?«

»Sie sagt, es wäre gefährlich für dich.«

»Sie lügt. Was versteht sie schon davon? Glaub ihr ja nicht! Ich bin schließlich auch Ärztin und kenne mich in diesen Dingen nicht minder gut aus als sie.«

»Klawa, ich will dir nur sagen, wenn es nun wirklich so...«

Sie musterte mich spöttisch.

»Ich weiß deinen Edelmut selbstverständlich zu schätzen. Aber dem ist nicht so. Mach dir keine Sorgen, alles wird in Ordnung kommen.«

Nun ja... Wenn sie selbst der Meinung ist, es sei ungefährlich... Schließlich ist sie ja wirklich selber vom Fach.

»Ja, weißt du«, sagte ich, »ich habe da übrigens einen Brief von Wladik bekommen. Erinnerst du dich, ich habe dir einmal von ihm erzählt.«

»Und was schreibt er?«

»Nichts Besonderes. Lädt mich ein, zu ihm zu kommen. Er baut da irgendeine Fabrik.«

»Wirst du gehen?« fragte Klawa rasch.

»Weiß nicht«, sagte ich. »Im Augenblick wohl kaum.«

»Wenn du willst, geh nur«, sagte Klawa. »Ich halte dich nicht. Schließlich ist nichts Besonderes passiert. Alles wird bleiben, wie es war.«

»Nein«, sagte ich, »es wäre einfach dumm, jetzt wegzugehen. Schließlich werde ich demnächst Oberingenieur.«

»Wirklich?« fragte Klawa erstaunt. »Wieso auf einmal so plötzlich?«

»Weiß nicht. Die Vorgesetzten wollen's nun mal so.«

»Ich freue mich sehr für dich.« Sie zog meinen Kopf zu sich hin und küßte mich. »Du weißt, wenn es für dich ohne mich besser wäre, geh nur. Ich halte dich nicht. Ich will nicht, daß du dich meinetwegen gebunden fühlst.«

»Red dir doch keine Dummheiten ein«, sagte ich. »Ich habe nicht im geringsten vor, von dir wegzugehen.«

»Du liebst mich also?«

»Ja.«

Sie blickte mich ungläubig an, sagte aber nichts.

Als ich mich am Morgen anschickte, zur Arbeit zu gehen, fragte Klawa:

»Werden wir uns jetzt bis zum Staatsfeiertag nicht mehr sehen?«

»Wieso?« sagte ich. »Wir können uns meinetwegen heute schon wiedersehen.«

»Wirklich?« fragte Klawa erfreut. »Komm, laß uns heute ins Kino gehen!«

»Abgemacht«, erklärte ich mich einverstanden, obgleich ich keine Lust hatte, ins Kino zu gehen. Aber ich wollte Klawa einen Gefallen tun.

18

Dieser Tag verlief verhältnismäßig ruhig: So gut wie niemand rief an, und ich wurde nirgendwohin gerufen. Ich hatte geradezu den Eindruck, man habe mich vergessen. Um vier, nachdem die Arbeiter gegangen waren, rief ich bei der Produktionsgruppe an, um zu sagen, daß ich nicht zur Kurzbesprechung kommen könne, da ich krank geworden sei. Und fuhr in die Poliklinik, um Klawa abzuholen.

Der Film, den wir uns ansehen wollten, war bereits abgelaufen, aber im Lichtspieltheater »Der Neuerer« lief ein anderer neuer Film, von denen neuerdings eine Menge herauskommen.

Wir wollten in die Sechsuhrvorstellung gehen, bekamen aber nur für die Zehnuhrvorstellung Karten, so daß wir noch viel Zeit hatten. Da es zu alledem noch regnete, sagte Klawa:

»Du wohnst doch ganz in der Nähe. Komm, laß uns zu dir gehen. Du hast mich kein einziges Mal in der ganzen Zeit zu dir eingeladen. Ich weiß nicht einmal, wie du wohnst.«

Bei mir zu Hause herrschte wie stets Unordnung, und auch aus diesem Grunde zeigte ich mich nicht sonderlich begeistert.

Unterwegs kauften wir noch ein kleines geschnitztes Holzeselchen für Maschenka, deren Mutter noch immer nicht wiederaufgetaucht war.

Als Maschenka Klawa, die sie noch nie gesehen hatte, erblickte, erschrak sie und fing an zu weinen. Ich führte Klawa in mein Zimmer, nicht ohne sie auf die Unordnung vorzubereiten und zu warnen, ja nicht auf die Idee zu kommen, aufräumen zu wollen. Dann ging ich zu Maschenka zurück und gab ihr das Geschenk. Maschenka war das Spielzeug offenbar völlig gleichgültig, während Iwan Adamowitsch äußerst zufrieden schien.

»Schau einmal, was für einen schönen kleinen Elefanten dir der Onkel gekauft hat«, sagte er vergnügt.

»Das ist kein Elefant, das ist ein Eselchen«, korrigierte ich ihn.

Iwan Adamowitsch las Silbe für Silbe, was auf dem Zettelchen unter der Holzfigur geschrieben stand: E-sel-chen, stellte die Figur an ihren Platz zurück und sagte dickköpfig:

»Elefant.«

Ich wollte keinen Streit vom Zaun brechen.

»Die Mutter ist demnach noch nicht wiedergekommen?« fragte ich.

»Nein«, sagte Iwan Adamowitsch betrübt, »sie ist nicht wiedergekommen. Hat ein Telegramm aus Woronjesch geschickt, hat sich dort verheiratet.«

Ich ging zurück in mein Zimmer. Klawa stand am Tisch und betrachtete das Foto von Rosa, das sie in der Hand hielt.

»Ist das dein neuer Schwarm?« fragte sie mit übertriebener Gelassenheit.

»Stell das Bild wieder an seinen Platz und rühre es nicht an«, sagte ich.

Das brachte sie urplötzlich aus der Fassung.

»Wirklich? Und wenn ich nun nicht will?«

»Klawa, stell das Bild wieder hin«, sagte ich beherrscht und einigermaßen friedfertig.

»Und wenn ich es nun nicht tue?«

»Hinstellen!« sagte ich mit erhobener Stimme.

»Nein«, sagte Klawa bockig.

Darauf fing ich an, wie wild herumzubrüllen und mit den Füßen zu stampfen.

Dergleichen war mir noch nie passiert. Noch heute schäme ich mich, wenn ich mich daran erinnere.

Plötzlich schleuderte Klawa mir nichts dir nichts das Bild auf den Boden. Glas klirrte, die reinste Familienszene!

Ich schritt schweigend auf sie zu. Klawa blickte mich an und wurde weiß im Gesicht.

»Untersteh dich! Untersteh dich!« schrie sie mich an. »Du wirst es hinterher bereuen! Schämen wirst du dich!«

Das hätte ich wahrscheinlich auch getan, falls Klawa gedacht haben sollte, ich wolle sie schlagen.

Die Tür öffnete sich einen Spaltbreit. Iwan Adamowitsch steckte, neugierig wie immer, seinen Kopf herein, schlug jedoch, als er mein wutschnaubendes Gesicht sah, die Tür auf der Stelle wieder zu.

»Weißt du überhaupt, wer das ist?« fragte ich Klawa unheildrohend.

»Weiß ich«, sagte Klawa. »Wozu machst du mir eigentlich ein X für ein U vor? Wenn du mich satt hast, mach doch, daß du zu ihr kommst! Zu deiner...«

Klawa stürzte heulend aus der Tür.

Ich lehnte mich an die Wand. Ich war außer Atem. Da waren sie wieder, diese Herzschmerzen.

Sobald ich mich ein wenig gefangen hatte, kauerte ich mich hin und begann, die Glassplitter einzusammeln. Letzten Endes war alles nicht so schlimm: Das Bild war heil geblieben. Ich befreite es vorsichtig von den Glassplittern und legte es auf den Tisch.

Rosa blickte mich mit ihren großen Augen nachdenklich und traurig an. »Was soll's«, dachte ich, »da hat Klawa jemanden gefunden, auf den sie eifersüchtig sein kann.«

Meine Wut ließ allmählich nach. Worin bestand denn Klawas Schuld? Darin, daß sie nicht das war, was Rosa gewesen war? Wer weiß denn aber, wie Klawa mit achtzehn gewesen ist und wie Rosa geworden wäre, wenn es ihr vergönnt gewesen wäre, so lange zu leben wie Klawa?

Ich war nicht wenig überrascht, mich bei diesem Gedanken zu ertappen. Was sollte das heißen? War mein Verhältnis zu Rosa dabei, schlechter zu werden? Oder besser, was Klawa betraf? Ich bekam sogar Gewissensbisse und dachte schon, ob ich nicht versuchen sollte, hinter Klawa herzulaufen und sie zurückzuholen. Doch rechnete ich mir aus, daß sie schon ziemlich weit sein müsse (wahrscheinlich ging sie zur Haltestelle) und kam zu dem Schluß, daß ich in diesem Falle ganz schön rennen müßte. Und dazu hatte ich selbstverständlich keine Lust. »Werde sie morgen anrufen und mich entschuldigen«, beschloß ich.

Und legte mich, wie ich war, auf die Ottomane.

19

Dann hatte ich es satt, einfach so dazuliegen und ging hinaus auf die Straße. Der Regen hatte aufgehört, aber es war immer noch kalt und naß. Im Schnellimbiß gegenüber brannte Licht. Soja war die einzige, die ich noch antraf. Sie war dabei, Gabeln und Löffel blankzuputzen, um anschließend nach Hause gehen zu können. Sie war einigermaßen erstaunt, mich zu sehen.

»Das erste Mal, daß ich Sie abends hier sehe«, sagte sie. »Ihre Frau hat wohl keine Lust zu kochen.«

»Ich habe keine Frau«, sagte ich.

»Was Sie nicht sagen«, lachte Soja kokett. »Das sagen alle Männer, und dann stellt sich heraus, daß sie sehr wohl Frau und Kinder haben.«

»Ich habe keine Frau, Soja«, wiederholte ich. »Und auch keine Kinder.«

In dem Restaurant gab es nichts außer kalten Koteletts.

Als ich zahlen wollte, zog ich mit den Geldscheinen auch die Kinokarten aus der Tasche, und erst in diesem Moment fiel mir das Kino wieder ein.

»Soja, haben Sie Lust, mit ins Kino zu gehen?« schlug ich, unerwartet auch für mich selber, vor.

»Mit Vergnügen«, sagte Soja, »aber Sie wollen sich sicher nur einen Spaß mit mir erlauben.«

»Aber nein doch, Soja, ich meine es ernst«, sagte ich. »Hier, hier habe ich die Eintrittskarten.«

Soja willigte ein. Wir verließen gemeinsam das Restaurant, und ich half ihr, die Tür abzuschließen. Bis zum Beginn der Vorstellung hatten wir noch etwa eine Stunde Zeit, und so beschlossen wir, noch ein wenig die Straße auf und ab zu spazieren.

Ich wußte nicht, womit ich das Gespräch einleiten sollte und fragte:

»Soja, was machen Sie eigentlich so in Ihrer Freizeit?«

»Je nachdem«, sagte Soja. »Hier und da gehe ich mit Freundinnen tanzen oder ins Kino. Oder ich sitze einfach zu Hause und notiere mir Sprüche.«

»Was?«

»Sprüche. Wissen Sie, zum Beispiel solche: Lieber aufrecht sterben als kniefällig leben. Das hat Dolores Ibarruri gesagt. Oder ein Ausspruch von Hugo: Das Leben ist eine Blüte, die Liebe der Honig, der aus ihr fließt. Ich habe schon zwei ganze Alben voll mit solchen Sprüchen gesammelt. Wenn man genügend davon zusammenhat, braucht man gar keine Bücher mehr zu lesen!«

»Was Sie nicht sagen! Das ist interessant...« sagte ich. »Demnach bewahren Sie in diesen Alben die Weisheit in Reinkultur auf?«

»In Reinkultur«, sagte sie zustimmend. »Sie müssen wissen, ich habe eine sehr schöne Handschrift, obgleich ich nicht einmal die Mittelschule besucht habe. Meine Schwester zum Beispiel, die hat studiert und ist Lehrerin, aber Sie werden's kaum glauben, was die für eine Schrift hat, da wird sie selber nicht klug draus. Haben Sie studiert?«

»So was ähnliches«, sagte ich.

»Stimmt es, daß Sie mächtig beschlagen sind?«

»Woher wollen Sie das wissen?«

»Hat mir einer von den Jungs gesagt. Ist mit einer Köchin von uns befreundet. Sagt, er arbeitet bei Ihnen. Heißt Sascha.«

»Kenne ich nicht«, sagte ich, »bei mir arbeiten eine Menge Saschas. Wie ist sein Nachname?«

»Habe ich vergessen. Ist so ein Blonder mit ganz langen Haaren.«

»Ah«, jetzt wußte ich, wen sie meinte. »Der Schriftsteller?«

»Was, der ist Schriftsteller?« sagte Soja erstaunt.

»Genau«, sagte ich. »Schriftsteller. Hör mal, laß uns du sagen. Ist irgendwie einfacher. Gut?«

»Gut«, erklärte sie sich einverstanden. »Lieber ein freundschaftliches Du als ein kaltes Sie.«

»Genau das«, sagte ich. »Ist so schon kalt genug. Komm, gehen wir ins Foyer, uns ein bißchen aufwärmen und Zeitschriften anschauen.«

Sie war einverstanden. Wir gingen hinein, kamen aber gar nicht erst dazu, Zeitschriften anzuschauen, denn im Foyer sprach der Regisseur des Films aus Anlaß seiner Erstaufführung. Wir hörten ihm an die Wand gelehnt zu. Der Regisseur sprach davon, wie der Film zustandegekommen ist, wie heroisch das gesamte Aufnahmekollektiv gearbeitet hat und was für Hoffnungen sie in diese Arbeit gesetzt haben. Zum Abschluß seiner Rede sagte er:

»Wenn unser Film Sie dahin zu bringen vermag, über irgendetwas gründlich nachzudenken, wenn Sie, nachdem Sie ihn gesehen haben, wenigstens ein klein wenig besser und klüger geworden sind, dürfen wir gewiß sein, unsere Aufgabe erfüllt zu haben.«

Wir waren nach dem Film weder besser noch klüger. Als wir das Kino verließen, schwieg Soja lange und seufzte in Gedanken an irgendetwas, was sie bewegte. Schließlich fragte sie:

»Shenja, was ist das, Liebe?«

»Weiß ich nicht«, sagte ich.

Sie atmete tief und sagte nachdenklich:

»Liebe, stürmisches Meer du, Liebe du, wütender Sturm.«

Ich pflichtete ihr bei.

Wir gingen bis zu ihrem Haus. Ich verabschiedete mich rasch von ihr und faßte im Weggehen den Entschluß, von nun an woanders hin frühstücken zu gehen.

20

Und so kam der Tag, auf den jeder bei uns in der Verwaltung gewartet hatte. Am Morgen rief mich Silajew zu sich. Er teilte mir mit, daß mein Ernennungsantrag bestätigt worden sei und daß ich nach dem Staatsfeiertag meine Arbeit als Oberingenieur aufnehmen könne.

Eine Versöhnung mit Klawa hatte bis zu diesem Tage nicht stattgefunden. Meine Stimmung war zum Kotzen und meine Beförderung berührte mich nicht im geringsten.

»Na also, Jewgenij, jetzt hast du's geschafft«, sagte Silajew munter. »Wirst bald wer sein. Heute übergibst du dein Objekt, und nach dem Staatsfeiertag übernimmst du den neuen Posten. Was schaust du so finster drein?«

»Wissen Sie doch selber«, sagte ich. »Will keinen Pfusch abliefern.«

»Was kann man machen?« sagte Silajew. »Wir können nun mal nicht immer machen, was wir wollen. Das Bezirkskomitee besteht darauf, und gegen das Bezirkskomitee kommt keiner an. Heutzutage ist das einfach so. Der erste Bauabschnitt ist doch vermutlich am besten im Schuß?«

»So ungefähr.«

»Na also. Und du hast sogar Asphalt vor dem Eingang, die anderen haben keinen.«

»Na und?«

Ich begriff nicht.

»Was heißt hier na und? Bist wohl den ersten Tag auf dem Bau, was?« Silajew breitete vor Verwunderung die Arme aus. »Draußen ist es dreckig, und die Kommission kommt in Stiefeletten, sind schließlich Intellektuelle.«

»Sie meinen, die lehnen es ab, durch Dreck zu gehen?«

»Bestimmt«, sagte Silajew im Brustton der Überzeugung. »Ich kenne die Sorte. Bin selber so einer.«

Mir war bereits alles egal. Macht, was ihr wollt, und ich werde auch machen, was ihr wollt, so ist es am bequemsten.

Ich verließ das Büro. Im Empfangszimmer drängelte sich eine Menge Leute. Ljusja, die Sekretärin, hämmerte wie wildgeworden auf der Schreibmaschine herum, sie tippte gerade die Akte betreffend Übergabe und Abnahme meines Objekts. Neben ihr saß Sidorkin auf einem Stuhl und bemühte sich, Ljusja klarzumachen, daß er sie liebe.

»Soll das heißen, daß du mich nicht heiraten willst?« fragte er mit höchst ernster Miene.

»Nein«, sagte Ljusja, »du bist mir zu alt und abgetakelt.«

»Ist genau das Richtige«, sagte Sidorkin. »Wenn ich sterbe, schenkst du mein Skelett dem Museum und kriegst prima Geld dafür.«

»Was suchst du denn hier?« fragte ich Sidorkin.

»Warte auf Bogdaschkin. Muß ihn sprechen. Ist schon ein mächtig anständiger Kerl.«

In diesem Augenblick trat Drobotun ins Empfangszimmer, der Vertreter des Vollzugsausschusses beim Bezirkssowjet und ständiger Vorsitzender sämtlicher Kommissionen für Gebäudeabnahmen. Ich hatte ihn seit drei Monaten nicht mehr gesehen. Er war inzwischen noch schwerer geworden, war in den Schultern in die Breite gegangen und seine Militäruniform, in der er vor einigen Jahren in den Ruhestand getreten war, ging bereits in den Nähten auseinander. In den Händen hielt er einen schweren Zeltstoffumhang.

Drobrotun nickte mir und Sidorkin zu, um dann zu schauen, was Ljusja da schreibt.

»Schon fertig?« fragte er.

»Jeden Augenblick«, sagte Ljusja. »Sollen wir die Bewertung gleich dazusetzen oder wollen Sie sie anschließend selber eintragen?«

»Lieber gleich«, sagte Drobotun. »Besser nicht mit der Hand. Muß offiziell aussehen. Schreib: Das Gebäude ist mit der Note ›gut‹ abgenommen worden.«

»Könnte es nicht auch ›sehr gut‹ sein?« fragte Ljusja.

»Das gibt es nicht«, sagte Drobotun überzeugt. »›Ausgezeichnet‹, das gab's bei solchen Leuten wie Rastrelli oder Rossi. Heutzutage machen sie alle ihre Sache nur ›gut‹.«

21

Bald erschienen noch zwei Mitglieder der Abnahmekommission: der Hygieneinspektor, ein kleiner, hagerer Mann mit hohler Brust und goldenen Zähnen, und der Vertreter des Komsomolbezirkskomitees, irgendein Student. Eigentlich sollte noch ein Vertreter irgendeiner öffentlichen Organisation kommen, aber Drobotun wartete ihn nicht ab.

»Also gut«, sagte er, »wenn ihr nichts dagegen habt, ziehn wir los.« Der Staatsfeiertag stand vor der Tür, und er sollte für seine Frau einkaufen gehen.

»Bin auch dafür anzufangen«, sagte der Hygieneinspektor unverhohlen. Er mußte noch seinen Anzug aus der chemischen Reinigung abholen.

Der Student hatte offenbar nichts Besonderes vor; er schwieg.

Wir gingen auf die Straße hinaus. Es regnete nicht, doch konnte es jeden Augenblick anfangen: tiefhängende Wolken jagten über die Erde. Es war kalt. Der lehmige Boden des Baugeländes war aufgeweicht, und wir mußten einen Umweg über den Asphalt machen. Drobotun im flatternden Zeltstoffumhang ging voran und achtete genau darauf, wohin er trat, indem er die vom Maschinenoel fliederfarbenen Pfützen vorsichtig umging. Ich blickte auf seine sauberen Stiefeletten mit dem Filzüberzug und dachte, daß Silajew doch recht gehabt hat: Ein Kommissionsvorsitzender hat keine Lust, seine Stiefeletten schmutzig zu machen.

Wir kamen an das Haus und blieben stehen. Die Zimmerleute hatten bereits die Umzäunung abgerissen, so daß das Haus vom Weg aus zu sehen war und uns mit seiner frischen Farbe und den frisch geputzten Fenstern entgegenstrahlte.

»Außen scheint alles in Ordnung«, sagte Drobotun. »Gehen wir mal nach drinnen, wie's da aussieht.«

»Und was ist das da?« fragte der Student, der bisher geschwiegen hatte, und zeigte mit dem Finger auf die Außenwand.

»Wo?« fragte Drobotun.

»Der Riß dort. Sieht so aus, als bekäme das Haus, kaum richtig fertig, schon Risse.«

Wir verstanden nicht gleich, was er meinte, aber als wir verstanden, warfen Drobotun und der Hygieneinspektor einander Blicke zu, und beide lächelten nachsichtig.

»Das ist kein Riß«, sagte ich mißmutig, »das ist eine Sedimentfuge.«

Der Bursche wurde verlegen und rot im Gesicht, sagte aber in strengem Ton:

»Werden wir nachprüfen. Also, zeigen Sie das Objekt.«

Mir wurde klar, daß sich Scherereien mit ihm wohl kaum vermeiden lassen würden.

So kam es dann auch. Während wir den ersten Bauabschnitt abgingen, wo im großen und ganzen alles in Ordnung war, lief der Student irgendwohin weg. Wir gingen also zu dritt. Drobotun klopfte zerstreut mit dem Finger gegen die Wände und schaute sich Fenster und Türen an. In einer der Wohnungen zeigte er auf den feuchten Fußboden.

»Hätte man ein bißchen früher besprengen sollen«, sagte er finster, »dann hätte er wenigstens noch rechtzeitig austrocknen können.«

Das war das Werk des Schriftstellers. Wäre er mir in diesem Augenblick vor die Augen gekommen, ich hätte ihn gebeutelt, daß ihm Hören und Sehen vergangen wäre.

Der Hygieneinspektor nahm seine Angelegenheiten, als da sind Küchen, Badezimmer, Toiletten und so weiter in Augenschein und zerrte an den Zugketten der Spülkästen. Fußböden und Türen interessierten ihn nicht.

Wir gingen durch sämtliche Stockwerke, und ich machte dem Vorsitzenden und dem Hygieneinspektor den Vorschlag, den zweiten Bauabschnitt vorzunehmen. Ich machte den Vorschlag aus keinem anderen Grunde, als um mein Gewissen zu beruhigen und in der Gewißheit, daß sie gar nicht erst darauf eingehen würden.

»Was soll es da noch groß zu sehen geben?« sagte Drobotun. »Ist doch alles klar. Wo ist die Urkunde?«

Ich zog die vierfach zusammengefaltete Urkunde aus der Tasche. Ich dachte schon, jetzt sei alles vorüber und freute mich bereits. Wenn ich schon nicht alles so machen kann, wie es sich gehört, sollen sie gefälligst auch nicht so viel Scherereien machen.

In diesem Moment ging die Tür auf, und in das Zimmer, in dem wir uns gerade aufhielten, trat unser Student naß von Kopf bis Fuß und mit dreckbespritzten Hosen und Stiefeln.

»Regnet es wieder mal?« fragte Drobotun lachlustig mit Blick auf den Studenten.

»Ich war im zweiten Bauabschnitt«, sagte der Student atemlos.

»Und?«

»Nichts weiter. Alles einfach miserabel. Das Haus kann auf keinen Fall abgenommen werden.«

»Sind Sie sicher?« fragte Drobotun zurück.

»Auf keinen Fall«, sagte der Student überzeugt. »Ich werde die Urkunde keinesfalls unterschreiben.«

»Du wirst unterschreiben«, sagte Drobotun.

»Gehen Sie doch erst einmal da durch und sehen Sie sich an, was da los ist.«

Drobotun blickte auf seine Stiefeletten, dann auf den Hygieneinspektor.

»Läßt sich wohl nicht umgehen«, sagte der Hygieneinspektor ebensowenig begeistert wie Drobotun.

Wir gingen auf die Straße hinaus. Vom Eingang des ersten Bauabschnitts bis zum Eingang des zweiten waren Ziegel ausgelegt, doch war der Abstand von einem Ziegel zum anderen so groß, daß auf den ersten Blick klar war, daß Drobotuns Stiefeletten diesmal nicht verschont bleiben würden. Der Student, der nichts mehr zu verlieren hatte, segelte überzeugt voran.

Es war nichts weiter Schlimmes, was es da im zweiten Bauabschnitt zu sehen gab – ganz gewöhnliche Arbeit, wie wir sie immer machen. Irgendwo schlossen die Türen nicht.

»Hier«, sagte der Student, »die Türen schließen nicht.«

»Die Feuchtigkeit. Wegen der Feuchtigkeit schließen sie nicht«, erklärte Drobotun.

»Wenn es so wäre, daß nur eine von den Türen...« sagte der Student.

»Die Feuchtigkeit wirkt nun mal auf alle Türen gleichzeitig«, bemerkte der Hygieneinspektor. Die Türen interessierten ihn am allerwenigsten. Er war wahrscheinlich in Gedanken bereits in der chemischen Reinigung, wo nach zwei Uhr die Warteschlange schon so lang sein würde, daß man keine Chance mehr hatte dranzukommen.

»Und jetzt gehen wir mal nach oben«, sagte der Student. Er sprach bereits in einem Ton, als wäre er der oberste Chef persönlich.

Er ging voran, indem er zwei Stufen auf einmal nahm, während wir ohne die geringste Eile hinterhertrabten.

»Karrierist«, sagte Drobotun leise und mit Blick auf den Rücken des Studenten. »So jung, und schon liebedienern.«

»In jungen Jahren liebedienert man nicht, das kommt später«, bemerkte der Inspektor sachlich.

Der Student führte uns auf einen Balkon im vierten Stock und puffte kräftig gegen das Balkongitter. Das Gitter brach aus der seitlichen Halterung und begann zu schwanken und zu schaukeln. Es war das Gitter, das Derjuschew geschweißt hatte.

»Sehen Sie sich das mal an«, sagte der Student triumphierend und schaute Drobotun an. Dessen Miene verfinsterte sich.

»Das ist nun allerdings nicht mehr in Ordnung«, sagte er. »Wenn da nun einer runterstürzt? Das ist dann schon eine Sache fürs Gericht. Soll noch heute nachgeschweißt werden.«

»Und anschließend wird die Urkunde unterschrieben«, setzte der Student hinzu.

»Die Urkunde wird jetzt unterschrieben«, sagte Drobotun. »Das Gitter wird schon noch geschweißt.«

»Und die Türen? Und die Fenster?« sagte der Student.

»Unsinn«, sagte Drobotun. »Das trocknet, und alles ist in Ordnung. Du willst wohl, daß alles ohne den geringsten Makel durchgeht. Und bitte, was hat er denn schließlich an Zeit zur Verfügung gehabt?«

»Was heißt hier Zeit«, sagte der Student. »Alle treiben zur Eile an, damit das Haus ja übergeben werden kann, und dann muß es gleich anschließend generalüberholt werden. Früher, da ist anders gebaut worden, das waren Häuser, die an die fünfhundert Jahre standen.«

»Früher, da hat man auch auf goldenem Grund gebaut«, bemerkte Drobotun. »Heute, da hängen wir uns das Gold lieber selber um den Hals.«

Das Gespräch nahm allmählich abstrakten Charakter an. Ich stand daneben, als ginge mich das Ganze überhaupt nichts an. Ich war wütend auf Drobotun. Ihm war bei diesem Objekt nichts, aber auch nichts wichtiger, als das Haus so schnell wie möglich vom Halse zu haben, um nach oben melden zu können, alles sei in Ordnung. Ich war dermaßen erbost, daß mir völlig egal war, was danach kommen würde. Schließlich kann man auch mit Familie nach Sibirien gehen. Als Drobotun mir die Urkunde zur Unterschrift vorlegte, weigerte ich mich, zu unterschreiben.

»Das ist doch wohl nicht dein Ernst«, sagte Drobotun erstaunt.

»Es ist mein Ernst«, sagte ich. »Er hat recht. Es ist einfach zu früh, das Haus zu übergeben.«

»Weißt du auch, was du da redest? Das wird einen Skandal geben. Sämtliche Instanzen sind bereits darüber informiert, daß die Übergabe stattfindet. Soll ein Geschenk sein an die Familien des Komsomol.«

»Aber er hat recht«, sagte ich. »Ein solches Geschenk kann keiner gebrauchen.«

»Nun ja, vielleicht doch«, begann der Student plötzlich zu zweifeln. Ich tat ihm offenbar leid.

»Raus mit dir«, sagte Drobotun in strengem Ton, und der Student ging hinaus.

Drobotun stand einige Zeit schweigend am Fenster und stocherte mit dem Fingernagel im Fensterkitt herum.

»Was soll der Unfug?« sagte er. »Weißt du denn nicht, was dir blüht? Unterschreib, aber ein bißchen dalli. Wir werden genauso unterschreiben, und der Student auch.«

Eine Sekunde lang schwankte ich, doch dann ging es mit mir durch.

Ich dachte: Komme was da wolle, aber unterschreiben werde ich nicht. Ob gut oder schlecht, das ist schließlich meine Arbeit. Und wenn ich meine Arbeit nicht so machen kann, wie ich will und kann, wozu dann das ganze Getue?

»Also«, sagte ich zu Drobotun, »gehen Sie. Ich werde das Haus vorläufig nicht übergeben. Wir sehen uns nach dem Staatsfeiertag wieder.«

Er blickte mich an und schien zu begreifen, daß es sinnlos wäre, noch weiter mit mir streiten zu wollen.

»Wie du willst«, sagte er, »um so schlimmer für dich.«

22

Ich ging nicht gleich ins Büro, sondern erst einmal in der Bauhütte vorbei. Die Arbeiter saßen da, rauchten und unterhielten sich und warteten auf mich. Bei meinem Erscheinen verstummten sie und drehten sich zu mir herum.

»Was glotzt ihr so?« sagte ich, indem ich in der Tür stehenblieb. »Geht lieber an eure Arbeit.«

»Soll das heißen, daß das Objekt nicht abgenommen worden ist?« fragte Schilow.

»Genau so ist es.«

»Und warum?«

»Weil die Arbeit nicht so ist, wie sie sein soll. Du trommelst jetzt die Zimmerleute zusammen: Sie sollen sämtliche Wohnungen durchgehen und die Türen in Ordnung bringen. Wenn sie heute nicht fertig werden, werden wir nach dem Staatsfeiertag solange arbeiten, bis das Haus pikobello dasteht. Derjuschew, warst du das nicht, der das Balkongitter geschweißt hat?«

»Jawohl, war ich«, sagte Derjuschew unsicher.

»Dann geh und schweiße das Ganze noch einmal. Ich komme dann nachsehen.«

Das Telefon klingelte. Ich bat Schilow, den Hörer abzunehmen.

»Hallo«, sagte Schilow. »Wen bitte? Will gleich einmal nachsehen. Silajew«, flüsterte er mir zu, indem er den Hörer mit der Handfläche bedeckte.

»Sag, ich sei eben ins Büro gegangen«, sagte ich.

Während ich ins Büro hinüberging, war es Drobotun offenbar bereits gelungen, dort anzurufen, denn als ich ankam, war ein allgemeiner Tumult ausgebrochen. Ljusja, die Sekretärin, rief irgendwo an und bat, irgendeine Anordnung rückgängig zu machen. Neben ihr stand Gusjew und fragte, was denn jetzt mit dem Bericht werden solle, der bereits gesetzt sei.

»Vielleicht sollte ich mit Silajew sprechen, ob er nicht irgendeinen anderen in petto hat.«

»Selbstverständlich«, sagte Sidorkin, der sich immer noch in Erwartung Bogdaschkins hier herumtrieb. »Brauchst doch bloß den Namen zu ändern, alles andere stimmt sowieso und kann bleiben, wie es ist.«

»Bei einem guten Journalisten hat nun mal alles zu stimmen, wenn nötig«, sagte Gusjew und blickte irgendwohin an mir vorbei, als wäre ich überhaupt nicht vorhanden.

»Ist Silajew da?« fragte ich Ljusja.

»Ist da. Er erwartet Sie«, antwortete Ljusja unfreundlich.

Das Gespräch mit Silajew kam gar nicht erst zustande. Kaum war ich eingetreten, fing er an, mit den Füßen zu stampfen und mich anzuschreien, ich hätte nicht nur ihn, sondern das ganze Kollektiv im Stich gelassen, und daß wir jetzt weder Wanderfahne noch Prämie bekommen würden und überhaupt das Bezirkskomitee seine Konsequenzen ziehen würde.

So weit so gut. Er sagte, er sei sich jetzt über meinen Charakter völlig im klaren und daß ich nun nie im Himmel Oberingenieur würde und er mich überhaupt wie einen räudigen Köter an die Luft setzen werde.

Ich nahm das alles hin, aber als er sagte, nur seine dienstliche Stellung verbiete ihm, mir eine in die Fresse zu schlagen, war bei mir Schluß.

Ich nahm von seinem Schreibtisch ein Stück Kunststoffpappe und zerschlug sie wie eine leere Eierschale, und zwar mit einer Hand. Ich sagte, daß ich mit ihm genauso gut dasselbe machen könnte, wenn er es wagen sollte, mich auch nur anzurühren. Und ging hinaus.

In der Tür stieß ich auf Gusjew. Sidorkin saß an der Wand und rauchte schweigend. Ljusja hackte auf ihrer Maschine herum.

»Und«, fragte Sidorkin, »habt ihr miteinander gesprochen?«

»Haben wir«, sagte ich. »Ist Bogdaschkin immer noch nicht da?«

Sidorkin kam nicht dazu, mir zu antworten: aus Silajews Büro stürzte Gusjew, über und über rot, schloß behutsam die Tür hinter sich, zuckte mit den Schultern und ging hinaus auf den

Korridor. Sidorkin und ich warteten einen Augenblick und gingen dann ebenfalls.

Wir wollten eine Zigarette rauchen. Als ich das Streichholz anzündete, spürte ich, wie meine Hände zitterten. Wohl von der Aufregung. Mir war noch nie vorgekommen, daß meine Hände zitterten.

»Bist nervös geworden«, sagte Sidorkin und blickte mich an. »Mußt was tun dagegen.«

»Gehen wir, tun wir was dagegen«, sagte ich.

23

Wir gingen geradenwegs über das Baugelände. Ich hatte Gummistiefel an, also ging ich voran und sondierte den Weg. Wir hatten die Hälfte des Weges schweigend hinter uns gebracht, als Sidorkin sagte:

»Was mußtest du dich heute bloß so eigensinnig anstellen bei der Übergabe?«

»Hat nichts mit Eigensinn zu tun«, antwortete ich. »Will einfach keinen Pfusch abliefern. Will ehrlich sein.«

»Ehrlichkeit«, sagte Sidorkin, verächtlich. »Wer braucht schon deine Ehrlichkeit?«

»Ich, ich brauche sie«, sagte ich.

Wir kauften eine Flasche Wodka und gingen in den Speiseraum. Der Arbeitstag war noch nicht zu Ende, und im Speiseraum war so gut wie niemand. Marusja wischte die Tische ab. Ihr blieb natürlich Sidorkins gewölbte Tasche nicht verborgen, und sie schüttelte bei ihrem Anblick vorwurfsvoll den Kopf.

Wir setzten uns an unser Tischchen in der Ecke, und Sidorkin goß den Wodka in die Gläser. Wir tranken.

»Du bist ein Idiot«, sagte Sidorkin und nahm sich vom Gemüsesalat. »Könntest jetzt schon Oberingenieur sein.«

»Kann drauf verzichten.«

»Kannst drauf verzichten«, sagte Sidorkin. »Auf die Tour

wirst du dein ganzes Leben lang Oberbauführer bleiben, wenn du nicht noch das Glück haben solltest, degradiert zu werden.«

»Meinst du etwa, das Glück hängt davon ab, auf was für einem Posten du sitzt?« fragte ich.

»Was meinst du denn, wovon das Glück abhängt?«

»Weiß nicht«, sagte ich. »Kann sein, auch davon. Kann auch sein – nicht. Zum mindesten weiß ich, daß ich lebe, wie ich will. Brauch keinem den Steigbügel zu halten, muß mich keinem unterordnen und brauch nicht um meine Stelle zu bangen.«

»Ach ja, brauchst nicht zu bangen«, sagte Sidorkin. »Deshalb jagst du auch von einer Stelle zur anderen. Hier werden sie dich jetzt verschlingen. Was willst du machen?«

»Gehe nach Sibirien«, sagte ich. »Freunde haben mich eingeladen. Haben zusammen studiert.«

»Haben dir deine Leute auch eine Wohnung besorgt?«

»Es geht nicht um die Wohnung«, wendete ich ein.

»Wer weiß, vielleicht sogar gerade um die Wohnung. Wieviel Menschen schlagen sich ohne ein eigenes Eckchen, ohne Familie und ohne... Ach, was soll das Gerede!« Sidorkin winkte ab. »Komm, trinken wir einen!«

So ernst hatte ich ihn noch nie erlebt. Wir tranken. Sidorkin stellte die Flasche unter den Tisch, gerade rechtzeitig übrigens, denn im Speiseraum erschienen uns nicht ganz unbekannte Gestalten. Sie blieben stehen, um sich einen Überblick zu verschaffen und kamen dann auf uns zu. Der Längere von beiden hob die Tischdecke hoch und schaute unter den Tisch.

»Heben Sie bitte Ihre Beine hoch«, bat er Sidorkin.

»Bitte schön«, sagte Sidorkin und hob die Beine hoch. Unter dem Tisch war nichts. Die beiden vom Ordnungsdienst warfen einander Blicke zu und zuckten mit den Schultern.

»Na gut, gehen wir«, sagte der Lange, und sie setzten sich in Richtung Ausgang in Bewegung.

Aber Sidorkin rief sie noch einmal zurück.

»Hallo, Jungs, soll ich's euch zeigen?« fragte Sidorkin. Er war wieder einmal in seinem Element.

Die beiden Ordner wechselten bedeutungsvolle Blicke, und der Kleine war der erste, der sich nicht bremsen konnte.

»Also los, dann zeigen Sie mal«, bat er.

»Vorher nur eins: zu keinem ein Wort darüber«, sicherte sich Sidorkin auf alle Fälle ab.

»Zu niemandem«, knurrte der Lange finster.

»Was soll man schon machen mit euch«, seufzte Sidorkin. »Also, schaut her.« Er hob das rechte Hosenbein, und hinter seinem Bein stand die leere Flasche.

24

In der Bauhütte saßen drei Mann: Schilow, Derjuschew und der Schriftsteller.

»Schilow«, fragte ich, »sind die Zimmerleute an der Arbeit?«

»Sind dran«, sagte Schilow. »Aber was soll das für einen Sinn haben? Werden sowieso nicht fertig. Haben nur noch eine halbe Stunde bis Feierabend.«

»In Ordnung. Was sie schaffen, das schaffen sie. Derjuschew, ist das Balkongitter fertiggeschweißt?«

»Nein.«

»Wieso nicht?«

»Einfach so«, Derjuschew zuckte gleichgültig die fetten Schultern. »Der Sauerstoffballon muß in den vierten Stock hinaufgehievt werden, und der Kran ist abgeschaltet.«

»Und ihr kräftigen Kerle seid nicht in der Lage, einen Ballon zu heben?« fragte ich völlig ruhig, aber in dem sicheren Gefühl, jeden Augenblick zu explodieren.

»Wie soll man den denn heben«, sagte Derjuschew, »wo er doch mehr als einen Zentner wiegt.«

»Weißt du nicht, daß die Ägypter, als sie die Cheopspyramide errichtet haben, zweieinhalb Tonnen schwere Blöcke hundertsiebenundvierzig Meter hoch gehievt haben?«

»Ohne Kran?« fragte der Schriftsteller ungläubig.

»Ohne Kran.«

»Ohne Kran wohl kaum«, schüttelte Schilow den Kopf.

Natürlich, die könnte man sonstwie anbrüllen und dazu noch mit den Füßen stampfen, das alles macht denen nicht den geringsten Eindruck.

»Also gehen wir«, sagte ich und verließ als erster die Bauhütte.

Die Sauerstoffballons lagen neben dem Eingang im Dreck. Ich hob einen Holzspan vom Boden auf, stellte den Ballon aufrecht und befreite ihn ein wenig vom Schmutz. Dann hievte ich ihn mir auf die Schultern. Schilow, der Schriftsteller und Derjuschew spielten die Zuschauerrolle. Schon nach den ersten zehn Stufen war mir klar, daß ich mir zuviel vorgenommen hatte. Vor fünf Jahren wäre ich noch dreimal weiter gekommen mit so einem Ballon, aber inzwischen ging es mir doch über meine Kräfte. Ich begann zu taumeln. Auf dem Treppenabsatz zwischen dem zweiten und dem dritten Stock stolperte ich und wäre um ein Haar gestürzt. Doch ich konnte gerade noch rechtzeitig den Ballon gegen den Heizungskörper lehnen. Schilow kam angelaufen.

»Jewgeni Iwanytsch, komm, laß mich helfen.«

»Laß nur«, sagte ich, »geht schon.«

Sollte ich wirklich so schwächlich geworden sein, daß ich das nicht mehr schaffe? Ich ging weiter. Ich hatte gerade noch die Kraft, den Sauerstoffballon vorsichtig auf dem Boden abzusetzen.

»Also«, sagte ich, »habt ihr jetzt kapiert, wie die Cheopspyramide errichtet worden ist?«

»Sie könnten, Jewgeni Iwanytsch, glatt anstelle eines Krans arbeiten«, scherzte der Schriftsteller voller Respekt.

Ich antwortete nichts darauf. Ich sagte zu Derjuschew, er solle jetzt darangehen und sein Gitter schweißen, und Schilow trug ich auf, anschließend die Bauhütte abzuschließen und den Schlüssel ins Büro zu bringen. Dann ging ich nach Hause. Ich fühlte mich nicht wohl.

Zu Hause zog ich mich aus, wusch mich und machte mir einen

Tee. Maschenka kam in mein Zimmer, und wir tranken den Tee gemeinsam. Ich goß ihn ihr in die Untertasse, und sie pustete, auf meinen Knien sitzend, lange über den Tee, damit er sich abkühle. Plötzlich wurde mir schlecht. Ich hob Maschenka von den Knien und ging zum Bett. Das Bett schien mir viel zu weit weg, und ich ließ mich auf den Boden fallen. Maschenka begann zu lachen. Sie dachte, ich spiele. Der Boden unter mir begann zu schwanken, und die Wände drehten sich. Mir war plötzlich, als fiele ich kopfüber irgendwohin. Das, sagt man, sei das Gefühl, das man beim Eintreten des Zustands der Schwerelosigkeit hat.

25

Gleich nach dem Staatsfeiertag setzte der Frost ein, und es fiel Schnee. Ringsum war nun alles weiß: der weiße Schnee, die weißen Laken und die weißen Kittel.

Das Krankenhaus, in dem ich liege, ist eins der besten der Stadt. Hier ist es warm und behaglich, dazu viel Licht und Luft. Und wenn auch anfangs der Medizingeruch stört, gewöhnt man sich doch allmählich daran.

In dem Krankensaal stehen zwölf Krankenbetten. Die Patienten wechseln ständig. Wenn irgendjemand zum Sterben kommt, bezieht die Oberschwester vorher sein Bett frisch, damit die Krankenbetten nicht womöglich leerstehen müssen.

Auch ich und meine Bettnachbarn wissen, daß Todeskandidat ist, wer frische Bettücher neben das Bett gelegt bekommt. Tante Njura behauptet, sie habe sich noch kein einziges Mal geirrt.

Und überhaupt, auch sonst ist sie ein freundliches und diensteifriges Mütterchen. Sämtliche zwölf Dienststunden ist sie auf den Beinen, geht von Bett zu Bett, um hier die Bettdecke zurechtzuzupfen, dort die »Ente« zu reichen oder mit irgendetwas anderem zu dienen. Ich begrüße sie stets mit ein und derselben Frage, der nämlich, ob sie mir wohl bald frische Bettwäsche bringt?

Und dann lächelt sie still vor sich hin und freut sich, einen so fröhlichen Patienten zu haben.

Das Krankenhaus ist ein guter Ort zum Nachdenken. Hier kann man seine ganze Vergangenheit noch einmal an sich vorüberziehen lassen und überdenken, und man kann sich Gedanken über seine Gegenwart und seine Zukunft machen.

Ich habe ein nicht gerade sonderlich glückliches Leben gelebt, aber auch kein sonderlich unglückliches; es gibt viele, die ein schlechteres Leben gehabt haben als ich. Mag sein, daß ich unter anderen Umständen was hätte werden können ... Doch was hätte ich werden können? Und unter welchen Umständen? Stimmt natürlich: Wäre ich nicht an die Front gekommen, und hätte ich rechtzeitig die Fakultät beendet und aktiv an Versammlungen teilgenommen, und wäre ich in die Partei eingetreten und hätte ich mich niemals für jemand anderen eingesetzt, wäre mir meine eigene Tätigkeit schnurzegal gewesen und hätte ich sämtliche Befehle irgendeines übergeordneten Idioten bedingungslos befolgt und wäre ich nach oben geklettert, indem ich alle anderen mit dem Ellenbogen zur Seite gestoßen hätte ... Doch dann wäre ich nicht ich gewesen. Was sind das schon für Segnungen, derentwegen es sich lohnen soll, sein eigenes Ich in sich zu zerstören. Mir war immer schon klar, daß es sich nicht lohnt. Ein einziges Mal im Leben habe ich geschwankt, habe aber widerstanden und bedaure es nicht.

Manchmal jedoch geht mir durch den Kopf, daß ich irgendetwas im Leben falsch gemacht haben muß, daß ich nicht das getan habe, was das eigentlich Wichtige gewesen wäre. Was dieses Wichtige aber sein könnte, kommt mir einfach nicht in den Sinn. Und dann wird mir angst. Ich bin jetzt zweiundvierzig Jahre alt. Das ist schließlich noch gar nicht so viel. Ich könnte schließlich noch eine ganze Weile leben und eben das tun, was das eigentlich Wichtige für mich ist und was mir nicht in den Sinn kommen will.

Wenn ich morgen sterben sollte, wird nichts von mir bleiben. Man wird mich auf Kosten der Gewerkschaft beerdigen, Jermoschin oder irgendein anderer Zungenfertiger seines Schlages wird sich über meinem Grabe irgendwas zurechtlügen wie, daß die Erinnerung an mich ewig in den Herzen der Menschheit fortleben wird. Und unsere Bauführer – der Teil der Menschheit, der mich gekannt hat – werden mich über kurz oder lang vergessen, und sollten sie sich gelegentlich einmal an mich erinnern, dann nur an irgendsoeinen Blödsinn wie, daß ich ein Brecheisen überm Genick zu biegen imstande war.

Jeden Tag zwischen sechs und sieben Uhr am Abend kommt Klawa mich besuchen. Aufgrund ihrer Beziehungen durfte sie sogar während der Quarantänezeit kommen, als das Krankenhaus für Besucher gesperrt war.

Sie nimmt neben mir Platz und wir reden des langen und breiten über allen möglichen Unsinn oder schwelgen in Erinnerung an die Zeit an der Petschora, als wir uns kennengelernt haben. Sie stellt mir alle möglichen Fragen, und ich antworte und ärgere mich seltsamerweise nicht im geringsten darüber.

Irgendwann einmal sagte sie, sobald es mir besser ginge, würde sie ihrerseits ins Krankenhaus gehen.

»Wieso?« fragte ich.

Sie wurde plötzlich rot und sagte:

»Du weißt schon, warum.«

Und ich nahm mit Verwunderung wahr, daß sie errötete. Schließlich ist sie kein Mädchen mehr und wir kennen uns nun schon viele Jahre lang. Doch irgendwie gefiel es mir, daß sie rot wurde.

»Du gehst nirgendwohin«, sagte ich zu ihr. »Schon gar nicht, wenn es mir besser geht. Alles bleibt, wie es ist. Wir werden ein Kind haben und uns nie mehr streiten. Wenn es mir nur erst ein bißchen besser ginge.«

»Alles wird gut werden«, sagte Klawa. »Ich habe mit der zuständigen Ärztin gesprochen, und sie hat mir versprochen, daß du in einer Woche entlassen werden kannst.«

»Was heißt hier versprochen. Wie kann sie solche Versprechungen machen, wo doch mein Bruch nicht verheilt?«

»Übrigens habe ich vor, mit ihr zu sprechen. Vielleicht gestattet sie, daß ich deine Pflege übernehme.«

»Nein, nein, nein«, rufe ich erschrocken. »Das fehlt mir noch, daß du mir das Nachtgeschirr hinterherträgst.«

»Da ist nun wirklich nichts dabei«, lacht sie.

Nein, ich will das wirklich nicht, obgleich ich weiß, daß sie meine Pflege wirklich gern übernehmen würde. Irgendwie kann ich mir Rosa in dieser Rolle nicht gut vorstellen. Vielleicht besteht wahre Liebe eben darin, daß man dem anderen den Nachttopf zu bringen bereit ist.

Eines Tages erschien Sidorkin im Krankensaal. Er war immer noch so hager wie früher, doch hatte ich den Eindruck, als habe auch er sich wie alle anderen inzwischen irgendwie verändert. Er trug einen schneeweißen Kittel und wie gewöhnlich dreckige Stiefel. Einfach nicht zu glauben, wo der Mensch bei solchem Wetter so viel Dreck auftreiben kann. Tante Njura blickte denn auch tadelnd auf seine Stiefel, sagte aber nichts. Sidorkin nahm auf einem Stuhl neben meinem Bett Platz und legte eine Tüte mit Mandarinen auf meinen Nachttisch.

»Mußt also liegen?«

»Wie du siehst.«

»Was bist du bloß für einer«, sagte Sidorkin. »Schlapp gemacht, was? Die Nerven, wie?«

»Nein«, sagte ich. »Habe einfach ein bißchen zu schwer gehoben. Was gibt's Neues in der Verwaltung?«

»Eine ganze Wagenladung voll Neuigkeiten nebst diesem und jenem dazu«, sagte Sidorkin. »Hier habe ich dir ein kleines Geschenk mitgebracht.«

Er zog eine abgegriffene Zeitung aus der Tasche, faltete sie auseinander und hielt sie mir hin. Unter der Rubrik »Helden des Siebenjahresplanes« war ein Artikel mit der Überschrift »Prinzipientreue« abgedruckt. Er begann folgendermaßen: »In der Produktionsgenossenschaft ›Wohnbau‹ kennt jeder den Bauführer Samochin. Dieser hochgewachsene breitschultrige Mann genießt mit seinem offenen Gesicht und seinem freundlichen Blick nicht umsonst hohes Ansehen in seinem Kollektiv. ›Unser Samochin‹ sagen die Arbeiter liebevoll von ihm.«

In Gusjew jedenfalls habe ich mich nicht getäuscht...

1962

Einen halben Kilometer weit

1

Von Klimaschewska bis zum Friedhof ist es einen halben Kilometer weit. Um diese Strecke zurückzulegen, braucht ein normaler Fußgänger nicht mehr als sieben Minuten.

Am Sonntag kam es zu einer kleinen Begebenheit: Otschkin hatte das Zeitliche gesegnet. Vorm Haus des Verstorbenen stand die Fillipowna und sagte, die Arme vor Verwunderung ausgebreitet:

»Hab doch heite erscht noch mit ihm jeredt. Jing doch da bei de Lawrussentschicha, mir mei Siebschen widderholn ... Hab nämlich e brima Siebschen, bloß am Rand son glei bißschen uffjerissn. Un de Lawrussentschicha hat's nu ma schon mächtsch lange, saacht immer bloß ›Morjen bring' ich's vorbei‹. Hat's aber nich jebracht. Jehe also hier des Weechs und wundre mir: gommt doch dr Otschkin längs. Janz nichtern un vergniicht. Fraacht: ›Wo jehst?‹ – ›Jehe‹, saache ich, ›bei de Lawrussentschicha, mei Sieb widderholn.‹ Un der saacht: ›Jeh man.‹ Un jetz uff eemal isser mausedod.«

2

Noch heute morgen war Afanassi Otschkin völlig gesund gewesen. Er stand auf, zog sich an, wusch sich mit angewärmtem Wasser und ging, während seine Frau Katja das Frühstück zubereitete, in den Dorfladen Salz holen. Im Dorfladen gab es nur grobes Salz, weshalb Otschkin, nachdem er mit der Verkäuferin ein Schwätzchen gemacht hatte, durchs ganze Dorf hindurch in den anderen Laden ging, der allgemein die »Schöpfe«

genannt wurde. In der Schöpfe gab es zwar auch kein feines Salz, dafür gab es aber Wermutwein in bauchigen, verstaubten Flaschen. Otschkin gab der Verkäuferin Schura sein ganzes Geld, und sie goß ihm ein Glas Wermut ein, allerdings nicht ganz voll, weil Afanassew dafür zwei Kopeken zu wenig hatte. Otschkin unterhielt sich ein bißchen mit Schura, schüttete dann aus einem Bierkrug zwei Löffel grobes, feuchtes Salz in ein Tütchen und war gerade drauf und dran, nach Hause zu gehen, als er zwei Kumpel kommen sah, den Zimmermann Nikolai Merslikin und den Buchhalter Timofej Konkow, die ebenfalls auf einen Schluck in die Schöpfe gekommen waren. Otschkin wußte, daß ihn die Kumpel nicht freihalten würden, begann aber auf alle Fälle, die Einweckgläser, die auf dem Ladentisch aufgereiht standen, eingehend zu mustern.

Er studierte geduldig den Inhalt der Gläser, während Nikolai und Timofejew Wein und diverse Gabelbissen kauften. Sie nahmen eine Flasche Wermut, Fischhappen in Tomatensoße und hundert Gramm Sojabonbons. Darauf machten sie sich auf und ließen sich, nicht ohne eine Zeitung auf der staubigen Wiese neben der Schöpfe ausgebreitet zu haben, im kühlen Schatten eines Baumes nieder. Afanassi beobachtete sie vom Fenster aus. Er wartete, bis sie Trank und Speise ausgebreitet hatten, um dann sogleich zu ihnen hinzugehen.

»Guten Appetit«, sagte er höflich und ließ sich bei ihnen nieder.

Die Kumpel schielten feindselig in seine Richtung, stießen schweigend miteinander an und tranken. Timofej langte mit dem Klappmesser ins Einmachglas, um sich einen Happen zu angeln, und Nikolai spuckte aus.

»Wasser«, sagte Otschkin mitfühlend. »Jungen Wein kriegt man im Augenblick nirgends. Meine Alte ist vorgestern extra nach Makinka gefahren, da gibt's auch keinen. Und mein Bruder hat Sperre.«

Dann nahm er die Flasche mit dem restlichen Wein in die Hand und drehte und wendete sie.

»Für zwei ist da aber nicht mehr genug drin«, sagte er und blickte voller Hoffnung auf Nikolai.

»Was geht dich das an«, sagte Nikolai grob und packte die Flasche. »Bringst du mir irgendwann die dreißig Kopeken?«

Außer dem Zimmerhandwerk verstand sich Nikolai noch aufs Haareschneiden und verdiente sich damit hin und wieder zu Hause ein wenig Geld dazu, denn im Dorf gab es keinen Friseur. Vor zwei Tagen hatte er Otschkin die Haare auf Pump geschnitten.

»Katja fährt diese Woche in die Stadt, saure Sahne verhökern, dann kriegst du's«, versprach Otschkin und mußte voller Wehmut mit ansehen, wie Nikolai den Wein akkurat auf zwei Gläser verteilte. »Na gut«, Otschkin erhob sich widerwillig. »Muß der Frau ein bißchen im Haushalt zur Hand gehen. Auf Wiedersehen.«

Niemand hielt ihn zurück. Auf dem Nachhauseweg begegnete er noch der Fillipowna. Und die Filippowna war die letzte, die ihn noch lebend gesehen hat.

3

Als er nach Hause kam, stritt sich Otschkin mit seiner Frau wegen des Geldes, das er für den Wein ausgegeben hatte und regte sich dabei fürchterlich auf. Seine Frau regte sich genauso auf. Sie goß ihm Suppe in den Teller und ging in den Garten, Kartoffeln buddeln.

Als sie zurückkam, sah sie ihren Mann am Tisch sitzen, den Kopf über den Teller gesunken und die grauen Haare voller Erbsensuppe.

Die Arztgehilfin Nonna untersuchte den Verstorbenen, ordnete an, mit der Beerdigung noch zu warten und ging, um in der Stadt nach dem Arzt zu telefonieren, damit er komme und die Todesursache feststelle.

Währenddessen versammelte sich vor der Hütte mehr und

mehr Volk. Verschiedene Vermutungen und Mutmaßungen wurden geäußert. Die Filippowna zum Beispiel sagte, Otschkin müsse sich vergiftet haben, denn wie sollte er sonst so mir nichts dir nichts gestorben sein.

»Was soll das Geschwätz«, erwiderte die gerade hinzugekommene Lawrussentschicha. »Was auch passiert, wir Weiber müssen immer unseren Senf dazu geben. Wäre doch letztes Jahr selber beinahe gestorben. Weißt du noch?«

»Nein«, sagte die Filippowna.

»Aber ich weiß es noch. Und wie war das alles gekommen? Ich war in der Stadt, Milch feilbieten zum Verkauf. Stehe also da vor meinem Ladentisch, da kommt eine! ›He da, was kostet deine Milch?‹ – ›Wie bei den anderen auch‹, sage ich, ›drei Rubel.‹ – ›Ganz schön teuer‹, sagt die. ›Was heißt hier teuer‹, sage ich. ›Solltest dich erst mal selber um so ne Kuh kümmern müssen, sie immer hübsch in Ordnung halten und Heu für den Winter sammeln. Würdest dann wohl deine Milch für umsonst hergeben.‹ Und die, die guckt mich auf einmal so komisch an: ›Bist du nicht die Marja Lawrussenkowa?‹ – ›Die bin ich‹, sagte ich. ›Kennst du mich denn nicht mehr?‹, sagt die. ›Ich war doch letztes Jahr bei euch in Klimaschewka. Einen ganzen Monat war ich da. Haben uns lange nicht gesehen.‹ – ›Lange nicht‹, sage ich und denke so bei mir: ›Hätte dich auch jetzt hier nicht gesehen, wenn du nicht gekommen wärst.‹ Und da fängt die doch an, mich über den Klee zu loben: ›Bist du aber hübsch kräftig und gut beieinander, kann ich dir sagen. Und ein ganz rosiges Gesicht hast du, direkt wie Milch und Blut.‹ Und wie die mich dabei angeglotzt hat mit ihren Froschaugen, immerzu angeglotzt. Zunächst habe ich gar nicht darauf geachtet. Aber dann dachte ich: ›Meine Güte noch mal, wie die mich mit ihrem neidischen Blick behext!‹ Und auf einmal stockte mir irgendwie das Herz. Ich packte meine Milchkannen und stürzte zum Bus, egal, daß ich meinen Stand umsonst bezahlt hatte. Und kam mit Müh und Not gerade noch bis nach Hause. Und habe dann eine ganze Woche lang gelegen. Gott sei Dank haben gute Leute für mich ein

Mütterchen aus Mosty kommen lassen, die hat mich mit Zaubersprüchen und kaltem Wasser wieder auf die Beine gekriegt. So ist das«, beendete die Lawrussentschicha ihre Rede und blickte herablassend auf die Filippowna.

Dann neigte sie den Kopf zur Seite und horchte gespannt. Hinter den Fenstern von Otschkins Hütte war das Wehklagen der Witwe zu hören.

»Wie stark und kräftig ihr Gejammer ist«, sagte die Lawrussentschicha ernst, »ordentlich volltönend. Ich weiß noch, wie meine Mutter, als ihr Bruder, mein Onkel also, als der einen Unfall hatte, wie sie da vor Schmerz verging, wie sie da gejammert hat. Zart, aber so richtig hysterisch. Das Herz wurde einem kalt dabei. Also gut«, sagte sie und verstummte. »Werd mal zu Katja gehen und sie fragen, ob ich ihr vielleicht was helfen kann.«

4

Die Sonne rückte ihrem Zenit entgegen, der Schatten verschwand, doch Nikolai und Timofej saßen immer noch an der alten Stelle und stritten darüber, wieviel Säulen das Bolschoi-Theater habe. Das Thema ihres Streites war alt. Beide waren nämlich irgendwann einmal zu verschiedenen Zeiten in Moskau gewesen und seitdem nicht imstande, diese Frage zu lösen. Sie stritten um eine Flasche Wodka. Und nicht etwa einfach so, aus Langeweile. Beide liebten es nun einmal zu streiten, und da konnte ihnen niemand helfen. Alle anderen im Dorfe waren entweder niemals in Moskau gewesen oder aber sie waren zwar dort gewesen, hatten aber die Säulen nicht gezählt.

Timofej hatte sogar einmal einen Brief an den Allunionsrundfunk geschrieben, wo es eine Rundfunksendung »Wir antworten auf Ihre Fragen« gab. Aber Timofej hatte keine Antwort auf seine Frage erhalten, so daß sie weiterhin ungelöst blieb. Und jetzt saßen also die Freunde neben der »Schöpfe« nach der vierten Flasche Wermut und versuchten, die Frage durch indirekte Beweise zu lösen.

»Du sagst also sechs?« fragte Nikolai noch einmal zurück.

»Sechs«, antwortete Timofej im Brustton der Überzeugung.

»Du bist ganz schön schwer von Kapee, Timoscha«, seufzte Nikolai mitfühlend. »Streng doch mal ein bißchen deinen Grips an: Wie können es denn sechs Säulen sein, wenn schon unser Kulturhaus sechs hat! Und das Kulturhaus hat schließlich bloß für unseren Rayon Bedeutung, das Bolschoi-Theater aber ist immerhin das einzige für die gesamte Sowjetunion!«

Ein schlagendes Argument. Während Timofej angestrengt nach einem noch überzeugenderen Argument suchte, kam Marja Lawrussenkowa des Wegs und schüttelte bei ihrem Anblick den Kopf:

»Schwätzer ihr, nichtsnutzige Schwätzer ihr! Haben vermutlich noch nicht mal die Kartoffeln aus der Erde geholt und sitzen seit dem frühen Morgen und schlagen sich den Wanst mit Wodka voll. Solltet lieber dem Verstorbenen einen Sarg zimmern«, sagte sie mit Blick auf Nikolai.

»Für welchen Verstorbenen denn?« – Nikolai zog befremdet die dichten Augenbrauen hoch.

»Für wen, fragst du? Für Afanassi Otschkin, Gott sei ihm gnädig.«

»Otschkin? Der soll gestorben sein?« fragte Nikolai im höchsten Grade verwundert.

»Weißt du das denn etwa nicht?« zeigte sich die Lawrussenkowa ihrerseits verwundert.

»Aber er hat doch gerade eben noch hier gesessen. Hat versprochen, mir noch die dreißig Kopeken fürs Haareschneiden zu bringen. Stimmt's, Timoscha?«

»Sechs«, brummte Timofej, ohne auch nur den geringsten Beweis in der Hand zu haben, und dachte dabei ständig an nichts anderes als die Säulen und daran, wie er an ein überzeugendes Argument kommen könnte.

5

Gegen abend kam der Krankenwagen aus der Stadt. Der Tote wurde in den Wagen geschoben, um zur ärztlichen Begutachtung gebracht zu werden. Der Chauffeur holte ein zerdrücktes Eimerchen aus dem Führerhaus und ging zum Brunnen, Wasser für den Kühler zu holen. Im Führerhaus saß das Fräulein Doktor. Sie wartete auf den Chauffeur und hatte unterdessen ein Buch aufgeschlagen. Das Buch schien interessant zu sein, denn während sie las, konnte man beobachten, wie sich ihr Blick das eine Mal verfinsterte, dann wieder in ein Lächeln überging, was Nikolai voller Neugier durch die halbgeöffnete Tür des Führerhauses beobachten konnte. Dann blieb sein Blick auf der Reisetasche hängen, die auf den Knien des Fräulein Doktor lag. Eine hübsche gelbe Reisetasche mit Metallverschluß. Nikolais Frau schickte sich gerade an, ihren Geburtstag groß zu feiern, und Nikolai überlegte sich, daß es gar nicht übel wäre, ihr so eine hübsche Tasche zu schenken. Nur wußte er nicht, wo es solche Taschen gibt, weshalb er beschloß, das Fräulein zu fragen.

»Weiß ich nicht«, antwortete das Fräulein, indem es seine Lektüre unterbrach. »Ich habe sie in Moskau gekauft.«

»In Moskau?« fragte Nikolai voller Respekt zurück. »Sind Sie vielleicht sogar selbst aus Moskau?«

»Bin ich.«

»Sieh mal einer an!« sagte Nikolai erstaunt und beschloß, nicht ohne ein wenig Mißtrauen im Blick, es genauer wissen zu wollen:

»Direkt aus Moskau oder aus der Umgebung?«

»Direkt aus Moskau«, sagte das Fräulein und lächelte. Sie war wohl ziemlich stolz auf ihre Herkunft.

»In dem Fall habe ich eine Frage«, sagte Nikolai entschlossen. »Ich habe da nämlich mit einem Freund hier aus Klimaschewska einen Streit. Was die Zahl der Säulen am Bolschoi-Theater anbelangt. Ich meine, es sind acht, und er besteht auf sechs. Da kann man sich auf den Kopf stellen, er bleibt stur. Und fragen kann man niemanden. Ist nun mal so hier, keiner hat von nichts ne Ahnung. Will mich ja nicht selber loben, habe selber auch nicht gerade den Grips mit Löffeln gegessen, aber immerhin, bis drei kann ich zählen. Ich arbeite hier nämlich als Zimmermann. Jeder weiß hier, wer ich bin. Da kann man jeden hergelaufenen Burschen fragen: Wo wohnt hier der Zimmermann Nikolai?, und er wird prompt den Weg zu meinem Haus weisen. Mein Haus, das ist das mit dem Eisendach. Hab es letztes Jahr selber gedeckt. Hatte kein Eisen. War gezwungen, Dieselölfässer zu kaufen... Habe sie plattgewalzt und, siehe da, was dabei raus kam, war ganz passabel. Jedenfalls nicht schlechter als bei anderen. Kommen Sie doch mal auf einen Tee vorbei. Können uns ein bißchen unterhalten. Meine Frau kommt aus der Stadt, hat als Kellnerin in einem Restaurant gearbeitet. Habe sie aus der Stadt hierhergeholt. Hier gibt es natürlich keine Restaurants, also mußte sie ihren Beruf aufgeben. Aber ich zwinge sie auch nicht zum Arbeiten, verdiene schließlich selber genug. Ob es da einen neuen Fußboden zu legen oder eine Tür einzuhängen gibt, jeder kommt zu mir. Gerade war ein Direktor bei mir, braucht neue Fensterrahmen für sein Büro. Natürlich habe ich nicht nein gesagt, das gibt es nicht bei mir. Deshalb geht es uns auch gut. Unsere Tochter, Werunka, ist gerade in die vierte Klasse gekommen. Der da – Nikolai zeigte in Richtung Krankenwagen, in dem Otschkin lag – hatte keine Kinder. Kinder wollen nämlich gefüttert werden. Und wozu sich damit abplagen? Hat nicht gern gearbeitet, der. Hat es immer nur darauf abgesehen, sich auf anderer Leute Kosten ein schönes Leben zu machen...«

Hatte er erst einmal angefangen zu reden, war Nikolai nicht mehr zu bremsen und registrierte beim Hören seiner eigenen Stimme voller Befriedigung, wie prächtig er es doch verstand, so eine Rede flüssig hinzukriegen. Er hätte bis in den Abend hinein so reden können, doch wurde er von dem Chauffeur daran gehindert, der kam, das Wasser in den Kühler goß, sich neben das Fräulein Doktor setzte und den Wagen anließ.

»Fahren Sie schon?« kam es Nikolai plötzlich zum Bewußtsein. »Gute Fahrt. Acht also?«

»Was, acht?«

»Säulen am Bolschoi-Theater«, brachte Nikolai geduldig in Erinnerung.

»Kann schon sein, acht«, sagte das Fräulein, indem es sich wiedererinnerte. »Kann aber auch sein, sechs. Wissen Sie was, ich werde die Frage zu Hause zu klären versuchen und Ihnen das nächste Mal genau Bescheid geben. Abgemacht?«

»Abgemacht«, zeigte sich Nikolai ein wenig verzagt einverstanden, ohne ihr jedoch so richtig Glauben zu schenken. Und während er noch dem Wagen nachblickte, sagte er zur Fillipowna gewandt: »Man stelle sich vor, direkt aus Moskau.«

6

Weder in Klimaschewka noch in Mosty, ja nicht einmal in Dolgowa gab es einen Zimmermann wie Nikolai. Einen besseren gab es vermutlich in der ganzen Gegend nicht, nur konnte das niemand mit absoluter Gewißheit sagen.

Jedenfalls ging man letztes Jahr, als es darum ging, das Kulturhaus fertigzustellen, nicht ohne Grund eben zu Nikolai und nicht zu irgendeinem anderen. Er verlegte im Kulturhaus einen Parkettfußboden mit Mustern drin und staffierte die Wände des Tanzsaals mit Eichen- und Buchenplatten aus. Kurz gesagt, er machte Sachen, die nicht jeder Tischler zustandebringt.

Der Architekt, der den Bau leitete, sagte, wenn man Nikolai einen gutgewachsenen Baum gäbe, wäre er ohne weiteres imstande, irgendetwas ganz Außergewöhnliches daraus zu machen.

Doch weder in Klimaschewka noch in der Umgebung gab es gut gewachsene Bäume, weshalb sich Nikolai, sobald er aus dem Rayon nach Hause zurückgekehrt war, wieder mit dem beschäftigte, womit er sich immer schon beschäftigt hatte: Er baute Hütten, verlegte Fußböden und zimmerte Wiegen für Neugeborene. Und wenn es nötig war, machte er auch Särge, denn wer sollte sie sonst machen?

Zwei Tage nach Otschkins Tod stand Nikolai bei Tagesanbruch auf und trat auf die Straße hinaus. Draußen hing weißer, dichter und undurchdringlicher Nebel. Der Nebel war dermaßen dicht und undurchdringlich, daß man die Nachbarhütte nur zur Hälfte sehen konnte, nämlich nur den Teil, der nicht geweißelt war. Vom anderen Teil war nur das Fenster zu sehen, genauer, nicht einmal das Fenster, sondern ein gelber, im Nebel verschwimmender Lichtfleck, der von einer elektrischen Lampe herrührte. Auf dem eisernen Riegel des Schuppens und seinem rostigen Schloß gefroren winzige Tropfen zu Eis. »So ein Nebel, daran kann doch nur diese Atomenergie schuld sein«, dachte Nikolai, indem er das Schloß abnahm, in dem sich der Schlüssel nicht mehr drehen ließ und das einfach nur so, zum Spaß dahing. Er ging in den Schuppen, machte sich mit Streichhölzern Licht und zog vier Fußbodenbohlen aus einer Ecke in die Mitte, maß sie mit dem Zollstock aus und zog mit einem roten Bleistift vier Linien, die selbst noch im Halbdunkel zu erkennen waren. Darauf zündete er sich eine Zigarette an und ging, solange es noch nicht richtig Tag war, mit seinem Werkzeug über die Schleifsteine, erst über den großen, dann über den kleinen. Sobald es dann hell geworden war, schlug er mit dem Beil die Ränder der gespundeten Bohlen ab und machte sich an die Arbeit.

Während der Arbeit dachte Nikolai darüber nach, wie seltsam doch das Leben spielt. Noch gestern hatte Otschkin neben ihm auf der Wiese bei der »Schöpfe« gesessen und darauf gehofft, daß er ihm ein Gläschen abgeben werde, und heute zimmert er, Nikolai, ihm den Sarg. Und vor drei Tagen hat er Otschkin noch die Haare geschnitten, Halbfasson, wie Otschkin gewünscht hatte. Und obgleich Otschkin gestorben war, ohne ihm die dreißig Kopeken fürs Haareschneiden gegeben zu haben, und Nikolai den Verstorbenen zu Lebzeiten höchst verächtlich behandelt hatte, empfand er nun dem Verstorbenen gegenüber ein unbegreifliches Schuldgefühl, wie es häufig die Lebenden den Toten gegenüber befällt. Er fühlte sich auch deshalb schuldig, weil er diesem Menschen vor seinem Tode nichts von seinem

Wein abgegeben und die bewußten dreißig Kopeken von ihm verlangt hatte. War schließlich keine Summe, einen Menschen beleidigen zu müssen. Außerdem fühlte sich Nikolai noch deshalb dem Verstorbenen gegenüber schuldig, weil er sich zu seinen Lebzeiten ständig über ihn lustig gemacht und ihn einmal für ein Gläschen Wodka gezwungen hatte, ihn in einer Schubkarre durchs Dorf spazierenzufahren. Damals war das ganze Dorf auf die Straße gelaufen gekommen und hatte schallend über den Spazierfahrer gelacht, während er, Nikolai, seelenruhig in dem Karren gesessen und ohne auch nur im geringsten die Miene zu verziehen auf das Volk geschaut hat.

Während ihm all das wieder in den Sinn kam, beschloß Nikolai, seine Schuld gegenüber Afanassi büßen zu wollen und ihm einen Sarg zu zimmern, wie er ihn noch für niemanden gezimmert hatte.

Er machte die Bretter an der Hobelbank fest, ging mit dem Hobel über ihre Kanten, und zwar zunächst mit dem Handhobel und dann mit dem Doppeleisen des Schlichthobels, und er machte seine Sache so gut, daß sich die Bretter an den Enden fugenlos aneinanderfügen ließen.

Dann frühstückte er, ging ins Büro und arbeitete, da er sich vorvorigen Sonntag freigenommen hatte, ohne sich zwischendurch auch nur einen einzigen Zug aus der Zigarette zu gönnen, bis zwei Uhr durch.

Um zwei kam seine Frau Natascha in den Schuppen, um ihn zum Mittagessen zu rufen.

»Komme prima hin«, sagte Nikolai und zog aus der Hosentasche ein zerdrücktes Päckchen »Brandung«. »Schau mal, was ich da gemacht habe«, sagte er und drehte den Kopf lässig in Richtung des fertigen Sarges.

»Wozu anschauen?« erwiderte Natascha. »Sarg ist Sarg. Einfach eine Kiste.«

»Was heißt hier Kiste«, Nikolai war beleidigt. »Ich verstehe dich nicht, Natascha. Lebst nun schon an die fünfzehn Jahre mit einem Zimmermann und zeigst nicht das geringste Interesse für seine Arbeit. Diese Kiste (was für ein Wort, dachte er) hat nämlich Schwalbenschwanzverbindungen. Aber was verstehst du schon davon? Dir ist ja völlig egal, was ein Schwalbenschwanz ist oder ein Scherzapfen, was Tischlerleim und was Kleister.«

Nikolai hatte eine wunderliche Angewohnheit: Jedem Gegenstand, den er selbst gezimmert hatte, gab er einen Namen und unterhielt sich mit ihm wie mit einem Menschen. Die Namen wählte er dem Klang der Bezeichnung des jeweiligen Stückes entsprechend. Den Tisch in der Küche nannte er zum Beispiel Tischko und das geschnitzte Regal neben dem kleinen Waschbecken Regala. Den Sarg nannte er in Anspielung auf »Kiste« Kistimir.

»Nimm's nicht krumm, Kistimir«, sagte er, als seine Frau gegangen war. »Die Alte ist nun mal eine ausgemachte Närrin. Sie begreift einfach nicht, daß du vielleicht genauso wie das Bolschoi-Theater einmalig bist in der ganzen Sowjetunion. Na, laß sie. Werde dich noch lackieren, wenn du auch aus Kiefernholz bist. Wird nach was aussehen. Natürlich nur für die, die auch was davon verstehen.«

Dann machte er sich an das Kreuz, wenn auch ohne sonderliche Begeisterung. Die Teile für das Kreuz schnitt er nach Augenmaß zurecht, band sie an ihrem Scheitelpunkt zusammen und leimte sie mit schon halb festgewordenem Tischlerleim aneinander. Dem Kreuz gab er auf alle Fälle den Namen Kruzi, vermied es jedoch, mit ihm zu sprechen.

7

Am Morgen dieses Tages rief die Arzthelferin Nonna in der Stadt an, um zu hören, was die Ursache für Otschkins plötzlichen Tod gewesen war. Was sie in Erfahrung gebracht hatte, überbrachte sie sogleich Otschkins Witwe, Katja. Doch konnte Katja den Namen der Krankheit beim besten Willen nicht im Kopf behalten, weshalb ihr Nonna die Todesursache auf einen Zettel schrieb. Die Todesursache hieß »Herzmuskelinfarkt«, was allgemeine Verwunderung auslöste, und die Lawrussenkowa sagte denn auch, als sie gelesen hatte, was auf dem Zettel stand, geradeheraus:

»Sowas hab ich mein Lebtag nicht gehört. Früher, so haben jedenfalls die Alten berichtet, sind die Leute an Cholera und Pest gestorben. Den Akkordeonspieler Waska hat letztes Jahr eine Angina dahingerafft. Aber sowas ...« Sie blickte auf den Zettel, »sowas hat es bei uns noch nicht gegeben. Wahrscheinlich hat ihn diese unglückliche Krankheit erwischt, weil er nun mal ein unglückliches Leben gehabt hat.«

Nach dem Mittagessen kam der Krankenwagen zurück. Zwei Männer trugen den Verstorbenen in die ungeheizte Hütte und legten ihn auf den Tisch, der mit einem alten Wachstuch bedeckt war. Das Fräulein Doktor reichte Katja irgendein Papier zur Unterschrift und wartete geduldig, während Katja unter Schluchzen und Tränenabwischen mit zittrigen Fingern langsam und sorgfältig ihre holprige Unterschrift malte. Dann nahm das Fräulein das Papier und ging zum Auto. Sie öffnete die Wagentür und stand schon auf dem Trittbrett, als Nikolai sie zurückhielt und den gerade fertiggewordenen, prächtig lackierten Sarg brachte.

»Fräulein, wie ist es«, erkundigte sich Nikolai zaghaft. »Haben Sie mein Anliegen auch nicht vergessen?«

»Wie könnte ich.« Das Fräulein Doktor wühlte in ihrer schönen Reisetasche und förderte eine zerknitterte Postkarte zutage, die sie Nikolai hinhielt: »Da, die habe ich in einem Album von mir gefunden.«

Nikolai konnte sich nicht einmal bedanken, denn während er gleich zweimal hintereinander die Säulen durchzählte, war der Chauffeur bereits angefahren und der Wagen fuhr davon, nicht ohne eine Schleppe gelben Qualms hinter sich zu lassen.

Nikolai hatte also recht. Es waren acht Säulen. Er ging, ohne auf den Weg zu achten und triumphierte im vorhinein, indem er sich das verdatterte Gesicht seines Widersachers vorstellte.

»Ich werde also zu ihm gehen«, dachte Nikolai, »und erst einmal zu ihm sagen: ›Lauf nur los, Timoscha, und hol einen halben Liter!‹ Er darauf zu mir: ›Was hast du für einen freudigen Anlaß, daß du einen halben Liter von mir erwartest?‹ Und ich darauf zu ihm: ›Wieviel Säulen hat das Bolschoi-Theater?‹ Und er darauf wie immer: ›Sechs.‹ Darauf ich zu ihm: ›Hast offensichtlich nicht richtig gezählt. Hast wohl nicht genug Finger zum Zählen.‹ Darauf ist Timofej beleidigt und langt nach der Flasche. ›Du hast‹, sagt er, ›kein Recht, meine Finger zu zählen‹, sagt er, ›habe sie an der Front gelassen. Ich bin‹, sagt er, ›nicht wie die anderen, habe mein Blut gegeben.‹ Darauf ich zu ihm: ›Und ich, ich habe wohl nicht Taschkent verteidigt...‹«

Während er so in tiefes Nachsinnen versunken war, stieß er plötzlich mit Marja Iwanowna, der Lehrerin seiner Tochter zusammen. Marja Iwanowna fing wie gewöhnlich an, auf ihn einzureden, daß Werunka auch dieses Schuljahr einen schlechten Start gehabt habe. Daß sie nicht hinhört, was im Unterricht gesprochen wird und ihre Hausaufgaben nicht ordentlich macht.

Nikolai hörte der Lehrerin geduldig zu, um auf einmal mir nichts dir nichts herauszuplatzen:

»Weißt du eigentlich, daß Timofej einen halben Liter an mich verloren hat?«

»Was für einen halben Liter?« fragte die Lehrerin verständnislos.

»Was für einen? Einen ganz gewöhnlichen natürlich...«

Nikolai wollte gerade anfangen, ihr die ganze Geschichte mit den Säulen zu erzählen und ihr die Postkarte zu zeigen, die so unerwartet den Streit zu seinen Gunsten entschieden hatte, als ihm plötzlich die schicken Pumps aus weißem, gestepptem Leder an ihren Füßen ins Auge fielen und ihm schlagartig in den Sinn kam, daß er seiner Frau noch immer kein Geschenk gekauft hatte.

Als die Lehrerin merkte, daß Nikolai wie gebannt auf ihre Füße starrte, wurde sie verlegen und trat einen halben Schritt zurück.

»Wo sind die her?« fragte Nikolai ohne Umschweife.

»Was denn woher denn?«

Die Lehrerin bekam es mit der Angst.

»Na die Pumps da«, sagte Nikolai ungeduldig.

»Ach so, die Pumps«, seufzte die Lehrerin erleichtert auf. »Die habe ich von meinem Bruder aus Moskau.«

»Verdammt nochmal!« Nikolai wurde wütend. »Taschen aus Moskau, Pumps aus Moskau, Brüder aus Moskau ...«

»Was ist denn bloß los?« fragte die Lehrerin erstaunt.

»Nichts ist los.«

Nikolai winkte kurz mit der Hand und ging weiter. Doch nahm nach dieser Begegnung mit der Lehrerin der Gang seiner Gedanken eine völlig andere Richtung. Er überlegte, daß man zum Geburtstag seiner Frau sämtliche Nachbarn einladen müsse, dazu noch seine Arbeitsbrigade und am besten auch noch irgendeinen von den Vorgesetzten. Direktor Andriolli vielleicht, auch wenn er absagen sollte, aber einladen müßte man ihn schon. Und den Bauführer Posdnjakow ebenfalls. Und damit es nicht langweilig wird, sollte man Timofej einladen, damit man wenigstens jemanden hat, mit dem man sich unterhalten und streiten kann. An diesem Punkt hielt Nikolai inne. Worüber sollte man sich aber streiten, wenn er heute Timofej die Postkarte zeigt? Verwirrt blickte er auf die Postkarte, indem er abermals mechanisch die Säulen durchzählte.

»Einen halben Liter könnte man natürlich vertragen«, überlegte Nikolai, »und erst recht, wenn man einen guten Happen dazu hat. Timofej hat mächtig feine Gürkchen im Keller. Speck natürlich auch, hat letzte Woche erst ein Ferkel abgestochen. Den halben Liter könnte ich aber eigentlich auch selber spendieren. Werde schon nicht gleich arm davon. Hauptsache, am Geburtstag gibt es was, worüber man reden kann ...«

Er merkte selbst nicht recht, wie er von der Postkarte erst die eine Ecke abriß, dann eine zweite ... Als es ihm jedoch zum Bewußtsein kam, zerriß er sie gänzlich und warf die Stücke, sobald er zu Hause angelangt war, in die Toilette.

8

Gegen Abend verdüsterte sich der Himmel. Wolken zogen auf, und es wehte ein feuchter Wind. Katja Otschkina hatte die Hausarbeit schnell hinter sich gebracht und kroch, sobald es dämmerte, ohne Feuer zu machen in das hohe Bett unter die Steppdecke. Sie lag und lauschte, wie die Fensterscheiben klirrten vom Wind, der von der Seite her blies, und die ersten Regentropfen an die Scheiben schlugen.

»Ich muß die Fensterscheiben kitten«, dachte Katja unwillig. »Und die Tür von unten ein wenig behauen. Sie schließt nicht mehr, ist feucht geworden und aufgequollen.«

Im Grunde genommen war das ja Männerarbeit, aber an Männerarbeit war Katja längst gewöhnt. Das Haus hatte ihr Vater im Jahre neununddreißig gebaut und der Tochter hinterlassen, als er starb. Er war im Rayonskrankenhaus gestorben, nachdem er beim Schlafen in einer Furche auf dem Acker von einem Traktor überfahren worden war. So blieb Katja allein im neuen Haus als Herrin zurück. Direkt vor dem Kriege hatte sie dann Afanassi als ihren Mann in dieses Haus geführt. Sie war damals achtzehn Jahre alt und er neunzehn. Sie schickten sich gerade an, lange und glücklich miteinander zu leben, als der Krieg ausbrach und Afanassi bereits nach einigen Tagen den Gestellungsbefehl erhielt.

Afanassi arbeitete damals auf dem Viehhof. Also machte er sich an seinem Arbeitsplatz auf der Kolchose daran, eine Brechstange zu heben, um sich einen Bruch zuzuziehen. Die Brechstange zu heben, gelang ihm, aber einen Bruch holte er sich nicht dabei. Also schärfte Afanassi das Beil, schlug sich mit einem genau berechneten Hieb den Zeigefinger der rechten Hand ab und brachte sich auf diese Weise um die Möglichkeit, den Finger an den Gewehrabzug legen zu müssen. Vor Gericht forderte der Staatsanwalt Erschießung des Deserteurs, doch die Richter ließen Milde walten und gaben ihm zehn Jahre. Die zehn Jahre brauchte Otschkin nicht abzusitzen, denn im Jahre fünfundvierzig gab es eine Amnestie zu Ruhm und Ehren Unseres Sieges, und er wurde entlassen. Am Abend dieses Entlassungstages hatten sie in diesem Bett hier gelegen, und Otschkin hatte seiner Frau lange von seinen Dorfgenossen erzählt und sie ihm von den ihren. Sie erzählte, wie sie sich während des Krieges alle mühsam durchschlagen mußten und vor allem die, die Kinder hatten. Sie erzählte, wie Evakuierte aus der Ukraine und aus Weißrußland ins Dorf gekommen waren und, weil es nicht genügend Wohnraum gab, auf die einzelnen Hütten verteilt werden mußten. Bei Katja wurden zwei Familien einquartiert, die sich ewig in den Haaren hatten, aber Katja gewöhnte sich mit der Zeit an sie, und als sie dann wieder nach Hause durften, konnte sie sich kaum mehr von ihnen trennen. Von den Bauern waren so gut wie alle an die Front eingezogen worden, und viele kamen nicht mehr wieder. Timofej Konkow hatte drei Finger im Krieg verloren.

»Genau wie ich«, lächelte Otschkin und fragte Katja nach seinem Freund Fjodor Korkin. Sie hatten damals gleichzeitig den Gestellungsbefehl erhalten.

»Hat sicher die ganze Brust voller Orden«, wollte Otschkin wissen.

»Er ist nicht zurückgekehrt«, erklärte Katja leise.

»An der Front gefallen?«

»Nein, er ist gar nicht erst bis an die Front gekommen. Ihr Zug ist auf dem Weg an die Front bombardiert worden.«

Afanassi schwieg lange, um sich dann zu erinnern:

»Als ich verhaftet wurde, sagte Fedka zu mir: Idiot. Und jetzt liegt er, der Klugscheißer, unter der Erde, und ich bin noch da.«

Nach der Entlassung aus dem Lager hatte er es nicht sonderlich eilig, Arbeit zu finden. Er schaute sich erst einmal um und machte dabei die Lebensmittelkarten in der Sowchoskasse ausfindig. Nachts schnappte ihn dann der Nachtwächter mit den Lebensmittelkarten, und Afanassi fuhr mit einem Gefängnisinsassentransport zum Wiederaufbau des Dnjeprwasserkraftwerks. Den Wiederaufbau des Dnjeprwasserkraftwerks mit zu Ende zu führen, sollte ihm nicht vergönnt sein. Nach einer

Amnestie im Jahre neunzehnhundertdreiundfünfzig kehrte er nach Hause zurück und erzählte Katja, daß es für einen, der nicht gerade auf den Kopf gefallen ist, gar nicht so übel sei, das Leben im Lager. Im Sommer verkroch er sich vor der Hitze im kühlen Schatten eines Bretterstapels oder unter dem Büro in der alten Absperrung, und im Winter nahm er ein Eisenfaß, schlug eine Unmenge Löcher hinein, füllte es mit Brennholz und Stücken von Dachpappe – das eine wie das andere gab es mehr als genug auf den Bauplätzen – und richtete sich ein »kleines Taschkent« ein. Einen Nachteil hatte sein »Taschkent«, und zwar wärmte es nicht gleichmäßig, und er mußte sich ständig einmal mit dem Rücken, dann wieder mit der Brust gegen die wärmende »Füllung« hin drehen, doch war das immer noch besser, als im Wind das Beil zu schwingen oder Schubkarren voll Mörtel herumzukarren, der sich auf der Stelle mit einer Eiskruste überzog.

Die Verpflegung im Lager war zwar nicht gerade üppig, dafür aber kostenlos, und draußen mußte man für so eine Verpflegung ganz sicher noch viel mehr arbeiten. Außerdem hatten sie ihr Bad, ihren Klub, wo sie dreimal in der Woche einen Film sehen konnten und Konzerte veranstaltet wurden.

Überhaupt schien, nach Afanassis Worten, ihm diese Art zu leben durchaus zuzusagen. Wahrscheinlich zerschlug er aus diesem Grunde, weil ihm nämlich dieses Lagerleben zusagte, das Schaufenster des Dorfladens und fuhr daraufhin abermals mit einem Gefängnisinsassentransport davon, diesmal jedoch zu den Großbauplätzen in Sibirien.

Ein letztes Mal war er in diesem Frühling wiedergekommen, allerdings in der Absicht, im Winter wieder an die Großbauplätze zurückzukehren, was jedoch sein Tod vereiteln sollte.

Das alles mag Katja Otschkina durch den Kopf gegangen sein, als sie so allein in dem dunklen, ungeheizten Zimmer lag. Vielleicht hat sie auch an gar nichts gedacht und einfach nur so dagelegen und dem Heulen des Herbstwindes gelauscht.

Der Wind hatte gedreht. Er blies jetzt direkt gegen die Fenster, und im Zimmer wurde es kälter und kälter. Katja stand auf, nahm ihren alten Bauernpelz, den sie bei der Arbeit zu tragen pflegte, vom Nagel und legte, ohne sich selbst darüber klar zu werden, was sie tat, ihren alten Pelz über den Toten.

9

Es regnete ein paar Mal in dieser Nacht, doch gegen Morgen hörte der Regen auf und verzog sich. Sowchosdirektor Matwej Matwejewitsch Andriolli saß in seinem Zelttuchmantel an seinem Schreibtisch und war mit Dingen beschäftigt, die gewöhnlich zu Regenzeiten anzufallen pflegen.

Als erster erschien der Bauführer Posdnjakow. Er brachte die Auftragsunterlagen für die Bauarbeiter, die Ende der Saison wieder nach Hause geschickt werden. Der Direktor überflog die Unterlagen, stellte fest, daß Posdnjakow diese Feiertagsarbeiter noch viel zu großzügig bezahlt, gab aber dennoch seine Unterschrift, da die Verträge in strengem Einklang mit den bestehenden Tarifen abgefaßt waren.

Darauf kam die Filippowna mit der Nachricht, daß sie in ihre Heimat zurückgehen werde, und der Anfrage, ob die Sowchose nicht ihre Hütte kaufen wolle. Der Direktor warf Posdnjakow einen Blick zu, der daraufhin sagte, daß er die Hütte sehr wohl kenne und es keinen Sinn habe, sie zu übernehmen, da sie bereits am Einstürzen sei.

»Höchstens für Brennholz«, sagte Posdnjakow.

»Für Brennholz – kommt gar nicht in Frage!« sagte Matwej Matwejewitsch, »haben genügend eigenes Brennholz. Und viel zahlen können wir sowieso nicht, Maximum hundert Rubel.«

»Wie ihr wollt«, sagte die Filippowna. »Dann verkauf ich sie halt an Mikola, den Zimmermann, der gibt mir hundertfünfzig.«

»Wo ist eigentlich der Zimmermann?« fragte Andriolli Posdnjakow. »Er wollte doch heute die Fensterrahmen einsetzen.«

»Ich habe ihm freigegeben«, sagte Posdnjakow. »Er macht den Sarg für Otschkin.«

Der Direktor hatte ganz vergessen, daß Otschkin gestorben war, und nun fiel ihm auf einmal wieder ein, daß er ja zu der Witwe gehen wollte, um ihr sein Beileid auszusprechen. Er kannte Katja seit ihren Kindertagen. Schon als Kind hatte sie im Gemüsegarten gearbeitet, später dann als Melkerin in der Meierei. Und sie war eine tüchtige Arbeiterin, besser als andere. Ihr Foto hing schon seit Jahren an der Ehrentafel aus, denn Andriolli wußte seine Bestarbeiter zu würdigen und hielt es für seine Pflicht, sie im Auge zu behalten. Um so mehr, als sie ihn in der Regel nicht unnütz mit überflüssigen Bitten belästigten. Und er wäre freilich bereits gestern abend schon zu der Witwe gegangen, wenn er nur gewußt hätte, wie er sie trösten sollte. Gewöhnlich pflegte man in solchen Fällen zu sagen, daß der Verstorbene dies und jenes geleistet habe und die Erinnerung an ihn niemals verlöschen werde.

Andriolli versuchte sich in Erinnerung zu rufen, was Otschkin so im Leben geleistet hat, doch es fiel ihm einfach nichts Positives ein. Aber dann fiel ihm doch etwas ein. Dieses Jahr mußte am Tag der Melkerinnen ein Transparent mit einer Losung angefertigt werden, und der Komsomolgruppenleiter, der sich sonst um dergleichen Dinge zu kümmern pflegte, war ausgerechnet zu diesem Zeitpunkt krank geworden. Wer sich damals zum Erstaunen aller meldete, war Otschkin. Er breitete im Büro das rote Band aus und saß eine ganze Nacht lang auf den Knien davor. Am Morgen war die Losung fertig und, man wird es kaum für möglich halten, zu alledem noch ordentlicher gearbeitet, als es der Komsomolgruppenleiter jemals zustandegebracht hätte. Vielleicht hätte Otschkin für dergleichen Dinge Talent gehabt? Aber danach ließ er wieder keinerlei Arbeit an sich herankommen, obgleich ihm die verschiedensten Möglichkeiten angeboten wurden. Während der Direktor noch darüber nachsann, was Otschkin wohl noch im Leben zustandegebracht haben könnte, steckte der Chauffeur Lecha Prochorow seinen Kopf durch die Tür. Als er sah, daß Andriolli an seinem angestammten Platz saß, zog er bedächtig seine zerknautschte Schirmmütze vom Kopf und ging zum Schreibtisch, nicht ohne naße Fußspuren auf dem Boden zu hinterlassen.

»Hier bringe ich Ihnen ein Gesuch«, sagte er und zog ein vierfach zusammengefaltetes Blatt Papier aus der Tasche. »Um unbezahlten Urlaub.«

»Wozu brauchst du Urlaub?« fragte Andriolli.

»Muß zu meiner Mutter, das Dach reparieren. Schreibt, ist undicht, das Dach. Auf eine Woche, Matwej Matwejewitsch. Werde Montag auf die Minute wieder da sein«, beteuerte er ohne große Hoffnung in der Stimme.

Indessen zeigte sich der Direktor überraschend schnell einverstanden.

»Na gut, zieh nur los«, sagte er. »Aber vorher fährst du mir bei Katja Otschkina vorbei und bringst den Verstorbenen zum Friedhof.«

»Wird gemacht, auf der Stelle! Wie der Wind!« antwortete Lecha und wollte schon zur Tür hinaus.

»Halt, warte«, hielt ihn Andriolli zurück. »Mach keinen Unsinn, Prochorow. Wie der Wind, so kannst du meinetwegen Hirse chauffieren, und nicht einmal die! Aber in diesem Falle geht es um einen Toten«, sagte er bedeutungsvoll.

»Es gibt Tote und Tote«, erklärte Lecha.

»Im Tode sind alle gleich«, beharrte Andriolli auf seinem Standpunkt, wenn auch nicht hundertprozentig überzeugt davon, daß er damit im Recht sei.

10

Der Regen wurde nicht stärker, aber auch nicht schwächer und rauschte gleichbleibend monoton über Fensterscheiben, Strohdächer und kahlgewordene Baumkronen. Alte Frauen drängten sich mit Beuteln und Taschen vor dem Dorfladen und bedeckten die Köpfe mit irgendetwas, was sie gerade zur Hand hatten: Heute war der Tag, an dem es Geschirr geben sollte.

Lecha Prochorow schlüpfte ins Fahrerhaus seines GAS-63 und ließ den Wagen an. Der Wagen geriet ins Rutschen, und er sah sich gezwungen, den Vorderradantrieb zu betätigen.

Der Wagen schleppte sich irgendwie bis zu Otschkins Haus. Lecha stellte ihn gleich neben dem Treppenaufgang ab und ging in die Hütte, in der sich bereits eine Menge Leute versammelt hatte. Die Witwe stand, ein sauberes Tuch gegen die Augen gepreßt, am Kopfende des Sarges. Lecha rief sie zur Seite.

»Tante Katja«, sagte er respektvoll flüsternd, »laß uns Schluß machen. Ist höchste Zeit zu fahren, denn die Wege sind in einem Zustand, daß man, ehe man sich versieht, auf beiden Achsen landet.«

»Wirst schon noch zurecht kommen«, antwortete die Witwe finster und ging an ihren Platz zurück.

Lecha ging, verärgert ob dieser Trödelei, auf die Straße hinaus und stellte sich unter das Vordach neben dem Treppenaufgang. Es ging ihm natürlich weniger um den Weg. Sein GAS-63 schaffte noch ganz andere Wege und Straßen. Er hatte aber nun mal noch an die drei Kilometer bis zum Bahnhof, wo er den Fünf-Uhr-Zug erwischen wollte, und jetzt war es bereits gegen vier. So stand er unter dem Vordach, blickte ungeduldig auf die Uhr, rauchte und ärgerte sich beim Anblick der Leute, die immer noch ununterbrochen in das Haus des Verstorbenen strömten. »In so einem blödsinnigen Nest dermaßen viele Leute, daß kein Ende abzusehen ist«, dachte er, während sich die Gereiztheit seiner Stimmung mehr und mehr steigerte. »Was die eigentlich wollen? Als wäre der Tote mit Honig einbalsamiert!«

»Wohin so eilig?« fragte er eine dicke Alte, die gerade die Treppe hinaufstieg. »Hat sie etwa noch nie einen Toten gesehen? Warte nur, demnächst kommen wir, dich anzuschauen!«

Die Alte gab keine Antwort und ging, die Lippen gekränkt zusammengepreßt, hinein. Lecha folgte ihr.

In der guten Stube wurde alles mögliche geredet, vor allem aber, daß der Verstorbene niemandem etwas Böses getan habe. Und wenn er es getan haben sollte, dann zumindest nicht gerade häufig. Stimmt schon, Gutes hat er noch viel weniger getan... Und dann ging es mit gedämpfter Stimme weiter über alle möglichen eigenen Angelegenheiten.

Die Fillipowna erzählte der Lawrussenkowa, daß ihre Tochter, die in der Ukraine lebt, geboren hat und sie deshalb jetzt hinfahren müsse, das Enkelchen zu hüten. Lecha entschuldigte sich bei der dicken Alten und versuchte ihr klarzumachen, daß er sie nicht beleidigen wollte, es ihm vielmehr so rausgerutscht sei, weil er es eilig habe. Timofej, der im Dorf den Ruf eines Bücherfreundes genoß, erzählte Nikolai den Inhalt von Tschechows ›Kaschtanka‹. Die Erzählung gefiel Nikolai und er sagte:

»Dieser Tschechow scheint ein guter Schriftsteller zu sein.«

»Kommt auf den Geschmack an«, sagte Timofej. »Lew Nikolajewitsch Tolstoi hat ihn nicht gemocht.«

»Warum nicht? Wie kam er zu dieser Ansicht?«

»Gott weiß warum. ›Du schreibst schlecht‹, hat er gesagt. ›Shakespeare hat schlecht geschrieben‹, hat er gesagt, ›aber du schreibst noch schlechter.‹ Shakespeare, das war ein englischer Schriftsteller.«

»Und wieso hat der schlecht geschrieben?«

»Gar nicht so sehr schlecht als mit vielen Fehlern. Bei der Übersetzung in unsere Sprache hat man ihn natürlich verbessert, aber in seiner eigenen ist er ziemlich schwach gewesen...«

Alle erhoben sich und folgten dem Sarg, der hinausgetragen wurde.

Der Regen hatte aufgehört. Der Himmel war nicht mehr gänzlich mit Wolken bedeckt, zwischendurch zeigte sich hin und wieder ein kleiner Lichtstreif.

Lecha öffnete die Seitentür des Wagens, und die Männer schoben den offenen Sarg hinein. Am Kopfende hatte irgendwer einen angestrichenen Schemel aufgestellt. Katja machte es sich auf dem Schemel bequem und fing erneut an zu greinen, nun aber bereits ohne einen Anflug von Trauer und Kummer, vielmehr einfach so, anstandshalber.

Lecha setzte sich ans Steuer und schaute auf die Uhr. Genau

fünf. Jetzt hätte er bereits im Zug sitzen sollen und drei Stunden später zu Hause am Tisch, und seine Mutter wäre hin und her gelaufen, um ihm etwas zu essen zu machen. Statt dessen muß er nun geschlagene vierundzwanzig Stunden warten, und sein Urlaub ging vorbei. Er sollte zum Direktor gehen, damit er ihm diesen Tag nicht anrechnet. Die Lawrussenkowa klopfte ans Wagenfenster. Lecha verstand, und setzte den Wagen langsam in Bewegung.

Vor dem Wagen gingen Nikolai und Timofej. Sie trugen den Sargdeckel. Nikolai ging hinten und versuchte nach Kräften, den Sargdeckel einmal nach links, dann wieder nach rechts zu wenden, je nachdem, in welche Richtung sich das Volk bewegte. Es ging ihm nämlich darum, daß die Leute sein Prachtwerk auch ordentlich vor Augen geführt bekämen und sehen könnten, wie's gemacht wird. Das einzige, was Nikolai leid tat war, daß sein Werk, das recht eigentlich zu jedermanns Bewunderung ins Museum gehörte, jetzt in die Erde versenkt und schon bald von Würmern und Pilzen zerfressen werden sollte, und daß von diesem seinem Werk vermutlich schon nach einem Jahr nur noch morsche, angefaulte Bretter übriggeblieben sein werden – und nach einigen Jahren nicht einmal mehr das.

Als sie am Friedhof angelangt waren und den Sarg aus dem Wagen nahmen, begann erneut ein feiner Nieselregen einzusetzen, weshalb Nikolai hastig den Deckel auf den Sarg setzte und festnagelte. Der Sarg wurde an zwei Seilen ins Grab hinabgelassen und mit durchweichtem Lehm, der an den Schaufeln kleben blieb, zugeschüttet. Dann stieß Nikolai das Kreuz hinein.

Andriolli, der gerade in diesem Augenblick am Ort des Geschehens erschien, bemerkte am Kreuz Spuren von Tischlerleim und dachte, daß er das Nikolai sagen müsse, damit er die Außenrahmen fürs Büro in Ordnung bringen könne. Er, Andriolli, brauche dann sicher keine Angst vor Feuchtigkeit mehr zu haben.

Weiter dachte Andriolli, daß dieses Kreuz Otschkin nun allen anderen, die hier mit und neben ihm liegen, gleich mache. Im selben Augenblick aber wurde ihm auch schon klar, daß er nicht recht habe. Denn die Erinnerung an einen Menschen hängt nicht von dem Ort ab, an dem er liegt, sondern davon, was er zu Lebzeiten geschaffen hat. Die, mit denen Otschkin jetzt hier lag, hatten auf ganz verschiedene Weise gelebt und waren ganz verschiedenen Arbeiten nachgegangen. Und verschiedene Zeitspannen lagen zwischen dem Tag ihrer Geburt und dem Tag, an dem man sie hier in die Erde gebettet hatte. Doch Otschkin, nur einen halben Kilometer weit von seinem Grab entfernt geboren, war zwar viel herumgekommen und hatte viel gesehen, war aber trotz alledem nur diesen halben Kilometer weit gegangen, hatte in vierzig Jahren nur eine Strecke zurückgelegt, für die ein normaler Fußgänger nicht mehr als sieben Minuten braucht.

1961

Im Freundeskreis
(Die kürzeste Nacht)

Eine nicht sehr glaubwürdige Erzählung von einer historischen Abendgesellschaft

Bewußtes Haus stand hinter einem aller Welt bekannten hohen Zaun aus rotem Ziegelstein. Das Haus hatte viele Fenster, doch eines von ihnen unterschied sich von allen anderen zumindest dadurch, daß es Tag und Nacht zu jeder Zeit erleuchtet war und die Menschen, die sich abends auf dem weiten Platz vor dem Zaun versammelten, reckten die Hälse, rissen angestrengt die Augen auf, daß ihnen die Tränen kamen und sagten bewegt einer zum anderen:

»Da seht nur, es ist noch Licht. Er schläft nicht. Er arbeitet. Er denkt an uns.«

Es schmeichelte den Menschen, daß er ausgerechnet an sie dachte und nicht an irgend etwas Nebensächliches.

Kam irgend jemand aus der Provinz in diese Stadt gereist oder war er gezwungen, auf der Durchfahrt in dieser Stadt haltzumachen, wurde er beauftragt, unbedingt den berühmten Platz aufzusuchen und zu schauen, ob das Fenster erleuchtet ist. Und der beglückte Provinzbewohner kehrte nach Hause zurück, um höchst kompetent auf jeder nur stattfindenden Versammlung, ob öffentlich oder geschlossen, zu berichten: Ja, es ist Licht, und allem Anschein nach schläft er tatsächlich nicht und denkt an uns.

Natürlich gab es bereits zu jener Zeit gewisse Leute, die das Vertrauen ihres Kollektivs mißbrauchten: Statt da Fenster anzuschauen, hetzten sie durch die Geschäfte, ob nicht irgendwo irgendwas zu kriegen sei. Und wenn sie dann nach Hause zurückkehrten, berichteten sie nichtsdestotrotz: Es ist Licht, und da soll mal einer wagen zu sagen, dem sei nicht so.

Das Fenster war natürlich erleuchtet. Nur der, von dem es hieß, er schlafe nicht, hatte sich nie hinter diesem Fenster befunden. Er wurde von einem Guttaperchabalg vertreten, den erste Meister geschaffen hatten, und zwar so geschickt und kunstvoll, daß man, ohne ihn zu berühren, nie und nimmer gemerkt hätte, daß er nicht lebendig war. Der Balg verfügte über die wesentlichen Charakteristika des Originals und hielt eine Tabakspfeife in der Hand, eine englische Arbeit, die mittels spezieller Vorrichtungen in einem bestimmten Rhythmus Tabakqualm von sich gab.

Was ihn selbst anbelangt, so rauchte er Pfeife nur für die Leute, und der Schnurrbart, den er trug, war aufgeklebt. Er bewohnte ein ganz anderes Zimmer, das nicht nur ein Fenster besaß, sondern auch Türen, und es gab ein geheimes Schlupfloch darin, das durch den Safe führte, der in seinem offiziellen Arbeitszimmer stand und Türen nach beiden Seiten hatte.

Er liebte dieses Zimmer, wo er er selbst sein durfte: keine Pfeife rauchen mußte, keinen Schnurrbart tragen und überhaupt einfach und bescheiden leben konnte, ganz der Ausstattung des Zimmers angemessen, die aus einer eisernen Bettstelle mit einer gestreiften, strohgefüllten Matratze bestand, einem Waschbecken mit kaltem und warmem Wasser sowie einem ziemlich alten Grammophon mit einer Sammlung Platten, auf denen er eigenhändig vermerkt hatte: gut – mittelmäßig – vorzüglich – Schund.

Hier, in diesem Zimmer, verbrachte er die schönsten Stunden seines Lebens in aller Stille und Beschaulichkeit. Hier lebte er heimlich hie und da mit der alten Reinmachefrau, die morgens durch besagten Safe mit Besen und Eimer zu ihm gekrochen kam. Er rief sie zu sich, sie stellte sachlich den Besen in die Ecke, war ihm zu Willen, um anschließend ihre Arbeit fortzusetzen. Viele Jahre lang sprach er kein Wort mit ihr und war sich nicht einmal darüber im klaren, ob es sich eigentlich jedesmal um ein und dieselbe oder eine andere Alte handelte.

Einmal jedoch geschah etwas Merkwürdiges: Sie begann

plötzlich die Augen zu verdrehen und lautlos die Lippen zu bewegen. Er bekam einen Schreck und fragte:

»Was ist dir?«

»Ich denke gerade nach«, sagte die Alte ruhig lächelnd. »Ein Nichtchen kommt mich besuchen, Tochter meines Bruders. Muß dafür sorgen, daß ich zu essen im Hause habe und besitze nur ganze drei Rubel. Soll ich nun für zwei Rubel Hirse kaufen und für einen Rubel Butter oder für zwei Rubel Butter und einen Rubel Hirse?«

Ihn hat diese Volksweisheit damals zutiefst berührt, und er schrieb der Alten einen kurzen Schrieb für das Warenlager des Inhalts, man möge ihr Hirse und Butter geben, soviel sie braucht. Die Alte, nicht dumm, trug den Brief nicht ins Warenlager, sondern ins Revolutionsmuseum, wo sie ein solches Sümmchen dafür bekam, daß sie sich in der Nähe von Moskau ein Häuschen samt Kuh kaufen konnte, die Arbeit an den Nagel hängte und, soviel man hört, bis zum heutigen Tag Milch auf dem Tischinski-Markt feilbietet.

Und sooft er sich an diesen Vorfall erinnerte, pflegte er zu seinen Kampfgenossen zu sagen, daß man die heutige dialektische Denkweise beim Volk erwerben müsse.

Einmal, er hatte gerade die Alte entlassen und war mit sich allein, stellte er das Grammophon an und dachte beim Klang der Musik an irgend etwas Großes. Und beim Klang der Musik kam ihm die Erinnerung an seine ferne Kindheit in dem kleinen kaukasischen Städtchen, kam ihm die Mutter in den Sinn, eine einfache Frau mit einem gramerfüllten, runzligen Gesicht, und der Vater, der es durch tagtägliche zähe Arbeit zu beachtlichen Erfolgen in der Schuhmacherkunst gebracht hatte.

»Oje, aus dir wird nie ein richtiger Schuhmacher. Du gehst mir zu gewitzt und sparsam mit den Nägeln um«, pflegte der Vater zu sagen, wobei er ihm mit dem Leisten eins über den Kopf zog, was freilich nicht ohne unangenehme Folgen bleiben sollte.

Und so quälten ihn jetzt, im vorgerückten Alter, häufig heftige Kopfschmerzen. Könnte er doch den Vater wieder zum Leben erwecken und fragen: Darf man denn einem Kind eins mit dem Leisten über den Kopf geben? Wie sehr wünschte er, wie glühend wünschte er sich, den Vater wieder zum Leben erwecken und fragen zu können...

Im Augenblick jedoch bewegte ihn etwas anderes. Dunkle Gerüchte waren zu ihm gelangt, wonach Adik, mit dem er in letzter Zeit feste Freundschaft geschlossen hatte, vorhabe, seine Freundschaft zu verraten und über die ihm gesetzten Grenzen hinauszugehen. Er hielt sich selbst für den treulosesten Menschen auf der Welt und konnte einfach nicht glauben, daß es einen Menschen geben soll, der noch treuloser ist. Man forderte ihn auf, Anstalten zu treffen, um sich gegen Adik zu schützen, er aber hielt diese Appelle für Provokation und unternahm nichts, um Adik nicht durch unbegründetes Mißtrauen zu kränken. Der mißtrauischste Mensch der Welt zeigte sich gegenüber Adik vertrauensselig wie ein Kind.

Und dennoch, je näher die kürzeste aller Nächte kam, um so unruhiger wurde ihm ums Herz. Er fürchtete sich, in dieser Nacht allein sein zu müssen.

Am Vorabend dieser kürzesten Nacht zog er seinen verblichenen Anzug an, der den halben Krieg überdauert hatte, befestigte den Schnurrbart unter der Nase, steckte die Pfeife an und wurde der, als den ihn jeder kannte, nämlich Genosse Koba. Bevor er sich jedoch unter die Leute begab, trat er vor den großen Spiegel, der an der Wand gegenüber seinem Bett hing. Mit der Pfeife in der Hand ging er geschmeidigen Schrittes vor dem Spiegel auf und ab, wobei er sein Spiegelbild von der Seite betrachtete. Er war zufrieden mit diesem Spiegelbild. Es vermittelte eine gewisse Majestät und Würde des widerspiegelnden Objekts, wenn man nicht allzu genau hinschaute. Doch wer wird sich schon herausnehmen, den Genossen Koba genau in Augenschein zu nehmen? Schmunzelnd nickte Koba seinem Spiegelbild zu und kroch den gewohnten Weg durch den Safe in sein Arbeitszimmer. Hier setzte er sich auf seinen Stuhl und nahm die bewußte Pose ein, so daß es aussah, als ob er ununterbrochen, Tag und Nacht arbeite.

Ohne seine Haltung zu ändern, drückte er auf den Klingelknopf. Es erschien sein persönlicher Sekretär, Genosse Pochlebyschew.

»Hör mal her, mein Lieber«, sagte Genosse Koba zu ihm, »was läufst du da mit deinen Zetteln durch die Gegend, als wärest du irgendsoein Bürokrat, na, ist doch wahr. Trommle lieber unsere Jungs zusammen, sollen nach der Arbeit herkommen – man sollte irgendwie ausspannen, für Abwechslung sorgen, ein bißchen miteinander plaudern, sich im engeren Freundeskreis ein wenig amüsieren.«

Pochlebyschew ging und kam zurück.

»Habe alle zusammengetrommelt, erwarten Euch, Genosse Koba.«

»Bestens, sollen warten.«

Er hatte nämlich gerade damit begonnen, sich eine höchst spannende Sache vorzunehmen: Er schnitt aus der neuesten Nummer von ›Ogonjok‹ Fotos von Aktivisten aus und klebte die Männerköpfe an die Frauenkörper und umgekehrt. Was dabei herauskam, war ein äußerst interessantes Kunstwerk. Allerdings brauchte er für das Ganze ziemlich viel Zeit.

Endlich erschien er in dem Zimmer, wo man auf ihn wartete. Auf dem Tisch standen drei Reihen Flaschen, eine Reihe »Moskowskaja«, eine Reihe Mineralwasser und eine Reihe Wein, trocken, Marke »Sinandal«. Auch für einen Imbiß war reichlich gesorgt. Die Jungs nahmen, um jegliche Verwirrung zu vermeiden, ihren Platz am Tisch in alphabetischer Reihenfolge ein: Leonti Arija, Nikolai Borstschew, Efim Werschilow, Laser Kasanowitsch, Georgi Merenkow, Opanas Mirsojan und Motscheslaw Molokow. Als Koba eintrat, erhoben sich alle von ihren Stühlen und begrüßten den Eintretenden unter stürmischem Applaus und ebenso stürmischen Hochrufen:

»Gegrüßt sei Genosse Koba! – Ehre dem Genossen Koba! – Es lebe Genosse Koba!«

Genosse Koba ließ den Blick über die Gesichter der Jungs gleiten und zeigte sich verwundert, als er die Lücke zwischen Werschilow und Kasanowitsch bemerkte.

»Und wo ist unser treuer Kampfgenosse Shbanow?« fragte er interessiert.

Pochlebyschew trat hinter seinem Rücken hervor und meldete:

»Genosse Shbanow hat gebeten, später kommen zu dürfen. Seine Frau liegt im Krankenhaus im Sterben und hat den Wunsch geäußert, er möge die letzten Minuten bei ihr sein.«

Genosse Kobas Blick verfinsterte sich. Ein leichter Schatten flog über sein Gesicht.

»Interessante Lage, die sich da ergibt«, sagte er, ohne die bittere Ironie seiner Worte verbergen zu wollen. »Wir sind hier zusammengekommen, warten, und ihm sind, wie ihr seht, weibliche Launen mehr wert als Rücksicht auf seine Genossen. Nun ja, also warten wir noch.«

Betrübt schüttelte er den Kopf und ging, um in sein Arbeitszimmer zurückzukehren. Es gab so gut wie nichts mehr, womit er sich hätte beschäftigen können: Die Bilder aus ›Ogonjok‹ hatte er alle ausgeschnitten, blieb also nur noch ein Kreuzworträtsel. Er schob Pochlebyschew das Kreuzworträtsel zu.

»Du liest, und ich suche die Lösung. Was haben wir da in der Waagerechten?«

»Erste illegale georgische Zeitung«, las Pochlebyschew und rief auch gleich selber: »Brdsola! Brdsola!«

»Du sollst mir nicht vorsagen!« Koba war ärgerlich. »Ich hätte es bei einiger Überlegung auch selber rausgekriegt. Na gut, jetzt senkrecht.«

»Größtes prähistorisches Tier«, las Pochlebyschew.

»Höchst einfach«, sagte Genosse Koba. »Das größte Tier ist der Elefant. Warum schreibst du nicht Elefant hin?«

»Paßt nicht, Genosse Koba«, sagte der Sekretär schüchtern.

»Paßt nicht? Ach ja, ein prähistorisches. Also schreib Mammut.«

Pochlebyschew beugte sich über das Kreuzworträtsel, pickte mit der Bleistiftspitze in jedes einzelne Kästchen und hob verzweifelt die Augen zum Genossen Koba auf.

»Paßt wieder nicht?« fragte Koba verwundert. »Was soll denn das? Gibt es denn ein größeres Tier als den Mammut? Gib mal her!« Er guckte, zählte, überlegte laut und zog dabei an seiner Pfeife. »Zehn Buchstaben. Erster Buchstabe B. Vielleicht Beutelbär, wie? Nein, Blutsauger oder Bisamratte, aber das sind alles ziemlich kleine Tiere, soviel ich weiß. Wie wär's, wenn wir unseren berühmten Biologen anriefen? Was sollen wir hier herumraten, soll er doch eine wissenschaftliche Antwort auf die Frage geben: Hat es ein Tier mit B gegeben, das größer war als ein Mammut – oder nicht? Und wenn nicht, dann ist der Autor dieses Kreuzworträtsels nicht zu beneiden.«

Zu später Nachtstunde schrillte in der Wohnung des Akademiemitglieds Pleschiwenko laut das Telefon. Eine heisere und gebieterische Stimme verlangte dringend das Akademiemitglied an den Apparat.

Aus dem Telefonhörer war die aufgebrachte Stimme der schlaftrunkenen Frau des Akademiemitglieds zu hören:

»Genosse Pleschiwenko kann nicht ans Telefon kommen. Er ist unpäßlich und schläft.«

»Wecken!« lautete darauf der knappe Befehl.

»Was erlauben Sie sich!« Die Frau geriet in Harnisch. »Wissen Sie nicht, mit wem Sie reden?«

»Weiß ich«, antwortete die Stimme ungeduldig. »Wecken!«

»Das ist doch unerhört! Ich werde mich beschweren! Werde die Polizei verständigen!«

»Wecken!« insistierte das Telefon.

Inzwischen jedoch war das Akademiemitglied bereits von allein wachgeworden.

»Troscha«, seine Frau stürzte auf ihn zu, »Troscha, hörst du?«

Troscha nahm mißmutig den Hörer auf und hörte:

»Genosse Pleschiwenko? Genosse Koba persönlich möchte augenblicklich mit Ihnen sprechen.«

»Genosse Koba?«

Pleschiwenko wurde wie vom Wind aus dem Bett gefegt. Nur in Unterhosen und mit nackten Füßen stand er auf dem kalten

Fußboden. Seine Frau neben ihm erstarrte mit einem Gesichtsausdruck zwischen Beglückung und Entsetzen.

»Genosse Pleschiwenko«, ertönte im Hörer die bekannte Stimme mit dem kaukasischen Akzent, »entschuldigen Sie, daß ich so spät bei Ihnen anrufe ...«

»Aber wie denn, Genosse Koba«, Pleschiwenko geriet ganz außer sich, »ich bin ja so glücklich ... Meine Frau und ich ...«

»Genosse Pleschiwenko«, unterbrach ihn Koba, »ich rufe Sie eigentlich dienstlich an. Einige unserer Genossen haben nämlich eine einigermaßen seltsame und ungewöhnliche Idee gehabt: Wie wäre es, wenn man im Hinblick auf die Anhebung der Fleisch- und Milchproduktion für unsere Fauna das größte prähistorische Tier wiedereinführen würde ... Verflixt, da fällt mir doch sein Name nicht mehr ein. Weiß nur, daß es zehn Buchstaben hat und mit B anfängt.«

»Brontosaur?« fragte nach kurzem Überlegen Pleschiwenko unsicher.

Koba zählte schnell an den Fingern ab:

»Be, er, o, en ...« hier hielt er die Hand über den Hörer und flüsterte Pochlebyschew, verschmitzt bedeutungsvoll lächelnd, zu: »Schreib hin Brontosaur.« Und in den Hörer sagte er laut: »Ganz richtig, genau der! Brontosaur. Wie stehen Sie zu dieser Idee?«

»Genosse Koba«, Pleschiwenko geriet ganz durcheinander, »das ist eine äußerst mutige und originelle Idee ... Das heißt, ich wollte sagen, das ist einfach ...«

»Genial!« sagte seine Frau, die aus ihrer Erstarrung erwacht war, und stieß das Akademiemitglied mit der Faust in die Seite. Sie wußte zwar nicht genau, worum es ging, aber sie wußte, daß das Wort genial in solchen Fällen nie falsch am Platze war.

»Das ist einfach genial!« erklärte das Akademiemitglied entschieden, und seine Augen stierten weit aufgerissen in den Raum.

»Für mich ist das einfach bloß eine Arbeitshypothese«, sagte Genosse Koba schlicht. »Wir sitzen, arbeiten, denken.«

»Aber es ist eine geniale Hypothese«, widersprach das Akademiemitglied mutig. »Ein imposanter Plan zur Umgestaltung der Tierwelt. Wenn Sie nur freundlicherweise unserem Institut zumindest Einzelaspekte des Problems zur Ausarbeitung überlassen wollen ...«

»Mir scheint, darüber müßte man noch sehr gründlich nachdenken. Verzeihen Sie nochmals, daß ich Sie noch zu so später Stunde angerufen habe.«

Pleschiwenko stand noch lange, den Hörer ans Ohr gepreßt und angespannt den fernen, schnell aufeinanderfolgenden Summtönen lauschend, und flüsterte andächtig, aber laut:

»Ein Genius! Welch ein Glück, daß es mir gegeben ist, in ein und derselben Epoche mit ihm leben zu dürfen!«

Das Akademiemitglied war sich nicht ganz sicher, gehört zu werden, hoffte jedoch, dem sei so.

Als Genosse Koba in das Zimmer zurückkehrte, wo man zusammengekommen war, fand sich alles in bester Ordnung: Anton Shbanow hatte herangeschafft und wie vorgesehen plaziert werden können. Leonti Arija goß Wodka in Römer und Genosse Koba brachte den ersten Toast aus:

»Liebe Freunde«, sagte er, »ich habe euch hierher rufen lassen, um im engen Freundeskreis die kürzeste Nacht, die soeben angebrochen ist, und den längsten Tag, der ihr folgen wird, würdig zu begehen ...«

»Hurrah!« brüllte Werschilow.

»Nicht so voreilig«, Koba runzelte die Stirn. »Nie kannst du deine Zunge im Zaum halten. Ich möchte einen Toast ausbringen darauf, daß alle unsere Nächte kurz und alle unsere Tage lang sein mögen ...«

»Hurrah!« brüllte Werschilow.

»Verflucht noch mal, zum deine Mutter ...!«

Genosse Koba spuckte ihm wutentbrannt ins Gesicht.

Werschilow wischte die Spucke mit dem Ärmel ab und grinste.

»Ebenso möchte ich einen Toast ausbringen auf unseren allerweisesten Repräsentanten, unseren allerstandhaftesten Revolutionär, unseren allergenialsten ...«

Werschilow wollte auf alle Fälle noch einmal Hurrah brüllen, wohl wissend, daß man Grütze durch Butter nicht verderben kann, doch diesmal gelang es Genosse Koba, ihm direkt in seinen zum Brüllen aufgerissenen Mund zu spucken.

»... unseren großen Praktiker und Theoretiker, unseren Genossen ...« Koba machte eine vielsagende Pause und schloß klar und deutlich: »Molokow.«

Im Zimmer trat Stille ein. Merenkow und Mirsojan warfen einander Blicke zu, Borstschew knöpfte den Kragen seines ukrainischen Hemdes auf, Arija klatschte in die Hände und griff sich an seine Gesäßtasche, aus der irgend etwas Kantiges hervorschaute.

In der Tür erschienen zwei Gestalten und erstarrten wortlos.

Molokow wurde bleich, schob sein Glas beiseite und klammerte sich im Aufstehen an den Stuhlrücken, um nicht zu fallen.

»Genosse Koba«, sagte er vorwurfsvoll und mit bleierner Zunge, »was soll das? Sie beleidigen mich zu unrecht. Sie wissen sehr wohl, daß ich das nicht verdient habe – nicht einmal in Gedanken hat es bei mir dergleichen gegeben. All mein bescheidenes Tun und Wirken ist nichts als das Spiegelbild Eurer großen Ideen. Ich bin, wenn man es so ausdrücken darf, nur ein gemeiner Verkünder des Kobismus, der erhabensten Lehre unserer Epoche. Ich bin, so Ihr es befehlt, bereit, alles für Euch zu opfern, ja selbst mein Leben. Ihr als der standhafteste aller Revolutionäre, Ihr, der große Praktiker und Theoretiker ...«

»Genius!« rief Arija und erhob sein Glas mit der Linken, da seine Rechte noch auf seiner Tasche lag.

»Hervorragender Baumeister!« konstatierte Merenkow.

»Bester Freund des armenischen Volkes«, warf Mirsojan ein.

»Und des ukrainischen«, fügte Borstschew hinzu.

»Und du, Antoscha, was schweigst du?« sagte Koba, zum traurigen Shbanow gewandt.

»Was soll ich schon sagen, Genosse Koba?« entgegnete Shbanow. »Die Genossen haben Eure vielseitige Rolle in der Geschichte und unserer lebendigen Gegenwart glänzend dargelegt.

Mag sein, daß wir noch viel zu wenig davon sprechen, mag sein, daß wir uns noch viel zu sehr der hehren Worte schämen, doch ist dies alles nun einmal die reine Wahrheit, ist alles in der Tat so, und unser Leben selbst liefert uns mit jedem Tage neu zahlreiche überzeugende Beispiele dafür, daß der Kobismus immer tiefer, immer tiefgreifender in das Bewußtsein der Massen eindringt und fürwahr zum Leitstern für die gesamte Menschheit wird. Ich aber, Genosse Koba, möchte hier, in der ungezwungenen Atmosphäre unter uns Genossen noch ein großartiges Talent in Erinnerung rufen, über das Ihr verfügt, das Ihr jedoch in der Euch eigenen Bescheidenheit nicht gern zur Sprache bringt. Was ich meine, ist Euer literarisches Talent. Ja, Genossen«, sagte er mit erhöhter Stimme und nun allen zugewandt, »unlängst hatte ich Gelegenheit, wieder einmal die alten Verse des Genossen Koba zu lesen, die er unter dem Pseudonym Sosello geschrieben hat. Und ich muß in aller Offenheit sagen, daß diese Gedichte gleich kostbaren Perlen ein Schmuckstück für den Born einer jeglichen nationalen Literatur, ja der gesamten Weltliteratur darstellen dürften, und wenn es Puschkin vergönnt wäre, hier und heute zu leben ...«

An dieser Stelle begann Shbanow in Tränen auszubrechen.

»Hurrah!« brüllte Werschilow, diesmal jedoch leise und völlig umsonst.

Die Atmosphäre entspannte sich. Leonti klatschte in die Hände, und die zwei Gestalten in der Tür verschwanden wortlos. Genosse Koba wischte sich eine verstohlene Träne von der Wange. Mag sein, daß er es nicht liebte, wenn man ihm derlei Worte sagte. Weit weniger indessen liebte er es, wenn man ihm derlei Worte nicht sagte.

»Seid bedankt, liebe Freunde«, sagte er mit tränenerstickter Stimme. »Dank euch, daß ihr meine bescheidenen Verdienste am Volk so hoch einschätzt. Ich für meine Person bin der Ansicht, daß meine Lehre, die ihr so treffend Kobismus benannt habt, recht eigentlich nicht deshalb gut ist, weil sie von mir stammt, sondern deshalb, weil sie eine fortschrittliche Lehre ist. Und ihr, liebe Freunde, habt nicht wenig dazu beigetragen, sie dergestalt wahrhaft fortschrittlich werden zu lassen. Laßt uns also ohne alle falsche Bescheidenheit auf den Kobismus trinken.«

»Auf den Kobismus! Auf den Kobismus!« fielen die Genossen ein. Sie ließen die Gläser klingen, einmal und gleich noch einmal. Nach dem vierten Glas verlangte Genosse Koba nach Unterhaltung und bat Borstschew, einen Hopak vorzutanzen.

»Ukrainerschopf, du bringst den bestens«, spornte er ihn an.

Borstschew ging auf der Stelle in die Hocke und begann zu tanzen. Shbanow begleitete ihn auf dem Klavier, alle anderen klatschten dazu in die Hände.

In diesem Moment kam der Adlatus und überbrachte Shbanow ein Telegramm mit der Nachricht, daß seine Frau im Krankenhaus verstorben sei. Diese Mitteilung versetzte Shbanow in Zorn.

»Stören Sie mich nicht«, sagte er zu dem Adlatus. »Sie sehen doch, daß ich beschäftigt bin.«

Der Adlatus entfernte sich. Indessen ging Genosse Koba schweren Schrittes auf Shbanow zu. Mit seiner rauhen Männerhand strich er dem treuen Kampfgenossen übers Haar.

»Du bist ein wirklicher Bolschewik, Antoscha«, sagte er eindringlich und zu Herzen gehend.

Shbanow hob seine treuergebenen, tränenverschleierten Augen zu seinem Lehrmeister auf.

»Nur zu, spiele«, sagte Genosse Koba. »Aus dir hätte ein großartiger Musiker werden können. Doch all deine Kraft, dein ganzes Talent hast du unserer Partei, unserem Volk gegeben.«

Koba ging an den Tisch zurück und nahm gegenüber Molokow, Mirsojan und Merenkow Platz, die über irgendetwas miteinander redeten.

»Worum geht es?« fragte Genosse Koba interessiert.

»Wir sprechen gerade«, antwortete Molokow, der in der Mitte saß, bereitwillig, »darüber, daß der Vertrag mit Adik, wie er auf Eure Initiative hin zustande gekommen ist, überaus weise, termingerecht und zeitgemäß gewesen ist«.

Koba runzelte die Stirn. Von allem, was so zur Sprache kam, wollte er am allerwenigsten an diesen verfluchten Vertrag erinnert werden.

»Interessant«, sagte er und schaute unverwandt auf Molokow, »es würde mich interessieren, Motscha, warum du eine Brille trägst?«

Erneut lag Gewitterstimmung in der Luft. Shbanow begann um einiges leiser zu spielen. Borstschew blickte aus seiner Hocke einmal auf Molokow, einmal auf Koba. Merenkow und Mirsojan zogen sich auf alle Fälle jeder an sein Tischende zurück.

Molokow, weiß wie die Wand, stellte sich auf seine nicht gehorchen wollenden Beine und blickte, da er nicht wußte, was er sagen sollte, schweigend auf den Genossen Koba.

»Du kannst mir also nicht sagen, warum du eine Brille trägst?«

Molokow schwieg.

»Aber ich weiß es. Ich weiß sehr wohl, warum du eine Brille trägst. Nur werde ich's dir vorläufig nicht sagen. Ich will nämlich, daß du selber deinen Kopf anstrengst und mir offen und ehrlich sagst, warum du eine Brille trägst.«

Koba drohte Molokow mit dem Finger, ließ plötzlich den Kopf vornüber in den Teller voll grüner Erbsen fallen und schlief auf der Stelle ein.

»Muß mir die Beine vertreten«, sagte Mirsojan munter und kroch mit selbstsicherer Miene hinter dem Tisch hervor. Auch Merenkow kam hervorgekrochen. Werschilow und Kasanowitsch nutzten die unbeaufsichtigte Lage, setzten sich in die Ecke und spielten Karten. Borstschew hatte keine Erlaubnis erhalten, sich auszuruhen und tanzte immer noch weiter nach Shbanows Klavierklängen, pfuschte aber und ging nicht richtig in die Hocke, sondern zog die Beine nur ein bißchen ein.

Arija spielte ganz mit sich allein »Messerchen«.

Dieses friedliche Bild stürzte mit einem Mal völlig unerwartet in sich zusammen. Werschilow holte plötzlich mit der Hand aus und versetzte Kasanowitsch eine schallende Ohrfeige. Kasanowitsch wollte das nicht auf sich sitzen lassen und verkrallte sich mit Gekreisch in Werschilows Visage. So wälzten sie sich auf dem Boden. Von dem Lärm wachgeworden, hob Genosse Koba höchst persönlich den Kopf. Als sie das bemerkten, ging Borstschew mit neuer Kraft in die Hocke, Shbanow legte ein schnelleres Tempo vor und Merenkow und Mirsojan begannen sich im Takt der Musik wieder hinter den Tisch zu klemmen.

»Genug«, Koba winkte Borstschew zornig mit der Hand. »Ruh dich aus.«

Nikola ging schwankend auf den Tisch zu und kippte ein großes Glas Mineralwasser herunter.

Werschilow und Kasanowitsch hatten die Karten fallenlassen und wälzten sich immer noch am Boden. Kasanowitsch war es gelungen, seinen Gegner am rechten Ohr zu packen, während Werschilow es darauf abgesehen hatte, Kasanowitsch eins mit dem Knie unterhalb der Gürtellinie zu versetzen. Koba rief Arija zu sich heran.

»Hör mal, Leonti, was sind das für Leute? Sind das unsere Führer oder sind das Gladiatoren?«

Arija hatte sich die Knie abgeklopft und stand nun vor Koba mit seinem krummen kaukasischen Dolch, genau dem, mit dem er gerade »Messerchen« gespielt hatte.

»Mit Gewalt auseinanderbringen, oder?« fragte Arija finster, während er die Klinge mit dem Fingernagel prüfte.

»Sei so gut. Nur, nimm bitte den Dolch weg. Gott weiß, es könnte ein Unglück geschehen.«

Leonti ließ den Dolch im Gürtel verschwinden, ging auf die Raufenden zu und versetzte zunächst dem einen und dann dem anderen einen Fußtritt. Beide sprangen auf und stellten sich mit ganz unbeschreiblicher Visage vor den Genossen Koba hin. Werschilows Gesicht war blutverschmiert und Kasanowitsch betastete vorsichtig den anschwellenden blauen Fleck unter seinem linken Auge.

»Nanu!« Koba schüttelte den Kopf. »Und solchen Leuten hat unser Volk sein Schicksal anvertraut. Um was habt ihr denn da gespielt?«

Die beiden Gegner senkten beschämt die Köpfe.

»Heraus damit, ich frage euch!«

Kasanowitsch blickte Koba mißtrauisch an.

»Um nichts, Genosse Koba.«

»Um nichts?«

»Einfach so, Genosse Koba. Einfach so, zum Spaß.«

»Ich verstehe nicht...« Genosse Koba breitete verwundert die Arme aus. »Was sind das eigentlich für Herrschaften hier? Führer? Leiter? Oder einfach Gauner? Und warum habt ihr nicht Halbe Halbe gemacht?«

»Der Itzig schummelt nun mal«, wagte sich Werschilow vor.

»Was ist das für ein Wort, Itzig?« fragte Koba aufgebracht.

»Pardon, der Jude«, korrigierte sich Werschilow.

»Dummer Kerl«, seufzte Koba. »Antisemit. Wie oft habe ich dir schon gesagt, du sollst deine Großmachtallüren sein lassen. Ich gebe dir eine Woche, alle meine Arbeiten zur nationalen Frage vorzunehmen und gründlichst zu studieren. Hast du mich verstanden?«

»Habe ich.«

»Geh jetzt. Und du, Kasanowitsch, verhältst dich auch nicht ganz korrekt. Ihr Juden liefert mit eurem herausfordernden Verhalten und eurem ganzen Gehabe die beste Grundlage für den Antisemitismus. Ich habe diesen Kampf gegen den Antisemitismus satt, und irgendwann werde ich ganz einfach genug haben davon.«

Er wollte diesen Gedanken noch weiter ausspinnen, aber da erschien Pochlebyschew.

»Genosse Koba, eine Meldung ist eingegangen: Adiks Truppen sind bis dicht an die Grenze vorgerückt.«

Bei diesen Worten wurde es Genosse Koba ungemütlich.

»Komm her«, sagte er zu seinem Sekretär. »Neig den Kopf.«

Er nahm seine verlöschende Pfeife vom Tisch und begann sie auf Pochlebyschews sich lichtendem Scheitel auszuklopfen.

»Adik ist mein Freund«, sagte er, als wolle er diese Worte in den Kopf des Sekretärs einhämmern. »Bei uns im Kaukasus ist es

Brauch, daß einer für den andern mit Leib und Seele einsteht. Es läßt sich verzeihen, wenn man Schwester oder Bruder beleidigt, es läßt sich auch verzeihen, wenn man Vater oder Mutter beleidigt, aber einen Freund beleidigen ist unverzeihlich. Und wenn du meinen Freund beleidigst, beleidigst du mich.«

Er warf die Pfeife auf den Tisch und hob Pochlebyschews Kinn mit einem Finger hoch: Über Pochlebyschews Gesicht liefen große Tränen.

»Oh, du weinst!« Genosse Koba zeigte sich verwundert. »Warum weinst du, sag mir?«

»Ich weine, weil Ihr so ergreifend über Freundschaft gesprochen habt«, sagte Pochlebyschew unter Schluchzen und Zucken der Nasenflügel.

Genosse Koba wurde weich.

»Schon gut«, sagte er mit wärmer werdender Stimme. »Ich weiß ja, du bist ein guter Kerl, du siehst nur so böse aus. Geh, ruh dich aus und sag dem Doktor, er soll dir den Kopf mit Jod einreiben. Hoffentlich gibt es keine Infektion.«

Anschließend rief Genosse Koba alle an den Tisch und machte den Vorschlag, auf die Freundschaft zu trinken.

»Genosse Koba«, fragte Molokow, »darf ich mit Euch trinken?«

Koba antwortete nicht und tat so, als habe er die Frage überhört. Molokow hielt einen Römer voll Wodka in der Hand und stellte ihn unentschlossen wieder hin.

Darauf brachte Genosse Koba den Wunsch zum Ausdruck, ein wenig Musik machen zu wollen. Er ging ans Klavier und sang, während er sich mit einem Finger selbst begleitete, ein bekanntes Schnadahüpfl folgenden Inhalts:

Ich war in den Bergen
Und gab's meiner Sorka …
Denkt nur nichts Schlechtes,
Ich gab ihr Machorka.

Alles fing einmütig an zu lachen und zu applaudieren. Genosse Shbanow umriß in einer kurzen Rede den hohen künstlerischen Wert des Werkes. Werschilow zog einen Notizblock und einen Bleistiftstummel aus der Tasche und bat um Erlaubnis, sich den Text notieren zu dürfen.

»Ich werde ihn mir auch aufschreiben«, sagte Borstschew. »Ich schlafe morgen mit Shinka. Die wird sich den Bauch halten vor Lachen.«

»Soll sie lachen.«

Koba ging an seinen Platz zurück, setzte sich an den Tisch und schlief, den Kopf auf die Arme gelegt ein.

Es brach die früheste Morgendämmerung dieses Sommers an. Draußen, hinter den Fenstern, wurde es nach und nach hell, als werde Tinte langsam und stetig mit Wasser verdünnt. Auf dem Hintergrund des lichter werdenden Himmels zeichneten sich zunehmend deutlicher und schärfer die goldenen Kuppeln der Kirchen ab.

Es war einiges getrunken worden, und die ganze Gesellschaft war müde. Genosse Koba schlief am Tisch. Arija duselte im Halbschlaf auf dem Sofa vor sich hin, halb liegend, halb sitzend, die Hand an der Gesäßtasche. Mirsojan schnarchte, die Fußsohle an Merenkowas Wange, laut und vernehmlich unter dem Tisch. Molokow saß mit steinernem Gesicht und ohne auch nur die geringste Bewegung zu riskieren, vor dem Genossen Koba. Kasanowitsch und Werschilow hatten sich versöhnt und spielten Karten. Shbanow, die Stirn an die kühle Wand gelehnt, versuchte zu erbrechen. Allein Borstschew wanderte mit dermaßen angespannter Miene durchs Zimmer, als habe er irgend etwas verloren und versuche, es wiederzufinden. Er war offenbar nüchtern geworden, und nun plagten ihn Kopfweh und der große Katzenjammer, während ihm unklare und düstere Gedanken durch den Kopf gingen. Voller Verständnis und Mitgefühl, die Stirn in Falten, stellte er sich neben Shbanow in Positur und befahl ihm geduldig die Anwendung des alten Volksmittels: zwei Finger in den Hals! Shbanow brummte irgend etwas Undefinierbares und schüttelte den Kopf. Borstschew ging zu den Kartenspielern und fing aus purer Neugier an, das Spiel zu verfolgen, aber Werschilow jagte ihn schon sehr bald auf und davon. Borstschew fixierte Leontij, und als er sich überzeugt hatte, daß dieser schläft, setzte er sich zu Molokow, nicht ohne eine gewisse Distanz zu halten. Im Bestreben, das Interesse des Nachbarn auf sich zu lenken, seufzte er vernehmlich. Molokow schielte, ohne auch nur den Kopf zu wenden, in Richtung Borstschew. Der blinzelte ihm zur Antwort bedeutungsvoll zu und sagte im Flüsterton:

»Ich würde einstweilen die Brille abnehmen. Genosse Koba ist in letzter Zeit sehr nervös, und du solltest ihn nicht reizen. Er wird es vergessen, und dann kannst du sie wieder aufsetzen.«

Er nahm eine Gurke, biß ein Stück ab und spuckte es wieder aus, die Gurke war bitter. Er warf Koba einen verdächtigen Blick zu und seufzte abermals. Wirklich schwierig, mit ihm zu arbeiten. Ist schließlich nicht einfach ein Mensch, ist ein Genius. Und ich, was soll ich hier? Habe schließlich früher in der Grube gearbeitet und Kohle gehauen. Man kann zwar nicht behaupten, daß die Arbeit sehr sauber gewesen wäre, aber immerhin, leben ließ sich davon. Und jetzt, jetzt bin ich unter die Führer geraten und in den Straßen hängen Porträts von mir, jedermann, dem ganzen Volk vor Augen. Aber was soll schon für ein Führer werden aus mir, wenn meine ganze Bildung aus drei Klassen besteht plus Höherer Parteischule? Ihr seid schließlich alle hervorragende Leute. Theoretiker. Von dir sagt das Volk, du könntest zwölf Sprachen. Ich hingegen fühle mich als Ukrainer und habe in der Ukraine gelebt, kann aber deren Sprache dort nicht sprechen, und wenn du mich totschlägst. Ist irgendwie seltsam. Bei uns zum Beispiel heißt es Stiege, und bei denen Treppe. Als würde er zum ersten Mal in seinem Leben durch Eigenheiten einer ihm unverständlichen Sprache in Erstaunen versetzt, brach Borstschew in Gelächter aus.

Auch Molokow mußte lächeln. Die Gerüchte über seine Fremdsprachenkenntnisse waren gewaltig übertrieben. Genosse Koba hatte sie nun mal alle irgendwann, um die Autorität der

Führungsmannschaft zu heben, mit Qualitäten ausgestattet, von denen sie bis dahin nicht einmal eine Ahnung hatten. So war Merenkow zum größten Philosophen und Theoretiker des Kobismus avanciert, Mirsojan zum Großhandelskaufmann, Kasanowitsch zum Techniker, Arija zum Psychologen, Werschilow zu einem bedeutenden Feldherrn, Shbanow zum Spezialisten für sämtliche Kunstbereiche, Borstschew zum Ukrainer und er, Molokow, weil er ein paar Fremdwörter und entsprechende Wendungen kannte, zum Polyglotten.

Natürlich sagte Molokow seinem Gesprächspartner nichts von alledem, sagte vielmehr nur, daß es auch für ihn kein Zuckerschlecken sei, hier und so zu leben.

»Aber etwas sehe ich nicht ein«, seufzte Borstschew. »Man kann doch nicht einfach so jemanden schikanieren, bloß, weil er Brille trägt. Fragt der doch, warum trägst du eine Brille! Könnte ja sein, weil es dir nun mal gefällt! Also ich für meine Person«, ereiferte sich Nikola, »würde ihm für sowas in die Visage spukken, ungeniert.«

In diesem Moment begann sich Genosse Koba zu bewegen. Borstschew erstarrte, eiskalt vor Schreck, doch erwies sich seine Sorge als unbegründet – Genosse Koba bewegte sich zwar, wurde aber nicht wach. »Was für ein Narr«, dachte Nikola erleichtert. »Das reinste Plappermaul. Mit dem Maul, da kann man vielleicht reinfallen!« Er beschloß, nicht mehr mit seinem in Ungnade gefallenen Kollegen zu reden, konnte sich aber nicht beherrschen und neigte sich erneut an Molokows Ohr.

»Hör mal, Motscheslaw«, flüsterte er, »wie wäre es, wenn wir ihn bäten, uns gehen zu lassen? Denn wenn er wirklich ein Genius ist, wird er schon selber imstande sein, alles zu regeln. Und unsereiner, was soll der da noch für ihn tun können?«

»Schön und gut«, sagte Molokow. »Aber wovon soll man leben?«

»Wir gehen eben in die Grube. Kohle hauen werde ich dir schon beibringen, das ist ganz einfach. Haust von unten eine Schicht weg, und oben trägst du sie ab. Man verdient natürlich nicht das, was man hier kriegt, dafür ist das Risiko geringer. Verschüttet werden kann man schon, aber das bloß einmal, aber hier stirbt man doch jeden Tag vor Angst.«

Er zuckte zusammen und nahm Haltung an, denn von hinten war irgendein Atmen zu hören. Hinter ihm stand Arija. Während er sich mit dem Stiel des Dolches hinterm Ohr kratzte, wanderte sein Blick voller Neugier von einem Gesprächspartner zum andern.

»Würde mich interessieren, worum es geht bei eurem spannenden Gespräch?« fragte er, wobei er Genosse Kobas Art zu sprechen nachahmte.

»Hast du zugehört oder nicht?« schoß es wie der Blitz gleichzeitig aus beider Munde.

»Habe ich«, entschied Molokow und hatte damit den sichersten Ausweg aus der Lage gefunden.

»Da hat doch der Genosse Borstschew«, sagte er mit einer gewissen Portion Sarkasmus, »den Vorschlag gemacht, ich solle mich gemeinsam mit ihm aus der aktiven Tätigkeit zurückziehen und in die innere Emigration gehen.«

Aber Borstschew war auch nicht auf den Kopf gefallen.

»Du Idiot«, sagte er und warf sich in die Brust. »Ich wollte doch bloß testen, was in dir vorgeht! Dir glaubt sowieso keiner, schließlich weiß jeder, daß ich keine Brille trage, daß ich klaren Auges in Genosse Kobas Augen und die lichten Fernen unserer Zuzukunft schaue.«

»Das ist es eben, Zuzukunft«, äffte ihn Molokow nach, »du solltest erst mal Russisch lernen, und dann ...«

Er kam nicht dazu, den Satz zu beenden. Zu beider Glück stürmte Pochlebyschew ins Zimmer – mit einem Verband um den Kopf.

»Genosse Koba! Genosse Koba!« schrie er von der Tür her und kriegte dafür auf der Stelle von Leonti eine um die Ohren.

»Siehst du denn nicht«, sagte Leonti, »daß Genosse Koba mit seinem vormorgendlichen Schlaf beschäftigt ist? Was ist denn überhaupt los?«

Pochlebyschew zitterte, außergewöhnlich erregt, und stammelte immer wieder nur ein Wort: Adik. Nur mit großer Mühe war aus ihm herauszuholen, daß Adiks Truppen die Grenzen überschritten hatten und ins Land strömten.

Auf der Stelle fand eine unvorhergesehene, außerordentliche Sondersitzung statt. Den Vorsitz hatte Leonti Arija. Zum Ehrenvorsitzenden wurde der auf der Stelle wieder eingeschlafene Genosse Koba gewählt. Man begann zu überlegen, was zu geschehen habe. Werschilow sagte, es sei unerläßlich, die allgemeine Mobilmachung zu verkünden. Kasanowitsch machte den Vorschlag, unverzüglich sämtliche Brücken und Bahnhöfe zu sprengen. Mirsojan ergriff das Wort zu einer Entgegnung und äußerte die Bemerkung, daß man zwar rechtzeitig und in sachlicher Atmosphäre zusammengekommen sei, jedoch nicht umhin könne, die Tatsache der Anwesenheit und gleichzeitigen Abwesenheit des Genossen Koba in Betracht zu ziehen.

»Wir«, sagte er, »können natürlich diese oder jene Entscheidung treffen, indessen ist es kein Geheimnis, daß keiner von uns gegen schwerwiegende Fehler gefeit ist...«

»Wir stellen doch aber ein Kollektiv dar«, sagte Kasanowitsch.

»Ein Kollektiv, Genosse Kasanowitsch, besteht, wie Sie wissen, aus einzelnen Personen. Wenn eine einzelne Person in der Lage ist, einen Fehler zu machen, sind mehrere Personen in der Lage, mehrere Fehler zu machen. Eine weise und richtige, fehlerfreie Entscheidung kann nur ein einziger Mensch treffen. Dieser Mensch ist Genosse Koba, doch ist er leider im Augenblick mit seinem vormorgendlichen Schlaf beschäftigt.«

»Was heißt hier leider?« mischte sich Leonti Arija ein. »In diesem Punkt sehe ich mich genötigt, den Genossen Mirsojan zurechtzuweisen. Es ist ein großes Glück, daß in dieser für uns alle schweren Zeit Genosse Koba mit seinem vormorgendlichen Schlaf beschäftigt ist und Kräfte sammelt, um weitere weise Entscheidungen treffen zu können.«

Kompetenzgemäß ergriff Merenkow das Wort. Er sagte:

»Ich kann dem Genossen Arija nur voll und ganz darin

beipflichten, daß er den Genossen Mirsojan für seine unüberlegte Äußerung zurechtgewiesen hat. Genosse Mirsojan hat allem Anschein nach nicht in verbrecherischer Absicht gesprochen, und die von ihm vorgebrachte Äußerung dürfte als ein schlichtes Versehen zu werten sein, obgleich es natürlich bisweilen einigermaßen schwierig sein dürfte, eine einigermaßen klare Grenze zwischen einem schlichten Versehen und verbrecherischer Absicht zu ziehen. Gleichzeitig wäre es meiner Ansicht nach durchaus angezeigt zuzugeben, daß Genosse Mirsojan völlig im Recht ist, wenn er die Auffassung vertritt, daß allein Genosse Koba eine richtige, weise und prinzipielle Entscheidung im Hinblick auf den verräterischen Überfall Adiks treffen kann. Im Zusammenhang damit erhebt sich indessen eine zweite Frage, ein Problem, das der unverzüglichen Lösung bedarf, die Frage nämlich, die ich hiermit auf der Stelle geklärt zu haben wünsche: Soll Genosse Koba sofort geweckt werden oder sollte man warten, bis er von alleine aufwacht?«

In dieser Frage gingen die Ansichten der Genossen auseinander. Einige hielten dafür, daß man ihn wecken müsse, andere schlugen vor zu warten, da Genosse Koba schließlich selber wisse, wann er zu schlafen und wann er aufzuwachen habe.

Genosse Shbanow beteiligte sich ungeachtet der Tatsache, daß er soeben erst die Mitteilung vom Tode seiner Frau erhalten hatte und sich aufgrund seiner Alkoholvergiftung unpäßlich fühlte, aktiv an der Diskussion und sagte, bevor man die Frage entscheide, ob man Genosse Koba wecken solle, müsse unbedingt im vorhinein eine Vorfrage sozusagen geklärt werden, inwieweit nämlich die Absichten Adiks ernstzunehmen seien und ob es sich nicht womöglich nur um eine Provokation dahingehend handle, den Schlaf des Genossen Koba stören zu wollen. Entscheiden jedoch, ob dieser Überfall ernstzunehmen sei oder ob es sich lediglich um eine Provokation handle, könne wiederum allein Genosse Koba persönlich.

Zu guter Letzt kamen zwei Fragen zur Abstimmung:

1. Soll Genosse Koba geweckt werden?

2. Soll Genosse Koba nicht geweckt werden?

Das Abstimmungsergebnis erwies sich wie folgt:

Wer ist dafür? – Niemand. Wer ist dagegen? – Niemand. Wer enthält sich der Stimme? – Niemand.

Im Protokoll wurde festgehalten, daß die Beschlüsse beide Fragen betreffend einstimmig angenommen worden sind. Genosse Mirsojan erhielt wegen Unüberlegtheit gewisser Äußerungen seitens seiner Person einen Verweis.

Nachdem das Protokoll aufgesetzt war, ergriff völlig unerwartet noch einmal Genosse Molokow das Wort. Er hatte begriffen, daß er sich nur noch durch aktives Handeln retten konnte und sagte, daß er angesichts der entstandenen Lage beabsichtige, den Genossen Koba unverzüglich zu wecken und die Verantwortung für alle Folgen seines Vorgehens auf sich nehmen werde. Darauf ging er entschlossen auf den Genossen Koba zu und begann, ihn an der Schulter zu rütteln.

»Genosse Koba, aufwachen!«

Genosse Koba schüttelte, ohne aufzuwachen, den Kopf und zuckte mit den Füßen.

»Genosse Koba, Krieg!« schrie Molokow ihm voller Verzweiflung direkt ins Ohr und rüttelte ihn diesmal dermaßen, daß Koba wach wurde.

»Krieg?« fragte er ungläubig und ließ, ohne zu begreifen, seinen Blick über die Gesichter seiner Mitarbeiter wandern. Er nahm eine Flasche Mineralwasser, goß sie sich über den Kopf und heftete seinen Blick auf Molokow. »Krieg mit wem?«

»Mit Adik.« Molokow hatte nichts mehr zu verlieren.

»Heißt das – Krieg?« Genosse Koba kam allmählich zu sich. »Und wann hat man ihn erklärt?«

»Das ist es ja gerade, Genosse Koba, darin liegt ja die treulose Gemeinheit: Der Krieg ist gar nicht erklärt worden.«

»Nicht erklärt worden?« wunderte sich Koba und stopfte sich die Pfeife mit Tabak aus einer Papirossa Marke »Kasbek«. »Interessant. Woher wißt ihr denn, daß Krieg ist, wenn er nicht erklärt worden ist?«

»Es ist eine Meldung eingegangen«, fügte Molokow verzweifelt hinzu. »Adik hat die Grenze überschritten.«

»Wenn doch aber der Krieg nicht erklärt worden ist, heißt das doch, daß kein Krieg ist, heißt, daß wir Kobisten ihn nicht anerkennen und nicht akzeptieren, denn etwas anerkennen, was nicht ist, heißt, in den Sumpf des Idealismus abgleiten. Ist es nicht so, Genossen?«

Die Genossen waren baff. Nicht einem von ihnen wäre ein derart glänzender Gedanke gekommen. Keiner von ihnen hätte ein dermaßen schwieriges Problem mit dermaßen genialer Leichtigkeit lösen können.

»Hurrah!« brüllte Werschilow mutig.

»Hurrah!« fielen die anderen ein.

»Und jetzt will ich schlafen« erklärte Genosse Koba entschieden. »Wer trägt mich?«

Molokow und Kasanowitsch packten den Lehrmeister unter den Armen. Werschilow kam ebenfalls angestürzt, doch zu spät.

»Brüllst am meisten von allen«, bemerkte Koba mißbilligend, »aber wenn es darum geht, zur Sache zu kommen, versagst du. Das nächste Mal bist du mir ein bißchen fixer. Und du, Motscha«, er klopfte Molokow auf die Wange, »bist ein aufrechter Kämpfer und Kobist, wie er sein muß, und ich sage dir geradeheraus, warum du eine Brille trägst. Du trägst deshalb eine Brille, weil du schlecht siehst und jeder, der nicht gut sieht, muß eine Brille tragen, um scharf und aufmerksam vorwärts blicken zu können. Also, gehen wir!«

Am Arbeitszimmer angekommen, entließ er seine Träger und schloß sich von innen ein. Er lauschte gespannt, um sich zu vergewissern, daß Kasanowitsch und Molokow gegangen waren und kroch dann sogleich in gewohnter Weise durch den Safe in sein Zimmer. Hier warf er die Pfeife in die Ecke, riß den Schnurrbart herunter und schleuderte ihn hinterher. Er war völlig nüchtern. Er legte sich Rechenschaft ab über das, was hier vorging. Er hatte keineswegs geschlafen, als Pochlebyschew Adiks Überfall meldete, er hatte auch nicht geschlafen, als die

Genossen tagten, er hatte den schlafenden Betrunkenen gespielt und hatte gut gespielt, denn von allen Begabungen beherrschte er nur eine wirklich: die Schauspielerei.

Jetzt aber hatte es keinen Sinn mehr, Theater zu spielen, denn es fehlten die Zuschauer. Genosse Koba setzte sich aufs Bett, zog die Stiefel aus, knöpfte die Hose auf und versank in Nachdenken. Irgendwie war das alles wenig schön, was sich da getan hatte. Niemals hatte er jemandem vertraut, einmal nur hatte er es getan, und da hatte er das Ergebnis. Wie sollte man danach den Menschen noch trauen? Indessen galt es, irgendeinen Ausweg aus der Lage zu finden. Schließlich bist du in diesem Land der einzige, der für alle denkt, niemand von denen jedoch wird für dich denken. Was soll man tun? Sich mit einem Aufruf ans Volk wenden? Und was soll man sagen? Entschuldige, liebes Volk, ich bin scheint's ein wenig schamlos, hätte beinahe etwas Unanständiges gesagt? Oder die Amerikaner um militärische Hilfe bitten? Oder um politisches Asyl für mich? Was dann? Sich irgendwo im Staate Florida niederlassen und Memoiren schreiben unter dem Titel »Als ich ein Tyrann war«? – Wenn ich's bekomme, Asyl, natürlich. Oder sich vielleicht in Georgien versteckt halten und dort als einfacher Schuhmacher leben?

»O je«, pflegte früher der Vater zu ihm zu sagen, »aus dir wird nie ein rechter Schuhmacher.«

Genosse Koba hob die Augen und erblickte an der gegenüberliegenden Wand einen jammervollen bartlosen Alten. Der Alte saß auf einem Eisenbett, seine Hosen waren auf die Knöchel herabgefallen, und er massierte mechanisch seine mageren Knie. Genosse Koba lächelte bitter.

»Jaja«, sagte er zu dem Alten, »da siehst du's. Du dachtest, du wärst der Allerlistigste und Tückischste von allen. Hast niemandes Rat oder Warnung hören wollen. Jede Zunge, die versucht hat, dir die Wahrheit zu sagen, hast du herausgerissen. Und nun hat sich der einzige, dem du auf der Welt vertraut hast, als listiger und tückischer erwiesen als du selber. Wer wird dir jetzt helfen? Auf wen kannst du dich stützen? Auf das Volk? – Es haßt dich!

Auf deine sogenannten Kampfgenossen? – Daß ich nicht lache, Kampfgenossen! Nichts als ein Haufen Hoflügner und Speichellecker! Die werden die ersten sein, die dich verraten, sobald sich auch nur die geringste Gelegenheit bietet. Früher durften wenigstens noch Narren und Toren die Wahrheit sagen. Wer sagt sie heute? Du hast die Lüge gefordert und gewollt, jetzt kannst du in ihr ersticken. Alle belügen dich: deine Zeitungen, deine Redner, deine Spione und deine Spitzel. Und da ist ein einziger Mensch, der den Mut hat, dir die Wahrheit ins Gesicht zu sagen. Er sitzt hier vor dir. Er durchschaut dich voll und ganz wie sich selbst. Du hast dich zum Übermenschen erhoben, nun sieh dich an: was ist das für ein Übermensch, der du bist? Du Kleiner du, Pockennarbiger, alles tut dir weh! Der Kopf tut dir weh, die Leber schmerzt, deine Därme verdauen nur schlecht, womit du dir deinen Wanst vollschlägst, dieses Stückchen Fleisch, das du deinem hungrigen Volk weggenommen hast. Wie kommt es, wo du doch ein Übermensch bist, daß dir Haare und Zähne ausfallen? Superparasit du, warum hast du so viele Menschen umgebracht? Menschewiken, Bolschewiken, Popen, Bauern, Intelligenzler, Kinder, Mütter... Warum hast du die Wirtschaft zerstört und die Armee ihrer Führung beraubt? Um der lichten Zukunft willen? Nein, deiner persönlichen Macht zuliebe. Es gefällt dir, daß dich jeder fürchtet wie die Pest. Nur, du Begründer des Imperiums der Angst, bist du nicht der Allerverängstigste darin? Wovor du nicht alles Angst hast! Davor, einen Schuß ins Genick zu kriegen, vor vergiftetem Wein und vor Bomben unterm Bett. Du hast Angst vor deinen Kampfgenossen, deinen Wachsoldaten, deinen Köchen, deinen Friseuren, vor deinem eigenen Schatten und deinem eigenen Spiegelbild. Von deiner eigenen Angst gejagt, suchst du überall nach Volksfeinden und Konterkobisten. Du brauchst sie nicht zu suchen. Sieh dich an, du bist nämlich der Hauptfeind des Volkes und Hauptkonterkobist.«

Koba redete, und das Gesicht des Alten verfinsterte sich und wurde immer zorniger. Offenbar gefiel es ihm wie stets gar nicht, die Wahrheit zu hören zu bekommen. Als Antwort auf das, was ihm da vorgeworfen wurde, zog er grimassenziehend die Stirn in Falten und fuchtelte mit den Armen. Bei den letzten Worten, die er vorbrachte, begann Koba unwillkürlich die Hand in Richtung des Kissens auszustrecken. Er bemerkte, daß der Alte genau dasselbe tat. Koba sprang unvermittelt auf und zog die Pistole unter dem Kissen hervor. Im selben Augenblick funkelte in den Händen des Alten genau so eine Pistole. Doch Koba drückte bereits auf den Abzug.

Ein Schuß pflegt in geschlossenen Räumlichkeiten großen Lärm zu verursachen. Ein Schuß, ein zweiter, und das pockennarbige Gesicht des Alten zersprang und wellenförmige Streifen zerschnitten ihn nach allen Richtungen. Es roch brandig, das Trommelfell vibrierte, die widerliche Visage zerbarst, zerriß und zerfiel in winzige Stücke und man hatte das Gefühl, dort winde sich und gehe ein lebendiger Mensch tatsächlich zugrunde.

Und plötzlich Stille. Die Patronen waren zu Ende. Koba blickte auf die Wand gegenüber – da war niemand mehr.

»Das wär's«, sagte Koba wehmütig und vielsagend zu irgendeinem Unbekannten. »Ich habe das Volk von seinem Henker erlöst.«

Mit diesen Worten schleuderte er die für ihn nutzlos gewordene Pistole von sich.

Wie sich später herausstellte, hatte niemand die Schüsse gehört, worüber man sich nicht zu wundern braucht, denn die Wände von Kobas Zimmer waren dermaßen abgedichtet, daß sie nicht einmal noch weitaus stärkere Geräusche durchließen.

Als die Alte am Morgen kam, um das Zimmer in Ordnung zu bringen, fand sie es über und über mit Spiegelsplittern übersät. Den Zimmerherrn entdeckte sie auf dem Rücken liegend im Bett, das linke Bein auf dem Bett, das rechte hing mit der am Knöchel hängengebliebenen Hose auf den Boden herab. Seine rechte Hand baumelte leblos bis fast auf den Fußboden herunter. Zunächst wollte die Alte im Glauben, Genosse Koba habe sich erschossen, Alarm schlagen, als sie sich jedoch vergewissert hatte, daß der Körper des Daliegenden völlig unversehrt war, beschloß sie abzuwarten, um nicht als Zeugin vorgeladen zu werden. Sie legte ihm Hand und Fuß aufs Bett, zog ihm die Hosen richtig aus, deckte den Genossen Koba mit der Kamelhaardecke zu und stopfte sie ihm fürsorglich unter die diversen Körperteile. Dann fing sie an, das Glas zusammenzufegen, in der Hoffnung, Genosse Koba werde bis zum nächsten Tag durchschlafen. Er erwachte indessen weder am nächsten noch am übernächsten Tag und verbrachte laut Aussagen durchaus vertrauenswürdiger Quellen die folgenden zehn Tage in einem lethargischen Schlaf. Und ausgerechnet während dieser zehn Tage soll die Alte ihren Dienst quittiert und die kurze Anweisung die Hirse betreffend ins Revolutionsmuseum gebracht haben. Ich glaube das aber nicht. Ich glaube vielmehr, daß während dieser zehn Tage der Zettel mit der Anweisung ein wenig im Wert gesunken ist, um darauf erneut zu steigen. Und die Alte war ganz offensichtlich nicht so dumm, den Zettel egal wohin zu tragen, ohne seinen Wertanstieg abzuwarten. Im übrigen kursieren, was die Alte anbelangt, widersprüchliche Ansichten. Die Anhänger der prokobistischen Richtung in unserer Geschichtswissenschaft bezweifeln, ohne indessen die Tatsache der Existenz der Alten selbst leugnen zu wollen, daß sie dem Genossen Koba die Hosen ausgezogen hat, weil sich die Hosen nämlich gar nicht ausziehen ließen. Diese Gelehrten weisen darauf hin, daß Genosse Koba so, wie er in der Uniform des Generalissimus geboren wurde, auch in ihr gelebt hat, ohne dieselbe jemals ausgezogen zu haben. Die Anhänger der konterkobistischen Richtung hingegen behaupten, daß Genosse Koba völlig nackt gewesen sei, wenn auch mit einem dicken Wollstoff bedeckt. Diesen hielten die Zeitgenossen von weitem einerseits für einen einfachen Soldatenmantel, andererseits für die Uniform des Generalissimus. Wenn ich mich auch weder der einen noch der anderen Version anschließen kann, bin ich bereit zuzugeben, daß eine jede von ihnen auf ihre Weise interessant ist.

1967

P.S. Vorliegende Erzählung beruht ausschließlich auf einer Erfindung des Autors. Mögliche Übereinstimmungen zwischen gewissen Figuren und realen Personen sind rein zufällig.

Sergej Skurlatski
Schriftsteller

Nach unbestätigten Berichten verkehrte in der zweiten Hälfte des vorigen Jahrhunderts in Petersburger Literatenkreisen, als deren Habitué, ein hochgewachsener hagerer Mann, in dem man, trotz seiner Zivilkleidung, am ehesten einen Offizier vermutet hätte. Der so Vermutende wäre nicht ganz fehlgegangen, denn der Mann, von dem hier die Rede sein soll, war irgendwann tatsächlich Offizier gewesen. Den Militärdienst hatte er, so wurde gemunkelt, wegen eines Duells quittieren müssen. Das war jedoch schon eine Weile her, sofern sich das jemals ereignet hatte. Zu dem hier zu beschreibenden Zeitpunkt war dieser Mann bereits an die sechzig, was man ihm jedoch nicht ansah, denn seine Körperbewegungen waren flink und sein Interesse für alles Mögliche, was in der Welt vorging, war praktisch unbegrenzt. Wenn dieser Mann jemandem vorgestellt wurde, überreichte er eine mit goldenen Vignetten verzierte Visitenkarte, auf der in streng gehaltenen Druckbuchstaben zu lesen stand:

SERGEJ STANISLAWOWITSCH SKURLATSKI
SCHRIFTSTELLER

Niemand hätte indessen zu sagen gewußt, was dieser Mann auf dem Feld der Literatur geleistet hatte. Man kannte Skurlatski nicht aus seinen Büchern, sondern lediglich in seiner Eigenschaft als ständiger Besucher sämtlicher literarischer Salons, Zirkel und Redaktionen der Hauptstadt Sankt-Petersburg.

Es wurde erzählt, Saltykow-Stschedrin hätte mit jemandem gewettet, daß man, wenn zu ein und derselben Stunde des Tages reitende Boten in die Redaktionen sämtlicher Petersburger Zeitungen und Zeitschriften geschickt würden, in einer jeden dieser Redaktionen Herrn Skurlatski, in Plauderlaune in einem bequemen Sessel sitzend, mit absoluter Sicherheit antrifft.

Plaudern konnte er über jeden beliebigen Gegenstand, wobei er, dank seiner vielseitigen Bildung, jedem Thema gerecht wurde. Er sprach stets im Brustton der Überzeugung, als ein Mann, dessen Autorität allgemein anerkannt wird. Wenn er einmal eine Äußerung tat, die ihm besonders gelungen vorkam, pflegte er die Hand gegen das Herz zu pressen, seine grünen Augen zu rollen und in ein lautes quäkendes Lachen auszubrechen. Nur den wenigsten seiner Gesprächspartner gelang es, sich der Suggestivität des Lachens zu entziehen, fast alle stimmten unverzüglich in dies Lachen mit ein.

Sogar noch die berühmtesten Leute benannte er, wenn er von ihnen sprach, mit dem Vornamen, und wenn man ihm jedes seiner Worte hätte glauben wollen, dann wäre man schon bald zum Schluß gekommen, daß Herr Skurlatski auf einige dieser Größen, zum Exempel auf Alexander (nämlich: Puschkin), den segensreichsten Einfluß, durch seine bloße Gegenwart wie auch durch manchen vorzüglichen Rat, ausgeübt hatte. In puncto Puschkin dürfte Skurlatski etwas übertrieben haben, denn im Todesjahr seines Busenfreundes Alexander konnte er höchstens sechzehn Jahre alt gewesen sein, doch an seiner engen Freundschaft mit Nikolaj (sprich: Gogol) bestand kein Zweifel, es hieß sogar, Skurlatski hätte dem Kollegen Modell gestanden, als jener den Chlestakow und den Tschitschikow schuf. Jedenfalls ließ Skurlatski keine Gelegenheit aus, mit dem größten Nachdruck immer wieder zu betonen, daß er mit dem Verfasser der *Toten Seelen* ein Herz und eine Seele war.

»So war das nämlich mit dem Nikolaj und mir«, pflegte Skurlatski anzuheben und irgendeine langatmige Geschichte zu erzählen: einzig zu dem Zweck, ab und zu sein »Nikolaj und ich« in die Erzählung einzuflechten.

Selbstredend stellte Skurlatski seine Beziehungen mit den großen Männern des Jahrhunderts immer so dar, als hätten sie, ob in Freundschaft oder in Feindschaft, auf gleichem Fuß miteinander verkehrt. Das brachte ihn einmal in eine recht peinliche Lage. Er befand sich, wie üblich, in einem literarischen Salon und unterhielt sich mit einem Mann, der ihm bis dato noch nirgends begegnet war. Man sprach über dies und jenes und endlich über den Schriftsteller Dostojewski, ein damals sehr beliebtes Thema.

»Seit den *Besessenen* grüße ich Fjodor nicht mehr«, sagte Skurlatski mit Entschiedenheit.

»Sieh einer an«, bemerkte sein Gesprächspartner verwundert. »Ja, kannten Sie ihn denn persönlich?«

»Wir waren viele Jahre lang befreundet, was mir im nachhinein aufrichtig leid tut«, sagte Skurlatski weiterhin entschieden, konnte es indessen nicht verhindern, daß sich ein Zweifel in sein Herz einschlich. Er fügte deshalb hinzu: »Darf ich fragen, mit wem ich die Ehre habe?«

»Mein Name ist Fjodor Dostojewski«, sagte der andere mit einer leichten Verbeugung.

Skurlatski wurde puterrot im Gesicht. Er sprang vom Stuhl auf, murmelte etwas vor sich hin und rannte zum Zimmer hinaus. Doch seine Verlegenheit hielt nicht lange vor. Bereits einen Tag später erzählte er die Geschichte in einem anderen literarischen Salon und mit einer anderen Rollenverteilung. In Skurlatskis Erzählung hatte nicht er sich seiner Bekanntschaft mit Dostojewski gebrüstet, sondern umgekehrt.

Skurlatski kostete die Szene aus, wie er sich Dostojewski endlich vorgestellt hatte, preßte die Hand gegen die Brust, rollte die Augen und brach in sein quäkendes Lachen aus.

Doch Skurlatski brüstete sich nicht nur der Freundschaft berühmter Schriftsteller. Er machte Andeutungen, daß er bei Hofe wohlgelitten sei. Als die Nihilisten in Mode kamen, ließ er gesprächsweise durchblicken, er würde sich in ihrem Kreis als älterer Genosse und Kamerad bewegen, eigentlich sogar als ihr geistiger Anführer. Niemand nahm diese Behauptungen ernst, jedermann wußte, daß Skurlatski ein Aufschneider und Lügenbold war, wenn freilich auch von der harmlosen Art. Niemandem wäre auch nur im Traum jene verblüffende Wendung eingefallen, die Skurlatskis Lebenskurve wider alles Erwarten eines Tages plötzlich nahm.

Im März des Jahres 1881, einige Tage nach der Ermordung Zar Alexander des Zweiten am Katharinenkanal in Sankt-Petersburg, machte in der Stadt ein Aufruf die Runde, mit dem sich ein mysteriöses »Exekutivkomitee« an den neuen Selbstherrscher wandte. Viele prominente Figuren und angesehene Personen fanden das Flugblatt mit dem Aufruf in ihren Briefkästen oder unten im Türschlitz. Offenbar wollten die Nihilisten nicht nur den neuen Kaiser von der Fälligkeit und Dringlichkeit tiefgreifender Reformen des Staatslebens überzeugen, sondern sich außerdem der Sympathie des gebildeten Publikums versichern. Da geschah nun das, wovon gleich zu berichten sein wird.

Der Schriftsteller Skurlatski saß in seinem Arbeitszimmer an einem geräumigen Schreibtisch. Er war in einen weitgeschnittenen dunklen Hausrock gehüllt, an dessen Borte eine Seidenschnur entlanglief. Im Hausrock wirkte er wie ein förmlicher und veritabler Schriftsteller, noch der echteste Autor hätte nicht echter aussehen können. Heute hatte Skurlatski endlich das Kunststück vollbracht, alle Schranken und Widerstände zu überwinden, die ihn bisher daran gehindert hatten, an seinem Schreibtisch Platz zu nehmen und an die Arbeit zu gehen. Endlich konnte er den Roman in Angriff nehmen, mit dem er die Welt zu verblüffen gedachte. Den Plan hatte er sehr lange mit sich herumgetragen, aber immer war etwas dazwischengekommen. Die beiden Morgenstunden waren der Lektüre der Moskauer und Petersburger Zeitungen vorbehalten. Anschließend mußten soundso viele Bekannte besucht werden, um in Erfahrung zu bringen, was sich in der Welt wirklich abspielte, denn man konnte nicht einfach das glauben, was in den Zeitungen stand. Dann ging es zu anderen Bekannten weiter, um ihnen das von den einen Bekannten gerade Vernommene weiterzuerzählen. Dann ging es in verschiedene Redaktionen, um sich dort Aufträge zu verschaffen. Der Abend mußte in einem renommierten literarischen Salon verbracht werden, denn welcher Schriftsteller könnte es sich erlauben, solchen Salons fernzubleiben? So ging das jeden Tag, jahraus jahrein. Immer war man auf Trab, immer war man unterwegs. Tag um Tag kehrte Skurlatski am Abend todmüde und enttäuscht heim, mit sich selbst ungemein unzufrieden. Wieder war ein Tag vergangen, und wieder hatte er den Tag nicht zum Schreiben genutzt. Aber jetzt saß er endlich an seinem Schreibtisch in seinem Arbeitszimmer und traf ernsthafte Anstalten, mit der Niederschrift eines Romans zu beginnen. Er legte einen Stoß Schreibpapier neben sich auf den Tisch, schob das Papier näher zu sich heran, spitzte die Feder, tunkte sie ins Tintenfaß und verfiel in Nachdenklichkeit. Wie sonderbar, dachte Skurlatski, daß mir die mannigfaltigsten Gedanken und Einfälle an allen nur möglichen Orten kommen: beim Spaziergang auf dem Newskiprospekt, zu Gast bei Bekannten, in irgendeinem Redaktionszimmer: nur nicht an meinem Schreibtisch! Wie mag das zugehen? Welche Bewandtnis mag es damit haben?

»Ist Ihnen nicht bange, wenn Sie vor einem unbeschriebenen Blatt Papier sitzen?« fragte ihn einmal eine Verehrerin, und er konnte nicht gut umhin, die Frage zu bejahen.

Jene Verehrerin, Jewdokija mit Namen, war längst seine Ehefrau geworden. Doch am Zustand jener Bangigkeit hatte sich nichts geändert. Auch heute noch wie einst stand Skurlatski Folterqualen aus, wenn er ein leeres unbeschriebenes Blatt Papier vor sich auf der Schreibtischplatte liegen sah.

Während er jetzt wieder diesen Gedanken nachhing, war die Tinte an der Federspitze eingetrocknet. Skurlatski sah sich genötigt, die Feder wieder ins Tintenfaß zu tauchen. Als Schriftsteller, der er war, wußte er, daß ein rechtschaffener Roman gleich mit dem ersten Satz richtig beginnt. Steht erst einmal der erste wohlgelungene Satz auf dem Blatt Papier, dann ordnen und bewegen sich die Gedanken unverzüglich in der ihnen angemessenen Richtung, hübsch der Reihe nach, ein Gedanke nach dem anderen, und alles nimmt seinen Lauf, und die Vollendung des Romans ist nurmehr eine Zeitfrage. Doch dieser erste Satz wollte Skurlatski nie einfallen.

Diesmal hätte er den verdammten ersten Satz fast am Schwanz gepackt und aufs Papier gebannt, doch im gleichen Moment ertönte von der Küche her ein lautes Poltern. Niemals läßt man mich in Ruhe arbeiten, dachte Skurlatski gereizt und ging in die Küche, um die Köchin Pelageja auszuschelten. Er traf Pelageja, eine dralle Dorfmaid, beim Abwaschen des Geschirrs an.

»Hör mit dem Lärm auf«, sagte Skurlatski streng, »du störst mich bei der schöpferischen Arbeit.«

»Es bleibt nicht mehr viel abzuwaschen, Herr«, erwiderte Pelageja schuldbewußt und zeigte auf einige noch nicht abgewaschene schmutzige Teller.

»Du kannst das Geschirr morgen fertigwaschen«, sagte Skurlatski, »jetzt hör auf damit und koch mir einen starken Tee.«

Mit Hilfe des Tees wollte Skurlatski seinen schöpferischen Kräften nachhelfen. Doch das Mittel verfehlte seine Wirkung. Nachdem der Tee getrunken war, saß Skurlatski noch eine Zeitlang über dem leeren Blatt Papier, ohne daß es ihm gelungen wäre, den ihm vorhin im letzten Augenblick entwischten ersten Satz des Romans wieder einzufangen. Da hörte er, daß an der Tür geläutet wurde. Er schaute auf die Uhr, es war schon spät am Tag. Wer mag wohl der Nachtschwärmer sein, dachte Skurlatski mißmutig und zugleich erleichtert. Er zupfte seinen Hausrock zurecht, begab sich zur Wohnungstür und öffnete sie. Draußen vor der Tür war niemand. Stattdessen entdeckte Skurlatski ein Briefcouvert. Jemand hatte es durch den Türschlitz geschoben.

Skurlatski kehrte in sein Arbeitskabinett zurück, hielt den Briefumschlag ans Licht und zuckte verblüfft zusammen. Auf dem Couvert stand mit krakeliger Schrift (wahrscheinlich mit der linken Hand) geschrieben: »Vom Exekutivkomitee der ›Narodnaja Wolja‹.« Was zum Teufel soll das heißen, dachte Skurlatski.

Eine Minute später betrat er mit einer Lampe in der Hand das Schlafzimmer seiner Ehegemahlin. Jewdokija schlief, ihre goldenen Locken, in die sich nur da und dort eine leichte Grautönung eingeschlichen hatte, lagen auf dem Kopfkissen.

Sie scheint zu schlafen, dachte Skurlatski.

Er durchmaß auf Zehenspitzen das Zimmer und stellte die Lampe auf einem Toilettentischchen ab. Er stellte sie so hin, daß das Licht der Lampe Jewdokijas linkes Auge traf. Die Ehegattin zuckte zusammen, murmelte im Halbschlaf etwas vor sich hin und drehte sich zur Wand um.

Oder schläft sie am Ende gar nicht, dachte Skurlatski und ließ ein Hüsteln vernehmen.

Doch Jewdokija wollte und wollte nicht aufwachen. Skurlatski sah sich genötigt, immer lauter zu hüsteln und endlich laut zu husten. Das hörte sich an, als befände sich ein vom Tod gezeichneter Schwindsüchtiger im Zimmer. Doch Jewdokija hatte einen gesunden Schlaf, sie wachte und wachte nicht auf.

Da hilft höchstens noch ein Kanonenschuß, dachte Skurlatski gereizt, bevor sie aufwacht, erstick ich am Husten.

Er stellte das Hüsteln ein und begann im Zimmer auf und ab zu gehen. Er bemühte sich, die Füße schlurfend nachzuziehen, und blieb an allen erreichbaren Ecken und Kanten lärmend hängen. Endlich gelang es ihm auch, einen Stuhl umzuwerfen. Der Stuhl fiel mit einem so lauten Poltern zu Boden, daß Jewdokija nun doch aus dem Schlaf gerissen wurde. Sie richtete sich im Bett auf und blickte ihren Ehegemahl mit verschlafenen Augen erschreckt an.

»Was um Gotteswillen ist passiert?« fragte sie.

»Du schläfst doch wohl nicht, Schätzchen?« sagte Skurlatski zärtlich. »Ich will dir nämlich etwas vorlesen.«

Skurlatski bemühte sich, möglichst schnell und bestimmt zu sprechen, damit seine Frau nicht zur Besinnung und zu Wort kam.

»Können wir das nicht auf morgen verschieben?« fragte Jewdokija schüchtern und rieb sich die Augen.

»Verschieben kann man freilich alles«, sagte Skurlatski, »aber du schläfst doch überhaupt nicht. Es ist nicht viel, nur zwei Seiten.«

»Also, wenn du unbedingt willst«, sagte Jewdokija, streckte

sich wieder im Bett aus und richtete ihren treuergebenen Blick auf den Ehegemahl.

Skurlatski setzte sich neben sie aufs Bett, rückte die Lampe näher an sich heran und sagte mit Pathos:

»Euere Majestät!«

»Wie bitte? Was hast du gesagt?« fragte Jewdokija und zuckte zusammen.

»Ich habe Euere Majestät gesagt. So beginnt der Text«, erläuterte Skurlatski.

»Euere Majestät! Wir vermögen uns vollauf in die Gemütsverfassung zu versetzen, in der Sie sich jetzt mutmaßlich befinden. Doch das Exekutivkomitee hält sich trotzdem nicht für berechtigt, dem so naheliegenden Gefühl des Takts Vorrang zu geben, das uns dazu hätte verführen können, uns mit der folgenden Erklärung nicht schon jetzt, sondern erst nach Ablauf einiger Zeit an Sie zu wenden. Es gibt etwas, das höher ist als selbst noch die legitimsten Gefühle und Empfindungen des Menschen, nämlich: die Pflicht gegenüber dem Vaterland. Dieser Pflicht muß der Staatsbürger seine Person, seine Gefühle und sogar die Gefühle anderer Menschen zum Opfer bringen können. Wir unterwerfen uns der allmächtigen Verpflichtung und entschließen uns, unser Wort unverzüglich an Sie zu richten...

Die blutige Tragödie, die sich am Katharinenkanal abgespielt hat, war nicht das Ergebnis eines Zufalls. Sie kam für niemanden unerwartet. Nach all dem, was im Verlauf des vergangenen Dezenniums geschehen ist, mußte sie unausweichlich kommen, darin besteht ihre tiefere Bedeutung, die jener Mann zu begreifen verpflichtet ist, den das Schicksal an die Spitze der Regierungsmacht gestellt hat...«

Jewdokija glotzte Skurlatski verblüfft an. Da sie nicht imstand war, etwas zu begreifen, nahm sie nur Fragmente von Sätzen auf.

»...derlei geartete Fakten... das Gefühl der eigenen Würde... der verstorbene Kaiser... henkte man den Unschuldigen wie den Schuldigen... der Prozeß im Volksorganismus... der Kreuzestod unseres Erlösers Jesus Christus...«

Da sie keine Kraft mehr in sich spürte, noch länger gegen den Schlaf anzukämpfen, stemmte sich Jewdokija mit dem Ellbogen hoch und machte einen letzten Versuch, sich auf das zu konzentrieren, was ihr Ehemann ihr vorlas.

»Natürlich kann die Regierung«, deklamierte Skurlatski, »noch eine Vielzahl einzelner Persönlichkeiten fangen und aufhängen lassen. Sie kann eine Vielzahl einzelner revolutionärer Gruppen vernichten. Unterstellen wir einmal, daß es ihr gelingt, selbst noch den ernsthaftesten der bestehenden revolutionären Organisationen den Garaus zu machen. Dies alles wird jedoch die Lage der Dinge mitnichten verändern können. Die Umstände sind es, die allgemeine Unzufriedenheit im Volk, Rußlands Drängen zu neuen gesellschaftlichen Formen sind jene Faktoren, die zur Ausbildung von Revolutionären führen. Das ganze Volk aber kann man nicht vernichten, genausowenig wie sich der Unmut des Volkes durch Repressalien aus der Welt schaffen läßt. Im Gegenteil, die Unzufriedenheit wird noch gemehrt...«

»Was liest er mir da vor?« dachte Jewdokija ratlos. »Wenn ich nicht irre, wollte er einen Roman schreiben. Doch das, was er jetzt liest, kann unmöglich ein Romananfang sein!«

»Eine furchtbare Explosion«, las Skurlatski weiter, »ein blutiges Chaos, eine konvulsivische Erschütterung ganz Rußlands werden den Prozeß der Zerstörung der alten Ordnung zu einem Ende bringen...«

Der Schlaf war verflogen. Jewdokija schüttelte den letzten Rest des Schlummers von sich ab und lauschte nunmehr voller Aufmerksamkeit.

»... Wir wenden uns an Sie, jegliches Vorurteil hintanstellend, wir unterdrücken in uns das Mißtrauen, das die epochenlange Tätigkeit der Regierung in uns erzeugt hat. Wir vergessen, daß Sie der Vertreter jener Gewalt sind, die das Volk so oft betrogen hat, die ihm so viel Böses zugefügt hat. Wir wenden uns an Sie als an einen Staatsbürger und ehrlichen Mann. Wir hoffen, daß das Gefühl der persönlichen Kränkung und Betroffenheit in Ihnen jenes andere Gefühl der Pflicht und den Wunsch, die Wahrheit zu erfahren, nicht betäuben wird. Wut und Kränkung kann es auch auf unserer Seite geben. Sie haben den Vater verloren. Wir verloren nicht nur Väter, sondern auch Brüder, Ehefrauen, Kinder, beste Freunde. Doch wir sind bereit, die privaten Empfindungen in uns zu unterdrücken, wenn das Wohl Rußlands dies erfordert. Das Nämliche erwarten wir von Ihnen.

Wir stellen keine Bedingungen. Unser Angebot darf Sie nicht schockieren. Die Bedingungen, die erforderlich sind, damit an die Stelle der revolutionären Bewegung friedliche Arbeit tritt, wurden nicht von uns, sondern von der Geschichte diktiert. Wir stellen nicht die Bedingungen, wir verweisen nur auf sie.

Unserer Meinung nach gibt es zwei Bedingungen:

1. Eine sämtliche politischen Prozesse der vergangenen Periode umfassende Amnestie, die der Tatsache Rechnung trägt, daß es sich hier nicht um Verbrechen handelte, sondern um die Erfüllung der staatsbürgerlichen Pflicht.

2. Die Einberufung einer aus Vertretern des ganzen russischen Volkes bestehenden Versammlung, deren Ziel und Aufgabe es sein wird, die bestehenden Formen des staatlichen und gesellschaftlichen Lebens zu überprüfen und im Einvernehmen mit den Wünschen des Volkes stehende Veränderungen zu veranlassen...

Entscheiden Sie sich, Majestät! Entscheiden Sie sich für den einen oder für den anderen Weg. Die Wahl des Weges hängt von Ihnen ab. Wir können nur dies tun: das Schicksal zu bitten, daß Verstand und Gewissen Ihnen jene Lösung eingeben, die einzig dem Wohl Rußlands, Ihrer persönlichen Würde und Ihren Verpflichtungen gegenüber dem Vaterland gemäß ist.

Das Exekutivkomitee

10. März 1881.«

»Na, Jewdokija, was sagst du jetzt?« fragte Skurlatski, indem er die Hand auf die Brust legte, die Augen rollte und in Lachen ausbrach. »Sag bloß, daß das schlecht geschrieben ist! Welch ein Stil, in dem sich Festigkeit und Härte mit Weisheit und Zurückhaltung vermählen. Nein, meine Liebe, das hat nicht irgend ein

Bombenwerfer geschrieben, das schrieb ein Mann, der die Feder zu führen weiß!«

»Du hast recht, das ist nicht schlecht geschrieben«, pflichtete Jewdokija dem Gatten bei. »Was meinst, wer mag dieser Mann sein?«

»Du fragst noch, mein Schatz«, erwiderte Skurlatski und fügte, zu seiner eigenen Verblüffung, hinzu: »Natürlich ich, wer sonst?!«

Jewdokija senkte den Blick. Sie kannte sich in den schwachen Seiten ihres Ehegemahls zur Genüge aus und hatte sich eine gelassene Einstellung dazu angewöhnt.

»Geh schlafen, Sergej«, sagte sie. »Es ist schon sehr spät.«

Skurlatskis Ehefrau glaubte, sich in den schwachen Seiten ihres Mannes zur Genüge auszukennen. Sie war sich sicher, daß die Wahnidee am nächsten Morgen aus Skurlatskis Kopf verflogen sein würde. Doch die gute Frau sollte sich täuschen. Am Morgen darauf nahm Skurlatski in Eile sein Frühstück ein, versäumte es, einen Blick in die Zeitungen zu werfen, schlüpfte rasch in seinen Mantel und begab sich zum Schriftsteller Kosodojew, mit dem er befreundet war. Er las ihm den Aufruf des Exekutivkomitees vor, sagte zwar nicht direkt und unverblümt, daß er der Verfasser sei, deutete diese Möglichkeit jedoch an. Genauso benahm er sich in den Redaktionen der ›Stimmen‹ und der ›Sankt-Petersburger Nachrichten‹, beim Schriftsteller Gleb Uspenski und bei Doktor Leshaft.

Bald machte das Gerücht in Petersburg die Runde, den in einer hohen Auflage in einer Geheimdruckerei gedruckten, in der Stadt kursierenden Aufruf des Exekutivkomitees an Zar Alexander den Dritten hätte der Schriftsteller Skurlatski verfaßt.

Man trug die Kunde einander im Flüsterton zu, man ließ den anderen einen Schweigeeid leisten, was die Zirkulation der verblüffenden Nachricht noch um einiges beförderte. In den liberalen Kreisen der Stadt stieg Skurlatskis Prestige ins Unermeßliche, man riß sich um ihn, jedes offene Haus rechnete es sich als Ehre an, den mutigen Mann in seinen Wänden zu empfangen. Skurlatski ließ sich nicht zweimal auffordern, er folgte bereitwilligst jedweder Einladung und ließ sich in jedem Haus, das er aufsuchte, mit dem größten Vergnügen und mit der größten Ausführlichkeit über Gott und die Welt aus.

Es wurde gemunkelt, ein Kaiserlicher Geheimrat hätte Skurlatski zu einer – selbstredend streng geheimen – Audienz empfangen. Außerdem soll ein General der Gendarmerie im Ruhestand den dringenden Wunsch geäußert haben, Skurlatski vorgestellt zu werden, was durchaus glaubwürdig ist, wenn man bedenkt, daß in den Ruhestand getretene Gendarmeriegenerale eine mit den Jahren wachsende Tendenz zum Liberalismus in sich ausbilden. Immer wildere Gerüchte kursierten in der Stadt, bis endlich auch die Polizei davon erfuhr, freilich erst in letzter Instanz, doch immerhin gerade noch rechtzeitig.

Eines Nachts wurde Jewdokija durch ein Poltern aus dem Schlaf gerissen. Sie zog sich in aller Eile notdürftig an und rannte in die Diele, in der sich eine größere Zahl von Polizisten drängte.

»Was geht hier vor?« fragte Jewdokija erschreckt. Sie richtete die Frage an einen jungen Gendarmerieoffizier, der offenbar mit der Einsatzleitung betraut war.

»Ich bitte vielmals um Entschuldigung, Madame«, erwiderte der junge Offizier und schlug die Hacken zusammen, »doch ich habe den dienstlichen Befehl, Ihre Wohnung durchsuchen und Ihren Herrn Gemahl arretieren zu lassen.«

Skurlatski stand in der Diele an der Wand, bleich, aber beherrscht. Die Hände hatte er am Rücken verschränkt.

»Laß dich nicht gehen, Jewdokija«, raunzte er seine Ehefrau an und wölbte den Brustkorb vor. »Wenn die Gendarmen ins Haus kommen, hat die Frau des Schriftstellers Skurlatski korrekt und komplett angezogen zu sein!«

»Herr Offizier«, wandte sich Jewdokija in flehendem Ton an den jungen Gendarmerieoffizier. »Hier muß ein Mißverständnis vorliegen. Mein Ehemann neigt zum Spintisieren, jedermann in Petersburg weiß das. Falls es um den verfluchten Brief des

Exekutivkomitees geht, dann kann ich Ihnen, lieber Herr Offizier, jeden nur erdenklichen Schwur leisten, daß mein Ehemann mit dieser Sache nicht das Geringste zu tun hat!«

»Jewdokija, bedeck dich jetzt endlich!« herrschte Skurlatski die Gattin an. Als sie in ihrem Schlafzimmer verschwunden war, sagte Skurlatski im Ton eines erschöpften Schlachtenlenkers: »Meine Herren, tun Sie Ihre Pflicht!«

Die Gendarmen wühlten in Skurlatskis Wohnung alles um. Besondere Aufmerksamkeit widmeten sie der Bibliothek. Sie fanden einige Einzelexemplare der ›Narodnaja Wolja‹, ein zehn Jahre altes Exemplar der Herzenschen ›Glocke‹ sowie ein paar lose herumflatternde Proklamationen. Genau dasselbe hätten sie in der Wohnung eines jeden anderen Intellektuellen gefunden.

Der Arretierte wurde aufgefordert, den Gendarmen aufs Polizeirevier zu folgen. Er zog Mantel, Mütze und Handschuhe an und ging entschlossenen Schrittes auf die Wohnungstür zu. In der Tür drehte er sich noch einmal nach seiner laut schluchzenden Ehefrau um.

»Jewdokija, behüte die Kinder«, sagte er streng und zärtlich zugleich. »Sag ihnen, daß ihr Vater für die Freiheit in den Tod geht!«

»Herr Offizier, Herr Offizier!« schluchzte Jewdokija tränenüberströmt. »Es ist alles gelogen, gelogen! Mein Ehemann hat überhaupt keine Kinder!«

Noch in der gleichen Nacht wurde der eines besonders gefährlichen Staatsverbrechens Verdächtige aus dem Revier ins Untersuchungsgefängnis verlegt, wo man ihm, in Anbetracht seiner besonderen Gefährlichkeit, eine Einzelzelle zuwies. Am Morgen führte man ihn zum Verhör. In seinem geräumigen, mit einem Bildnis des neuen Kaisers geschmückten Dienstzimmer empfing ihn ein agiler Gendarmerieoffizier in einer funkelnagelneuen Uniform.

»Oberstleutnant Sudejkin, Georgi Porfirjewitsch«, stellte sich der Offizier vor. »Ich habe die Ehre, dem Dezernat für die

Wahrung der öffentlichen Ruhe und Ordnung an der Petersburger Stadthauptmannschaft vorzustehen.«

Nachdem Sudejkin zunächst ein paar unbedeutende Fragen an Skurlatski gerichtet hatte, zeigte er ihm ein Druckexemplar des Briefs des Exekutivkomitees an den Kaiser.

»Kennen Sie das Schriftstück?« fragte Sudejkin.

»Das will ich meinen, mein Herr!« lächelte Skurlatski bedeutungsschwer.

»Sie bestätigen, daß Sie der Verfasser sind?«

»Jawohl, ich bestätige es.«

»So ist das also ...«

Sudejkin trommelte mit den Fingern siegesgewiß gegen seinen Schreibtisch. Erhob sich von seinem Sessel. Verschränkte die Hände am Rücken. Begann, im Raum hin und her zu gehen.

»Verehrter Sergej Stanislawowitsch«, begann er wie versonnen. »Die Sache ist nämlich die ... Indem Sie Ihre Verfasserschaft bestätigen, bringen Sie sich in eine prekäre Lage. Dies Elaborat ist nicht einfach ein Brief, es ist das Programmdokument einer Partei, die durch ruchlose Verbrechen zu einem traurigen Ruhm gekommen ist. Es liegt nahe, daß eine so ernst zu nehmende Organisation wie das Exekutivkomitee der ›Narodnaja Wolja‹ niemanden Beliebigen und Außenstehenden mit der Abfassung dieses Schriftstücks beauftragen konnte. Den Brief kann nur ein Mitglied des Komitees verfaßt haben, und zwar ein aktives Mitglied. Indem Sie darauf insistieren, der Autor des Schriftstücks zu sein, geben Sie zu, daß Sie Mitglied des Exekutivkomitees sind.«

»So ist es auch, es gibt nichts zuzugeben«, sagte Skurlatski mit Getragenheit und Würde.

Diese Reaktion brachte selbst den einiges gewöhnten Sudejkin aus der Fassung. Er beschleunigte, ohne es zu merken, seinen Schritt und wanderte nicht mehr, sondern rannte jetzt in seinem Dienstzimmer, an Skurlatskis Stuhl vorbei, hin und her.

»Das ist ganz und gar unmöglich!« rief er laut und erregt. »Ich bin noch nie einem Menschen begegnet, der zugegeben hätte,

Mitglied des Exekutivkomitees zu sein. Selbst Andrej Sheljabow und Demoiselle Perowskaja behaupten von sich, nichts weiter als *Agenten* dieses Komitees zu sein. Kennen Sie diese zwei Namen. Sind Sie mit beiden persönlich bekannt?«

»Freilich bin ich das. Es sind meine Leute«, sagte Skurlatski sehr ruhig.

Sudejkin kehrte an seinen Platz am Schreibtisch zurück und betrachtete den von ihm Verhörten ausgiebig und voller Neugier.

»Hören Sie mir jetzt genau zu«, sagte er dann innig und fast devot. »Ihre Frau Gemahlin und auch einige Ihrer Freunde sagen, Ihnen sei eine Neigung zu... sagen wir einmal: zum Spintisieren nicht ganz fremd...«

»Wollen Sie damit sagen, daß ich lüge?« rief Skurlatski erbleichend.

»Keineswegs, das ist nicht der exakte Ausdruck. Aber urteilen Sie doch einmal selber. Während der ganzen Ermittlungen in Sache ›Narodnaja Wolja‹ ist Ihr Name nicht ein einziges Mal aufgetaucht. Finden Sie nicht, daß das sonderbar ist? Wir kennen sämtliche Rädelsführer der Partei. Jene, die bereits verhaftet sind, und jene, die sich einstweilen noch der Freiheit erfreuen dürfen. Und jetzt stellt sich heraus, daß uns eines der führenden Mitglieder des Exekutivkomitees bis dato völlig unbekannt war. Wie sollen wir uns diesen Widerspruch erklären?«

Skurlatski wurde rot im Gesicht.

»Herr Oberstleutnant Sudejkin«, sagte er mit drohender Stimme, stand auf und schleuderte den Stuhl von sich, »Ihre Anspielungen haben etwas Beleidigendes. Ich bitte Sie, mich in meine Zelle zurückbringen zu lassen.«

Sudejkin seufzte tief auf und blickte Skurlatski nicht ohne Mitgefühl an.

»Nehmen Sie Ihren Stuhl und setzen Sie sich wieder hin«, sagte er dann. »Sie kommen früh genug in Ihre Zelle. Ich flehe Sie an, Sergej Stanislawowitsch, sagen Sie mir, daß das Ganze ein Scherz war. Ich gebe sofort den Befehl, Sie freizulassen.«

»Ich wiederhole die Bitte, in meine Zelle zurückgebracht zu werden«, sagte Skurlatski finster.

»Mein Gott, Sergej Stanislawowitsch«, sagte Sudejkin kopfschüttelnd, »Sie haben sich was Schönes eingebrockt. Die Sache kann für Sie schlimm ausgehen. Die Polizei und die Gerichtsorgane haben strikte Weisung, die Aufsässigkeit mit der Wurzel auszumerzen. Der Kaiser interessiert sich für jede Person, die auch nur die entfernteste Beziehung zur ›Narodnaja Wolja‹ und zum Exekutivkomitee hat. Alle Hauptakteure des Komitees werden aufs strengste, wohlgemerkt auch mit dem Tod, bestraft werden. Und Sie, mein werter Herr, weigern sich beharrlich , sich von Ihrer sonderbaren Schnapsidee zu distanzieren.«

»Herr Oberstleutnant«, sagte Skurlatski matt, »ich richte zum dritten Mal die Bitte an Sie, mich in meine Zelle bringen zu lassen.«

»Nun gut«, sagte Sudejkin mit einer hoffnungslosen Handbewegung. »Sie haben mich überzeugt. Ich glaube Ihnen, daß Sie Mitglied des Exekutivkomitees sind. Dann nennen Sie jetzt Ihre Mitverschworenen und Komplizen, mit Angabe des vollen Namens und der Adresse. Was können Sie uns über die Tätigkeit der Partei und die Aufgaben, die sie sich stellt, sagen?«

»Sie setzen mich in Erstaunen, Herr Oberstleutnant«, sagte Skurlatski, legte die Hand auf die Brust und begann, sarkastisch zu lachen. »Für Ihren Posten sind Sie etwas zu naiv. Von mir werden Sie kein Wort hören. Und jetzt darf ich Sie ein viertes und letztes Mal darum bitten, in meine Zelle geführt zu werden. Wenn Sie sich außerstande sehen, diesen Befehl zu erteilen, begebe ich mich selber und aus eigener Machtvollkommenheit dorthin. Habe die Ehre, Herr Oberstleutnant.«

Skurlatski preßte die Hände gegen die Hosennaht, schlug die Hacken zusammen, machte eine militärisch gemeinte Kopfbewegung, drehte sich um eine Vierteldrehung um, wölbte die Brust und ging festentschlossen auf die Tür zu.

»Hiergeblieben!« brüllte ihn Sudejkin an.

Skurlatski drehte sich im Gehen um und fragte:

»Sagten Sie etwas, Herr Oberstleutnant?«

»Ich sagte hiergeblieben. Kehren Sie um und nehmen Sie wieder Platz.«

»Ich folge der Gewalt«, sagte Skurlatski, kehrte um und setzte sich wieder auf seinen Stuhl.

»Jetzt hören Sie mir einmal genau zu«, sagte Sudejkin, bereits wieder mit ruhiger Stimme, aber weiter wutentbrannt. »Sie sind ein Lügner durch und durch. Sie lügen das Blaue vom Himmel herab. Doch wenn Sie sich weiter verstocken, kommt Sie das teuer zu stehen. Man wird Sie aufhängen! Begreifen Sie, was das bedeutet? Man wird Sie auf das aus ungehobelten Brettern gezimmerte Schafott führen. Man wird einen schwarzen Sarg vor Sie hinstellen. Der Henker wird die dicke Schlinge mit den Pranken nehmen und sie um Ihren schmalen Hals werfen. Sie werden mit den Beinen zappeln. Ihre geschwätzige Zunge wird Ihnen zur Kehle raushängen...«

»Hören Sie auf, Herr Oberstleutnant«, sagte Skurlatski und verzog das Gesicht. »Das sind ja furchtbare Geschichten, es ist mir unangenehm, sowas hören zu müssen.«

»Sie sind wohl erschrocken«, sagte Sudejkin lebhaft. »Ausgezeichnet. Denken Sie daran, daß alles in Ihrer Hand liegt. Sagen Sie, daß es ein Scherz war, und ich lasse Sie sofort frei.«

»Nein«, sagte Skurlatski mit Festigkeit, »die Pflicht gebietet es mir, den mir auferlegten Weg zu Ende zu gehen.«

»Sie sind ein Dummkopf! Ein Riesenesel!« brüllte Sudejkin wieder los. »Der Teufel soll Sie alten Schafskopf holen!« Sudejkin schlug mit der Faust gegen die Tischplatte. »Ich lasse Sie frei. Gehen Sie.«

»Wohin soll ich gehen?«

»Gehen Sie, wohin Sie wollen. Zum Teufel. Oder sonstwohin.«

Skurlatski ließ sich auf die Stuhllehne zurückfallen, legte das eine Bein über das andere und umklammerte mit den Fingern das Knie.

»Ich kenne euere Polizistenmätzchen«, lächelte er verstehend.

»Ich gehe los, und ihr schickt euere Spitzel und Spione aus, um mich zu observieren. Um zu ermitteln, mit wem ich mich treffe. Aber ihr habt euere Rechnung ohne mich gemacht. Bringt mich in die Zelle und hängt mich meinethalben auf. Ich fürchte mich nicht davor. Ich spucke euch ins Gesicht.«

Skurlatski stand von seinem Stuhl auf und machte sein Wort buchstäblich wahr. Er spuckte Sudejkin ins Gesicht. Der nahm das recht gelassen auf. Er bekam keinen neuen Wutanfall, sondern sagte nur, während er sich die Spucke mit dem Schnupftuch vom Gesicht wischte:

»Sie sind ein Dummkopf, Skurlatski.«

»Danke, gleichfalls«, sagte Skurlatski und rollte die Augen.

»Sie sind ein Verrückter.«

»Sie sind selber ein Verrückter. Und außerdem sind Sie ein Tier in Polizistenuniform. Ich werfe dir meinen Handschuh ins Gesicht, du Tier, und wenn du ein Edelmann bist, dann werden wir uns morgen duellieren!«

Sudejkin nahm vom Schreibtisch eine kleine Messingglocke und läutete. In der Tür erschienen zwei Gendarmen.

»Bringt ihn in seine Zelle«, sagte Sudejkin erschöpft. »Und legt ihm Ketten an.«

Skurlatskis weiteres Schicksal verliert sich im Dunkeln. Wenn man alle über ihn kursierenden Gerüchte sammelt und das Glaubwürdige vom weniger Wahrscheinlichen scheidet, dann ergibt sich etwa dieses Bild.

Skurlatskis Aussagen gegenüber Oberstleutnant Sudejkin brachten die zuständigen Behörden und Sphären völlig durcheinander. Ihn verhörten der Direktor des Polizeidepartements, der Präsident der Gerichtskammer und sogar der Innenminister. Die zahllosen Verhöre brachten für Skurlatski eine starke körperliche Belastung mit sich, doch er hielt sich wacker und standhaft und ließ sich nichts anmerken. Seine hartnäckig wiederholte Behauptung, niemand anderer als er sei der Verfasser des an Zar Alexander den Dritten adressierten Briefes, wurde durch die anderen Ermittlungsergebnisse in keiner Weise bestätigt. Auch seine Zugehörigkeit zum Exekutivkomitee ließ sich nicht nachweisen. Die zu jenem Zeitpunkt festgenommenen Mitglieder der Partei der Terroristen versicherten bei allen Gegenüberstellungen einstimmig, sie würden diesen Mann zum erstenmal im Leben sehen. Wenn die Verhörbeamten von Skurlatski eine Erklärung für diesen sonderbaren Umstand verlangten, pflegte er jedesmal mit einem sarkastischen Lächeln zu sagen, die unter Revolutionären geltenden Regeln der Konspiration ließen es nicht zu, einen Kampfgenossen während einer polizeilichen Gegenüberstellung wiederzuerkennen.

Die Ermittlungsbehörden hielten in Sachen Skurlatski noch ein Mittel parat, das sie endlich, als ihnen der Geduldsfaden riß, in Anwendung brachten. Man führte seine Ehefrau, von der es hieß, Skurlatski würde sie von Herzen lieben, in seine Zelle. Eine Nacht lang flehte sie ihren Ehegemahl mit Tränen in den Augen an, von seinem wahnsinnigen Beginnen abzulassen und zuzugeben, daß jene Autorschaft von ihm erfunden worden war; daß nicht er, sondern jemand ganz anderer den vermaledeiten Brief geschrieben hatte. Skurlatski war im Umgang mit der Ehefrau die Sanftmut selber, doch er ließ sich durch ihr Flehen nicht beirren und beharrte weiter auf seiner Darstellung.

Der Gerichtsfall des Schriftstellers Skurlatski war so sonderbar geartet, daß er schließlich dem Vorsitzenden des Heiligen Synods Konstantin Pobedonoszew vorgelegt wurde, der sich seinerseits an den Kaiser wandte. In einem die Unterlagen begleitenden Brief schrieb Pobedonoszew, Skurlatskis Aussagen und Selbstbezichtigungen seien zwar unstreitig die Ausgeburt seiner allzu lebhaften Einbildungskraft, doch die Richtung, die der Mann seinen Gedanken gäbe, würde ein hohes Maß an moralischer Verderbtheit und übler Gesinnung verraten, weshalb es angebracht und tunlich sei, auf diesen ehemaligen Schriftsteller das gleiche Strafmaß anzuwenden wie auf die tatsächlichen Übeltäter und Staatsverbrecher. Es kam das Gerücht auf, der Herrscher aller Reußen hätte mit Allerhöchster Hand an den Rand eines zu den Unterlagen des Falles Skurlatski gehörenden Blattes die Marginalie geschrieben: »Der Halunke ist zu richten und zu henken. A.« Daraufhin seien, so hieß es gerüchtweise weiter, an den Allerhöchsten Namen mehrere Petitionen von Literaten und Medizinern eingegangen. Die Bittsteller erkannten an, daß Skurlatskis Gedankenrichtung eine schadenstiftende und gemeingefährliche sei, wiesen den Kaiser jedoch darauf hin, Skurlatskis Selbstbezichtigungen seien nur als Folge einer starken psychischen Zerrüttung zu erklären, die den Leuten, die ihn näher kannten, auch schon früher an ihm aufgefallen war. Der Kaiser konnte sich diesen Rufen nicht versagen. Er machte seine erste Randbemerkung wieder rückgängig und ersetzte sie durch folgende: »Da die Gesetze des Reiches es nicht erlauben, den elenden Lügenbold der Prügelstrafe zu unterziehen, ist derselbe in ein Haus für Geistesgestörte zu bringen. Dort hat er bis zu seiner völligen Wiedergenesung zu verbleiben, die hoffentlich noch lange auf sich warten lassen wird. A.«

Der Wunsch des Kaisers ward erfüllt. Skurlatski wurde in eine psychiatrische Klinik eingeliefert. Auf deren Insassen machte er den stärksten Eindruck. Der Eindruck war so nachhaltig, daß sechs der in der Klinik internierten Napoleons ihre Wahnidee leicht korrigierten und sich fortan »Skurlatski« nannten.

Später soll in der Klinik eine neue Form von psychischer Erkrankung aufgetreten sein, der die Medizin den Namen »kollektiver Größenwahn« gab. Eine Gruppe von Patienten gab sich für das Exekutivkomitee aus. Jedesmal, wenn es auf den Frühling zuging, wurden die Mitglieder dieser Gruppe von einer seltsamen Unruhe ergriffen. Sie sammelten leere Konservenbüchsen und gruben an den unpassendsten Stellen die Erde auf.

Endlich kam es so weit, daß an einem Ersten März im Schreibtisch des Oberarztes durch einen Draht verbundene Konservenbüchsen gefunden wurden. Andere nichts Gutes verheißende Drähte führten von den Büchsen zur Zimmerwand und verschwanden dort.

Alle Insassen der Anstalt wurden, zu ihrer Sicherheit, sofort evakuiert, die Polizei umstellte das Areal. Als man die Büchsen, unter Wahrung aller gebotenen Vorsichtsmaßregeln, öffnete, entdeckte man darin jedoch nichts Alarmierendes. Die Büchsen waren mit Haferschleim gefüllt, der in der Klinik täglich auf der Speisekarte stand und den Insassen längst zum Hals raushing. Die Drähte führten ins angrenzende Krankenzimmer, zum Bett eines der beiden falschen Skurlatskis.

Das weitere Schicksal des echten Skurlatski bleibt unaufgeklärt. Der Autor dieses Beitrags fand in den Archiven bisher nichts Erhellendes. Er war und bleibt folglich auf Mutmaßungen darüber angewiesen, was aus dieser denkwürdigen Persönlichkeit letztendlich geworden sein mag.

Autobiographische Erzählungen

Vorbemerkung des Autors

Damals, als ich beschlossen hatte, Schriftsteller zu werden, wollte ich gleich damit beginnen, meine Memoiren zu schreiben. Ich war zweiundzwanzig Jahre alt, und alles, was sich in meinem kurzen Leben ereignet hatte, stand mir noch klar und deutlich vor Augen. Bedeutende Leute jedoch sagten mir, bevor ich meine Memoiren schreibe, müsse ich erst einmal auf irgendeinem Gebiet berühmt werden. Da das Gebiet der Schriftstellerei dem Schreiben von Memoiren am nächsten kommt, beschloß ich, auf diesem Gebiet berühmt werden zu wollen und begann damit, Geschichten und Erzählungen zu schreiben, indem ich meine Erinnerungen Freunden mündlich bei einem Glas Wodka oder auch ohne vortrug. Ich erzählte von meinem Leben als Zimmermann, als Flugmechaniker, Schmied, als Instrukteur des Rayonexekutivkomitees und so weiter. Irgendwann einmal gab mir ein Freund den Rat, doch diese Erzählungen niederzuschreiben und unter dem gemeinsamen Titel ›Als ich … war‹ zu publizieren. Die Idee gefiel mir, doch beeilte ich mich nicht sonderlich, sie in die Tat umzusetzen. Dennoch schrieb ich irgendwann und irgendwie während der Arbeitszeit die folgenden vier Erzählungen, drei davon über meine Soldatenzeit: Das Ganze hat sich in Polen abgespielt, in einer Schule für Flugmechaniker. Die vierte Erzählung bedarf keiner Erläuterungen.

Onkel Wolodja

Im Herbst sechsundfünfzig war es mir nach langen Widerwärtigkeiten und Strapazen gelungen, in Moskau Fuß zu fassen: Wegen Mangel an Arbeitskräften (das Wort habe nicht ich erfunden) hatte man den Bauorganisationen die Genehmigung erteilt, Arbeiter von außerhalb der Stadt einzustellen, mit vorübergehender Aufenthaltsgenehmigung natürlich. So kam ich in eine Wohnbaracke in der Nähe des Rasguljai-Platzes.

In unserem Zimmer standen acht Pritschen. Hier schliefen Onkel Wolodja Golowin, Onkel Sergej Swinzow, Tolik Tschekmarew, Wolodka Krikunow, Fedja Utkin, Saschka Peskow, Saschka Schmakow und ich.

Zu dieser Zeit war Onkel Wolodja einundfünfzig Jahre alt, Onkel Sergej dreiundfünfzig. Der eine wie der andere waren mehr als doppelt so alt wie wir anderen. Beide arbeiteten bei uns in der KWA, der Kommunalen Wohnungsabteilung, ersterer als Schlosser vom Dienst, letzterer als Hausmeister. Beide waren sich spinnefeind.

Onkel Sergej konnte Onkel Wolodja nicht ausstehen, weil der ihn nicht ausstehen konnte,wobei Onkel Wolodja keinerlei konkrete Gründe hatte, er haßte den Hausmeister einfach so.

Wenn Onkel Wolodja einen über den Durst getrunken hatte, war es sein Hauptvergnügen, Geschirr zu zerschmeißen. Er schnappte die Gläser, Teller und Untertassen vom Küchentisch, der in der Mitte des Zimmers stand und versuchte, sie gegen die Deckenlampe zu donnern. Es muß allerdings gesagt werden, daß es ihm kein einziges Mal gelang, die Lampe zu treffen, dafür landeten und zerschellten die Gläser und Teller an der gegenüberliegenden Wand. Das Geschirr ergoß sich in einem Scherbenregen über Tolik Tschekmarew, der an dieser Wand schlief. Anfangs war Tolik jedesmal aufgesprungen, aber dann gewöhnte er sich allmählich daran und kroch einfach nur noch tiefer unter seine Bettdecke. Den Kopf steckte er auf alle Fälle unters Kopfkissen.

Schon bald hatten wir kein einziges Stück Geschirr mehr, das sich zum Zerschlagen eignete – die Gläser und Teller hatten wir durch Aluminiumschüsseln und -becher ersetzt. Zweimal hatte Onkel Wolodja versucht, sich dieser Gegenstände zu bedienen, aber die Lampe blieb genau wie früher unerreichbar, nur brachte das Metallgeschirr nicht den früheren Effekt, wenn es natürlich durchaus für nicht weniger Krach sorgte.

Aber Onkel Wolodja war ein erfinderischer Mensch und dachte sich ein neues Vergnügen aus: War er wieder mal voll, holte er sein Rasiermesser aus dem Nachttisch und jagte damit um den Tisch herum hinter dem schmächtigen, unglückseligen Onkel Sergej her. Ich glaube nicht, daß diese Vorstellung für Onkel Sergej in irgendeiner Weise hätte gefährlich werden können; das Gehabe seines Widersachers, der feige um den Stuhl herumsprang, war ihm einfach nur Ersatz für andere Vergnügen.

Als es dem Hausmeister schließlich geglückt war, aus dem Zimmer in den Korridor hinauszuschlüpfen, kam Onkel Wolodja mit geöffnetem Rasiermesser auf mich zu und blickte mir lange in die Augen. Dann nahm er seine Steppjacke von der Stuhllehne.

»Ich gehe«, sagte er zu mir. »Siehst mich nicht wieder. Mir hängt das Leben zum Halse raus. Du verstehst mich, aber die da...« er zeigte auf die anderen im Zimmer, »das sind Schwachköpfe. Pures Mittelmaß.« Er begann nachzudenken und nach einem neuen Wort zu suchen. »Lausepack. Die begreifen gar nichts. Leb wohl. Mein Rasiermesser ist scharf. Ich gehe.«

Am nächsten Morgen kam er durchaus lebendig und gesund zurück, weshalb er eine ziemlich schuldbewußte Miene zur Schau trug.

Er war groß und schwer gebaut. Sein Gesicht war ein wenig aufgedunsen und bleich. Die dichten schwarzen, abstehenden Brauen schienen wie aufgeklebt. Sein Kopf war völlig kahl, und die restlichen Haare hinter den Ohren, an den Schläfen und im

Nacken rasierte er ohne jede anderweitige Hilfe mit besagtem Rasiermesser weg.

Alles, was er besaß, war: eine Steppjacke und zwei Anzüge – einen Ausgeh- und einen Arbeitsanzug. Der eine wie der andere waren aus Baumwolle. Nur war der eine alt und schmutzig, der andere zwar auch nicht ganz neu, dafür aber sauber und gebügelt. Dann eine Schirmmütze aus demselben Material und mit schmalem Schirm sowie Pantoffeln aus Segeltuch mit Lederbesatz an Spitze und Fersen. Außerdem besaß er noch eine Gitarre nebst Lehrbuch für den Selbstunterricht.

Unsere Pritschen standen nebeneinander. An dem Tag, als ich zum ersten Mal mit meinem Einweisungsschein vom Verwalter in der Baracke erschien, begrüßte mich Wolodja höchst unfreundlich. Er saß auf dem Bett, starrte angespannt in die vor ihm auf dem Hocker liegenden Noten und zupfte an einer Saite. Erst an der einen, Blick in die Noten, dann an der anderen, wieder Blick in die Noten. Von mir nahm er nicht die geringste Notiz.

Ich verstaute meinen Koffer unter dem Bett und öffnete den Nachttisch. Er war von oben bis unten vollgestopft mit Konservengläsern, Tüten voll Graupen, Zucker und anderen Lebensmitteln.

»Gehört das alles Ihnen?« fragte ich.

»Jawohl, mir«, antwortete er finster.

»Könnte man nicht wenigstens ein Fach für mich freimachen?«

»Bitte sehr.«

Ohne sonderliche Begeisterung legte er die Gitarre beiseite und begann, die Konservengläser und Tüten, die ich ihm reichte, unter seinem Bett zu verstauen.

»Als was hat man Sie hier eingestellt?« fragte er liebenswürdig und gab mir unverhohlen zu verstehen, daß ich einen intelligenten Menschen vor mir hatte.

Um zu zeigen, daß ich auch nicht gerade von gestern bin, antwortete ich, daß man mich als Zimmermann eingestellt habe, aber nicht auf lange, nur bis ich in Moskau eine Unterkunft fände und überhaupt sei ich, wie sich wohl von selbst verstehe, nicht hierher gekommen, um als Zimmermann zu arbeiten. Ich habe, ließ ich durchblicken, etwas anderes vor.

»Und was?« fragte er spöttisch.

»Ich schreibe dann und wann«, erklärte ich bescheiden.

»Wohl Dichter?«

In unserem Literarischen Klub, dem ich bis zu dieser Zeit angehört hatte, nannte sich jeder Dichter, der irgendwann einmal mit der Feder Papier berührt hatte. Das galt als völlig normal, und so antwortete ich gelassen:

»Ja, Dichter.«

»Dichter?« Er wurde lebendig im Vorgeschmack einer Abrechnung. »Da will ich Sie gleich mal testen: ›Ich breche schichtige Felsen bei Ebbe auf schlammigem Grund.‹ Woher ist das?«

Hier mußte ich passen. Auf alle Fälle machte ich den Versuch, mich irgenwie schlau aus der Affäre zu ziehen:

»Ist irgendwas Bekanntes ...«

»Was Bekanntes?« Er war ganz Ironie. »Was Bekanntes! Das ist ›Der Nachtigallengarten‹. Schon mal den Titel gehört?«

»Ah, ja, Heine.« Ich glaubte es erraten zu haben.

»Das ist ein Poem von Aleksander Blok«, sagte er leise und zog die Gitarre wieder zu sich heran. Ich interessierte ihn offenbar nicht mehr. Fünf Minuten später erinnerte er sich dann wieder an mich und sagte:

»Sie sind ein Dilettant.«

Heute kann ich es ja zugeben, aber damals wußte ich nicht einmal, was dieses Wort bedeutet. Und da ich kein Fremdwörterbuch zur Hand hatte, wagte ich nicht zu widersprechen.

Ich will auch gleich sagen, daß er schon sehr bald sein Verhalten mir gegenüber änderte. Das lag vermutlich daran, daß ich zu dieser Zeit viel arbeitete und las und immer über die neuesten Ereignisse in der Literatur informiert war, vielleicht aber auch deshalb, weil ich bereits einen gewissen Erfolg verbuchen konnte – zwei meiner Gedichte waren im ›Moskauer Bauarbeiter‹ erschienen.

Schon am ersten Tag unserer Bekanntschaft war mir klar geworden, daß Onkel Wolodja erst vor kurzem »entkommen« sein mußte, das heißt, aus der Haft entlassen, wo er fünfundzwanzig Jahre, wenn nicht mehr, abgesessen hatte. Später sagte er mir, daß er irgendwann einmal Sozialrevolutionär gewesen sei und dafür habe büßen müssen. Ich habe ihm damals nicht geglaubt und bin auch heute noch der Ansicht, daß er wohl eher wegen eines kriminellen Vergehens gesessen hat, wenngleich zu den Zeiten damals alles möglich gewesen ist. Bisweilen liebte er es, zu verstehen zu geben, daß er im Lager der »Old daddy« gewesen sei und alle Kriminellen vor ihm »gekatzbuckelt« haben. Daran wird wohl etwas Wahres gewesen sein, und dennoch neige ich zu der Ansicht, daß er wohl eher sein Wunschdenken als Faktum hinstellte, nämlich selber während der langen Jahre, in denen er gesessen hat, gekatzbuckelt hat und sich hat erniedrigen lassen, was er sich selbst nicht eingestehen wollte und sich deshalb in die Rolle des »Lagerkönigs« hineinsteigerte, wobei er wohl irgendeinen anderen vor Augen hatte, der er lange Zeit schon zu sein wünschte.

Für seine Arbeit in der KWA bekam er sechshundert Rubel in altem Geld abzüglich der Steuern. Hin und wieder kam er an irgendeine Schwarzarbeit, aber das war selten und brachte offensichtlich zu wenig, um sein Budget merklich aufzubessern. Was mich in Erstaunen versetzte, war seine Fähigkeit, mit seinen Einnahmen hauszuhalten. Jedesmal, wenn es Vorschuß gab oder Lohn, deckte er sich mit Graupen, Makkaronis und Zucker ein, kaufte Kartoffeln, eingemachten Borstsch und anderes mehr, alles in dem Vorhaben, bis zur nächsten Lohnzahlung ausreichend versorgt zu sein. Außerdem gab er Onkel Sergej fünfzig Rubel, die er auf Anforderung zurückzugeben hatte. Warum er ausgerechnet seinen Feind zu seinem Schatzmeister machte, weiß ich nicht. Es war nun einmal so.

Er achtete sehr auf seine Gesundheit, bestand darauf, daß im Zimmer nicht geraucht wurde und nachts das Klappfenster geöffnet war (und alle schlotterten vor Kälte, bis Saschka Peskow rebellierte) und betrieb die Esserei geradezu wissenschaftlich: morgens gekochte Kartoffeln oder Eierkuchen, Tee und Brot mit Butter, zum Mittagessen Vorspeise und erstens, zweitens, drittens, zum Abendessen dann wieder so, wie es sich gehört. Wir andern verdienten alle, die wir da waren, mehr als er, aber das sprang bei uns nicht raus. Wenn wir zum Beispiel Makkaronis kochten, gab es die zum Frühstück, zum Mittagessen und zum Abendbrot, so viel eben die Kasserolle hergab. Zum Teil machten wir das aus Faulheit so, denn keiner hatte Lust, sich mit der Kocherei abzurackern, zum Teil aber auch, weil das Geld einfach nicht langte. Am allerinteressantesten aber war, daß er auch bei weitem mehr trank als auch nur irgendeiner von uns. An dem Tag, an dem es Lohn gab, kaufte er sich, nachdem er sich für einen halben Monat im voraus mit Lebensmitteln eingedeckt hatte, einen Viertelliter Schnaps und steckte ihn unauffällig unter seine Steppjacke. Er trug den Schnaps rechts unter der Achselhöhle bei sich, mit dem Ellenbogen an die Seite geklemmt, wodurch sich seine linke Schulter nach oben schob und sein Gang seltsam anmutete, so, als wäre der eine Fuß kürzer als der andere. Jeder von uns konnte, wenn er Onkel Wolodja auf der Straße traf, ohne Mühe erkennen, daß er sein Viertelchen bei sich trug. Er pflegte den Wodka im Nachttisch zu verstecken, um dann nach allen Regeln der Kunst sein Abendessen zuzubereiten, stellte das Ganze auf einen Stuhl, den er mit einer Zeitung bedeckte, und machte sich ans Essen. Er trank in kleinen Schlukken und kaute gründlich. Erste Anzeichen dafür, daß er nicht mehr nüchtern war, zeigten sich darin, daß er geradeaus vor sich hinstierte und mit irgendeinem imaginären Gesprächspartner zu polemisieren begann. »Ja«, sagte er dann herausfordernd. »Nein«, folgte überzeugt die Ablehnung. »Sie haben sich, gnädiger Herr, ein wenig zu viel herausgenommen. Ja. Nein. Verzeihen Sie, ich habe Sie nicht recht verstanden.«

Dieser Rauschzustand dauerte nicht lange und ging schon bald in den nächsten über, indem Onkel Wolodja den leeren »Tröster« sowie die restlichen Lebensmittel in den Nachttisch verstaute und damit anfing, Onkel Sergej um den Tisch herum zu jagen.

Anschließend ging dann eben die Vorstellung über die Bühne, mit deren Beschreibung ich meine Erzählung begonnen habe. Am zweiten, dritten, manchmal auch vierten Tag setzte er dann alles daran, nicht zur Arbeit gehen zu müssen, um so mehr, als ihm das Amt eines Schlossers vom Dienst das ermöglichte. Dann ging allmählich das Taschengeld zu Ende und mit ihm die Vorräte. Den halben Hunderter, den ihm Onkel Sergej zurückgab, setzte er nicht in Alkohol um. Es reichte so gerade für Brot und Butter bis zum Zahltag. Alles war bis zum letzten durchgerechnet. Ich kann mich an kein einziges Mal erinnern, daß er von jemandem Geld geliehen hätte, ebenso, wie ich mich nicht erinnern kann, daß er jemals einem anderen etwas geliehen hätte.

Von Zeit zu Zeit kam eine Erzieherin zu uns, Tamara Andrejewna Konoplewa, eine gesunde, hochgewachsene Frau, bekannt für ihre Energie und ihren Mut. (Wenn in der Gemeinschaftswohnung eine Schlägerei im Gange war, griff sie wagemutig ein und schaffte auf der Stelle Ordnung.)

»Wladimir Michailowitsch«, sagte sie streng. »Sie haben sich gestern schon wieder ungebührlich betragen, sind gewaltsam bei den Mädchen in Zimmer zweiundvierzig eingedrungen.«

»Wirklich?« sagte Onkel Wolodja so unschuldig wie verwundert. »Könnte es nicht sein, daß Sie falsch informiert sind?«

»Bei uns gibt es keine falschen Informationen. Schließlich sind dergleichen Dinge nicht gerade passend für jemanden, der schon in den Jahren ist, könnten schließlich Ihre Töchter sein, diese Mädchen...«

Onkel Wolodja stand da, Hände an die Hosennaht, ein wenig zu Tamara Andrejewna hingebeugt, und hörte sie äußerst aufmerksam an, als versuche er zu verstehen und sich zu erinnern.

»Verzeihen Sie«, sagte er, »es handelt sich offenbar um den schlechten Einfluß des Alkohols...« versuchte er sein Verhalten wissenschaftlich zu erklären.

Tamara Andrejewna drohte ihm mit den schlimmsten Strafen

– bis hin zur Kündigung und damit, ihn vor Gericht zu zitieren, und ging.

In den Pausen zwischen seinen periodischen Besäufnissen saß Onkel Wolodja ganze Abende lang mit seiner Gitarre in der Hand, schaute in das vor ihm liegende Lehrbuch für den Selbstunterricht und zupfte an einer Saite. Ich hatte ihn mehrmals gebeten, irgendetwas zu spielen, aber er lehnte immer ab, um dann doch plötzlich und unerwartet ohne alles Bitten anzufangen zu spielen. Mir scheint, das Stück hieß ›Ungarische Polka‹. Ich hatte vor allem Gelegenheit gehabt, Gitarristen zu hören, die die Gitarre wie eine Balaleika handhabten, nämlich alle Saiten zugleich anschlugen. Onkel Wolodja dagegen spielte auf meisterhafte Weise, er brachte jede Saite einzeln zum Klingen, und seine Art zu spielen glich der des bekannten Gitarristen Iwanow-Kramski. Ich erinnere mich noch gut, wie ich im höchsten Grade erstaunt war, als ich ihn einmal so spielen hörte. Und ein Mensch mit solch einem Talent arbeitet als Schlosser bei der KWA!

»Sie müßten irgendwie versuchen, sich durchzuboxen«, sagte ich im Brustton der Überzeugung, daß sich nun mal jeder für irgendetwas im Leben durchboxen müsse. »Sie müßten irgend jemanden aus der Musikerbranche kennenlernen ...«

»Ich habe da einen Bekannten«, sagte Onkel Wolodja. »Haben Sie schon einmal von dem Komponisten Kostenko gehört?«

»Nein, habe ich nicht«, mußte ich zugeben.

»Ich habe mit ihm zusammen gesessen. Übrigens, Gitarrist sein und irgendsoein dämliches Publikum ergötzen ...« er schüttelte angewidert den Kopf.

Sein Widerwillen gegen das »dämliche Publikum« wurde, wie mir erst später klar wurde, noch verstärkt durch seinen völligen Mangel an Gehör. Die ›Ungarische Polka‹ übte er ein halbes Jahr lang und war dabei außerstande, auch noch irgendetwas anderes zu spielen.

Manchmal kam es vor, daß er sich mit Onkel Sergej auch im nüchternen Zustand in die Haare kriegte, wobei nur schwer zu begreifen war, worum es eigentlich ging.

»Sergej«, sagte Onkel Wolodja, »wieso bist du eigentlich so dumm?«

»Wer ist dumm?«

Onkel Sergej, der vor seinem Widersacher, wenn er nüchtern war, keinerlei Angst hatte, sprang wie von der Tarantel gestochen auf.

»Nicht ich.«

»Ich und dumm?« ereiferte sich der Hausmeister. »Ich soll dumm sein?«

»Jawohl, saudumm«, versicherte Onkel Wolodja seelenruhig. »Dumm wie Bohnenstroh. Wie die Sünde. Dümmer als die Polizei erlaubt.«

Onkel Sergej begann, nervös im Zimmer hin und her zu laufen.

»Und du bist natürlich klug, wie?« sagte er. »Ach ja, und wie klug! Dabei hast du dein ganzes Leben gesessen! Und ich soll also ein Dummkopf sein. Ich und ein Dummkopf! Schau mal her, was ich hier im Kopf habe – Splitter, vier an der Zahl! Und die Nase ist auch lädiert – hier, faß mal an!«

»Was geht mich deine Nase an?« wunderte sich Onkel Wolodja.

»Meine Nase? Da habe ich schließlich in Tschita Kisten voll Medaillen entladen... Könnte dir noch einen ganzen Roman erzählen!«

»Einen Roman?« Onkel Wolodja blickte ihn neugierig an. »Na, dann schieß mal los!«

»Schieß mal los, erzähle!« äffte ihn der Hausmeister hämisch nach. »Für umsonst, wie? Im Jahre dreißig sind die Leute zu mir gekommen, jawohl, haben Geld gezahlt, jawohl, und du willst's für nichts und wieder nichts? Hundert Gramm Sprit her, hier auf den Tisch, sage ich dir!«

»Du bist zwar beschränkt, aber auch ganz schön schlau dabei. Für hundert Gramm kann ich mir Leo Tolstoi kaufen und lesen...«

»Dann lies doch«, Onkel Sergej war durchaus einverstanden, »aber meinen Roman werde ich dir nicht erzählen. Oder meinetwegen bloß den Anfang: Im Jahre eintausendachthundertfünf fuhr der Kaufmann der Ersten Gilde Iwan Semjonow Korolew mit seinen Töchtern Sonja und Lisa von Sankt Petersburg nach Moskau ...«

Damit verstummte Onkel Sergej und wandte sich von Onkel Wolodja ab.

»Und weiter?« fragte Onkel Wolodja.

»Weiter? Und weiter erzähle ich, wenn du hundert Gramm rausrückst, und zwar hier auf den Tisch.«

Onkel Wolodja rückte die hundert Gramm nicht heraus, und damit endete der »Roman«. Onkel Wolodja nahm seine Gitarre von der Wand und spielte irgendein Nocturne von Chopin, an dem er bereits seit einem halben Jahr herumprobierte.

Seine Gitarre war alt und klirrte. Irgendwo hatte ich einmal gehört, daß der Klang einer Gitarre um ein Vielfaches besser wird, wenn man sie zertrümmert und anschließend wieder zusammenleimt.

Ich erzählte Onkel Wolodja beiläufig davon. Mit Blick auf den Hausmeister sagte er:

»Also, nächstes Mal lasse ich mich vollaufen und zerschmettere sie auf Sergejs Birne. Zwei Fliegen mit einer Klatsche, doppelter Gewinn.«

Onkel Sergej kam daraufhin wieder in Fahrt und fing an, im Zimmer hin und her zulaufen.

»Zertrümmern willst du sie, wie? Die Gitarre? Bring sie lieber deiner Frau zurück, jawohl. Aber erst mal ausfindig machen, und dann hübsch zurück mit der Gitarre. Und dann ›Komm her zu mir, an die Kehle mit dem Messer‹.«

Onkel Sergej hatte es in den dreiundfünfzig Jahren seines Lebens nicht geschafft, seine Gedanken zusammenhängend formulieren zu können, aber wir wußten, worum es ging.

Onkel Sergej war kurze Zeit vor mir in unsere Wohnbaracke eingezogen. Er hatte irgendwo ein eigenes Zimmer, wo seine Frau mit seiner erwachsenen Tochter wohnte. Larissa, seine Tochter, war unverheiratet, nahm Kerle mit aufs Zimmer und setzte den Vater, der sie ihrer Meinung nach störte, kurzerhand vor die Tür. Sie hatte sogar der Mutter verboten, sich mit ihm zu treffen, doch kam die Mutter hin und wieder heimlich zu ihm und blieb dann über Nacht bei uns im Zimmer. Sie war klein, scheu, schaute einen jeden von uns ängstlich an und lächelte jedem untertänig zu.

Einmal, Onkel Sergej hatte sich gerade mit seiner Frau schlafengelegt, kam Onkel Wolodja und ließ, betrunken wie er war, keinen ein Auge zumachen, indem er ständig der Frau des Hausmeisters zubrüllte:

»Komm her zu mir, und dann – gehe ich ihm mit dem Messer an die Kehle.«

Sie lag da, vor Angst zu allem bereit und mit allem einverstanden, hatte aber vor ihrem Mann genauso große Angst. Onkel Wolodja wiederholte ein paarmal seinen Vorschlag, um schließlich friedlich einzuschlafen.

Manchmal brachte Onkel Wolodja Jugendfreundinnen mit in die Baracke, trank mit ihnen und umarmte sie vor aller Augen.

Es waren drei oder vier, diese Jugendfreundinnen, aber ich erinnere mich nur noch an eine, Schura, denn sie kam öfter zu uns als die anderen. Für uns war sie nichts weiter als eine alte Frau. Klein, grauhaarig, so kam sie immer in ein und demselben, schon mächtig abgetragenen Mantel mit dem grauen Kragen aus Kunstpelz und ein und demselben schwarzen Kleid voller Fettflecken.

Onkel Wolodja teilte mit ihr sein Viertelliterchen und begann mit seinen Verdiensten und Erfolgen im Leben zu prahlen. Und wenn seine eigenen Erfolge nicht langten, prahlte er mit denen anderer.

»Wenn wir auch Arbeiter sind, so sind wir doch nicht ohne schöpferisches Feuer. Ich mache Musik, und Wolodka ist der Dichter unter uns. Druckt sogar Gedichte in Zeitungen! Wolodka, lies ihr irgendein Gedicht von dir vor!«

Schura öffnete freudig und weit ihren Mund mit dem einzigen sichtbaren Zahn und brachte so ihre Bereitschaft zum Ausdruck, jede Art von Amusement mitzumachen.

Sie ging lange vor Tagesanbruch, wenn wir alle noch schliefen.

Eines Tages war Onkel Wolodja nach der Arbeit noch irgendwohin gegangen und kam am Abend um neun völlig nüchtern und ungewöhnlich erregt wieder, machte sein Bett, nahm den Teekessel vom Tisch, auf dem die Kasserollen stehen, machte sich Gott weiß wie zu schaffen und fegte das Zimmer.

Als ich ihn fragte, was das alles zu bedeuten habe, antwortete er:

»Wirst schon sehen.« Und kicherte höchst unsolide.

Bald darauf erschien eine Art Fee. Sie unterschied sich von seinen anderen Bekanntschaften schon durch ihre Kleidung: Sie trug einen teuren, wenn auch abgetragenen Pelz und ein dunkles Wollkleid, und ihr Mund war voller Goldzähne.

Onkel Wolodja stellte seinen Viertelliter auf den Tisch.

»Ich trinke nicht«, wehrte die Fee entschieden ab.

»Warum nicht, Njusja?«

Einen so zärtlichen Unterton hatte ich in der Stimme von Onkel Wolodja noch nie vernommen.

»Das weißt du selber.«

Sie blickte um sich, offenbar war es ihr unangenehm, sich mit ihm in Gegenwart anderer zu unterhalten.

»Unsinn«, sagte Onkel Wolodja. »Nimmst einen Tee hinterher. Tee nimmt den Alkoholgeruch.«

Sie zuckte mit den Schultern und lächelte in meine Richtung. Ich rief Tolik Tschekmarew beiseite – außer ihm war niemand im Zimmer –, und wir gingen hinaus.

Nach zwei Stunden kam ich zurück. Was ich vorfand, war das gewohnte Bild: Onkel Wolodja jagte mit offenem Rasiermesser hinter Onkel Sergej her. Saschka Peskow saß in Turnhose und Turnhemd auf seinem Bett und beobachtete düster, was vor sich ging.

Kaum war ich aufgetaucht, fing er plötzlich an loszutoben:

»Verfluchte Scheiße, wann wird das bloß endlich mal ein Ende haben?«

Völlig überrascht hielt Onkel Wolodja inne. Es war noch nie

vorgekommen, daß ihn hier jemals jemand angeschrien hatte. Onkel Sergej japste an der anderen Seite des Tisches wie ein abgehetztes Pferd.

»Was willst du?« fragte Onkel Wolodja drohend.

»Nichts«, antwortete Saschka gelassen.

»Ich werde dich, Hund du ...« Mit offenem Rasiermesser ging Onkel Wolodja auf Saschka los.

Völlig unverhofft fiel daraufhin Saschka über ihn her und versetzte seinem Gegner mit der Handkante einen heftigen Schlag gegen die Hand. Das Rasiermesser flog durch die Luft und landete direkt vor meinen Füßen. Ich hob es auf, und Onkel Wolodja stürzte sich wie wildgeworden auf mich.

»Gib das Rasiermesser her!«

Saschka stellte sich zwischen uns.

»Leg dich schlafen!«

Onkel Wolodja schaute ihn irgendwie traurig in sich zusammengesackt an, ging zu seinem Bett und blieb wie in Nachdenken versunken stehen.

»Leg dich schlafen, habe ich gesagt!«

Saschka war nicht im geringsten bereit, den Rückzug anzutreten.

Onkel Wolodja begann gehorsam sein Hemd aufzuknöpfen.

Saschka nahm mir das Rasiermesser aus der Hand und legte es unter sein Kopfkissen.

Bald darauf kamen Wolodka Krikunow und Fedja vom Tanzen zurück. Auch Tolik kam. Alle legten sich schlafen. Machten das Licht aus. Plötzlich hörte ich Onkel Wolodjas Stimme:

»Sasch, he Sasch!«

»Was ist los?« antwortete Peskow mürrisch.

»Gib mir das Rasiermesser! Will mir die Kehle durchschneiden. Einfach durch damit und Schluß. Damit ich keinen mehr quälen kann. Sasch, gib das Rasiermesser her!«

»Schlaf jetzt, aber ein bißchen dalli, kannst dir morgen die Kehle durchschneiden«, antwortete Saschka seelenruhig.

Onkel Wolodja fügte sich und verstummte. Kurz darauf hörte

ich, wie er hin und wieder die Nase hochzog. Es schien, als ob er weine.

Nach dieser Geschichte wurde Onkel Wolodja irgendwie ruhiger, und wenn er den Hausmeister zu beschimpfen anfing, schaute er jedesmal in Saschkas Richtung, wie der sich wohl dazu stellen würde. Njusja tauchte nie wieder bei uns auf. Ich hatte sie schon bald vergessen und fragte auch Onkel Wolodja nicht nach ihr. Er selber war es, der sie wieder in Erinnerung brachte.

Irgendwann einmal waren wir allein im Zimmer. Es war kurz vor dem Zahltag, das Geld war alle, und Onkel Wolodja quälte sich auf seiner Gitarre mit Chopin ab. Ich putzte meine Stiefel und machte mich fertig, um in den Literarischen Club zu gehen. Plötzlich hörte er auf zu spielen, legte die Gitarre auf die Knie und fragte:

»Gehst du in den Literarischen Club?«

»Ja«, sagte ich.

»Wenn ich dich so sehe, bist doch ziemlich seltsam«, sagte er und schwieg.

»Wieso?« fragte ich.

»Du machst nichts weiter als schreiben und schreiben. Interessiert dich denn wirklich nichts weiter? Wenn du wenigstens ein Mädchen hättest! Wie schnell ist die Jugend vorbei ...«

»Wird schon noch«, sagte ich.

»Kann sein.« Er seufzte. »Kann auch nicht sein. Komm mal her.«

Er holte aus dem Nachttisch ein kleines Foto, drei mal vier.

»Erkennst du sie?«

Auf dem Foto war ein Mädchen von etwa zwanzig Jahren zu sehen, mit einer hohen runden Mütze, wie sie, soviel ich aus Filmen weiß, Anfang der dreißiger Jahre Mode waren.

Das Mädchen erinnerte mich nicht unbedingt an eine bestimmte Person, doch war es nicht schwer zu erraten, um wen es ging, und ich fragte:

»Njusja?«

»Njusja.« Er blinzelte mir bedeutungsvoll zu. »Ist das nicht ein Mädchen?«

»Hübsch.«

Mag sein, daß das geheuchelt war, aber was sollte ich schon sagen?

»Ich wollte sie heiraten damals.« – Er schwieg. »Und jetzt hat sie schon zwei Enkel. Ihr Mann ist Geschäftsführer. Ich hab sie gefragt: ›Bereust du, daß wir damals nicht geheiratet haben?‹ Sie hat gesagt: ›Bereuen? Nein.‹ Ich habe sie gefragt: ›Und warum nicht?‹ ›Was hätte ich schon‹, sagt sie, ›für ein Leben mit dir gehabt? – Warten, während du im Kittchen sitzt?‹ Und ich darauf: ›Wieso denn, das ist doch alles vorbei und gewesen, ich sitze doch gar nicht mehr.‹ – ›Und was nützt das? Kannst dich ja nicht einmal selber ernähren, nicht mal ein Paar anständige Hosen kaufen kannst du dir.‹ Und damals, als wir jung waren, da hat sie gesagt, ihr Leben würde sie hingeben für mich. Wolodka, glaub ihnen nicht, den Weibern, nie!«

Ich weiß nicht mehr, auf welche Weise mir eine alte Nummer sei es der Pjatigorsker, sei es der Kislowodsker Zeitung in die Hände gefallen war. Auf der letzten Seite der Zeitung fand sich ein kleiner Nachruf, in dem das Parteikomitee sowie das Gewerkschaftskomitee irgendeiner Organisation mit Bedauern das vorzeitige Ende des Oberingenieurs Wladimir Michailowitsch Golowin bekanntgaben. Alles paßte: Vorname, Vatername und Familienname. Ich zeigte Onkel Wolodja den Nachruf. Als er ihn gelesen hatte, geriet er in heftige Erregung, riß mir die Zeitung aus der Hand, lief damit den Korridor entlang und zeigte sie jedem, der ihm über den Weg lief. Dann kam er ins Zimmer zurück und sagte zu mir:

»Weißt du was? Ich habe mir da was ausgedacht: Ich gebe dir die Adresse von Njusja, und du gehst zu ihr hin und zeigst ihr das. Sagst: ›Das ist alles, was von Wolodja geblieben ist.‹«

»Aber sie wird es nicht glauben«, sagte ich. »Hier steht doch ›Oberingenieur‹. Sie weiß doch, daß du Schlosser gewesen bist.«

»Was weiß sie schon. Sagst ihr, ich hätte es absichtlich geheimgehalten, hätte es nicht sagen wollen. Sei eben in Wirklichkeit Oberingenieur gewesen. Wäre interessant zu wissen, wie sie reagiert. Wird es vermutlich bereuen. Ist schließlich was anderes als Geschäftsführer.«

Den ganzen Abend lang konnte er sich nicht beruhigen, stellte sich immer wieder vor, wie ich hingehe, was ich sage, was sie antwortet und wie sie sich seinen Tod und ihren Fehler, ihn nicht geheiratet zu haben, zu Herzen nimmt, wie sie weinen wird und was sie sagen wird. Und ich dachte immer nur, warum hast du ihm nur diese Zeitung gezeigt! Zu Njusja bin ich übrigens nicht gegangen, und seinen Nachruf hat Onkel Wolodja schließlich irgendwann verloren.

Er liebte es, mit seiner Kraft zu prahlen, mit seiner Gesundheit, seiner Bildung, ja sogar mit seinen Erfolgen im Leben. Aber er liebte es auch, sein Schicksal zu beklagen.

»Da lebe ich also, allein, hab weder Verwandte noch Freunde. Das ganze Leben für die Katz. Wenn ich mal sterbe, wird keiner auch nur ein gutes Wörtchen übrig haben für mich.«

Das stimmte auch, aber er sagte es irgendwie so heuchlerisch, denn er wußte wohl, daß man in solchen Fällen so zu reden hat.

Ich tröstete ihn, so gut es ging, sagte, er müsse unbedingt heiraten, das Leben würde dann einen ganz neuen Sinn für ihn bekommen. Er sprach auch selber vom Heiraten, fing aber auch gleich wieder an aufzuschneiden, sagte, daß bei dem Erfolg, den er bei Frauen hätte, es ihm schwer fallen würde, sich für eine zu entscheiden.

Normalerweise trank er allein oder mit irgendeiner Jugendfreundin, doch manchmal auch mit Wolodka Krikunow, dem er aus irgendeinem Grunde wohlgesonnen war.

Wolodka war ein gar nicht übler, ja sogar guter Kerl, aber hoffnungslos dumm und ein Aufschneider dazu. Er mußte einfach mit jedem und allem angeben.

»Fedja«, schlug er allen Ernstes seinem Nebenmann Utkin vor, »komm mal her, wollen unsere ... messen, mal sehen, wer den längeren hat.«

Dann prahlte er noch mit einer Katze, die er aus irgendeiner Illustrierten Kästchen für Kästchen abgepaust hatte und mit seinem Können, das darin bestand, entsetzlich plumpe Küchenstühle zu zimmern. Außerdem konnte er noch irgendwelchen Stuß in Reimen hersagen, dazu wie von einer Drittperson mit den obligatorischen Einführungsworten »Und da, sagt er...«:

Und da, sagt er, kam ich halb zwei,
Und Nastja auch dabei.
Und da, sagt er, da fliegt ein Sperling,
Fang ihn dir und schlachte ihn.

Einmal sagte er zu mir:

»Weißt du, wenn ich zehn Jahre zur Schule gegangen wäre, wäre aus mir bestimmt auch ein Dichter geworden.«

Ich antwortete mit irgendwas Banalem, daß es nicht um die Zahl der Klassen ginge, sondern um das allgemeine kulturelle Niveau, daß man viel lesen müsse, um zu schreiben und so weiter und so fort.

»Nein«, mußte er zugeben, »lesen kann ich nicht. Von Büchern kriege ich Kopfschmerzen. Schlafen, das ist was!«

Irgendwann einmal kam ich so gegen elf Uhr am Abend aus dem Litclub. Im Zimmer war es dunkel. Ich wunderte mich. Wir pflegten uns normalerweise erst später schlafen zu legen. Den Geräuschen nach aber war mir klar, daß im Zimmer noch nicht geschlafen wurde. Ich fragte, ob ich Licht machen könne. Irgendjemand kicherte, und Wolodka Krikunow antwortete:

»Mach nur an!«

Ich machte das Licht an und... ich weiß nicht, wie ich's sagen soll, so verlegen und verdattert war ich.

Wolodka Krikunow und Schura trieben vor aller Augen das, was man gewöhnlich Liebe nennt. Schuras graue Haare waren über das Kissen hingebreitet, während sie sich mit rollenden Augen und ungestüm dem Vergnügen hingab. Wolodka grölte irgendwas Angeberisches von wegen Qualität, Umfang und

Größe und versprach, daß Schura nicht lebend unter ihm davonkommen werde. Das ganze Geschrei war vor allem an Fedjas Adresse gerichtet, der in seinen Turnhosen daneben stand, vor Begierde fast verging und Wolodka flehentlich bat, ihn auch an die Reihe zu lassen. Onkel Sergej sagte ernsten Blickes, indem er seine Hand zwischen die beiden Körper schob, daß er kontrollieren müsse, ob auch alles in Ordnung sei, denn schließlich sei er Kommandant. Tolik verfolgte die Szene, wobei er seine Bettdekke bis zu den Augen hochgezogen hatte, und kicherte verlegen. Am allermerkwürdigsten verhielt sich Onkel Wolodja. Er saß vor seinem leeren Viertelchen, das er, wie sich herausstellte, Schura und Wolodka überlassen hatte, und polemisierte mit irgendeiner imaginären Person, ohne auch nur auf das, was sich da vor seinen Augen abspielte, zu achten. Dann verstaute er seinen leeren »Tröster« und das, was von der Vorspeise übriggeblieben war, in seinem Nachttisch, winkte mit der Hand (nein, nicht Schura und Wolodka, sondern einfach so) und verließ das Zimmer. Ich ging ebenfalls und sah also nicht mehr, was weiter geschah. Später sagte man mir, Schura habe Fedja einen Korb gegeben und der kurz darauf gekommene Saschka Peskow habe Schura kurzerhand vor die Tür gesetzt und ihr verboten, noch einmal bei uns aufzutauchen.

Schon nach diesem Vorfall heiratete Onkel Wolodja völlig unerwartet Tante Kilja, die Pförtnerin unserer Wohnbaracke. Irgendwelche Feierlichkeiten fanden nicht statt; Onkel Wolodja suchte einfach irgendwann seine Siebensachen zusammen, stopfte sie in ein Einkaufsnetz, nahm seine Gitarre und zog vom dritten in den vierten Stock, wo Tante Kilja wohnte. Zu uns kam dafür aus dem vierten Stock Tante Kiljas Sohn Stjepan, auch ein Musikus, er spielte Akkordeon. Alle waren zufrieden, besonders Onkel Sergej und Tamara Andrejewna. Ihre Freude sollte indessen nur von kurzer Dauer sein, denn schon nach drei Tagen kam Onkel Wolodja wieder zurück.

»Weißt du«, sagte er zu mir, »was sich dieses Mistvieh ausgedacht hat? Hat sich meinen Vorschuß geben lassen und nicht mehr rausgerückt! Damit ich ihn nicht vertrinke! Aber von sowas habe ich die Nase ganz schön voll! Im Lager, da hat man mir nämlich immer alles abgenommen.«

Die Gitarre kam wieder an ihren alten Platz an der Wand, und das Akkordeon kehrte mitsamt seinem Besitzer wieder in den vierten Stock zurück.

So lebten wir jahrelang Seite an Seite. Dann geschah so einiges in meinem Leben, ich zog aus der Wohnbaracke aus und traf, obgleich ich ganz in der Nähe, in der Nachbargasse nämlich, wohnte, Onkel Wolodja nur selten. Er war immer sehr freundlich und erkundigte sich jedesmal nach meinen Angelegenheiten. In seinem Leben hatte sich offenbar nichts Besonderes mehr ereignet, und so erzählte er mir von anderen.

Wolodka, Saschka, Fedja und Tolik hatten geheiratet, und ihn und Onkel Sergej hatte man in das kleine Zimmer gesteckt, in dem früher der Kommandant gewohnt hatte.

»Und weißt du, was mit mir gewesen ist?« fragte er einmal. »Hatte einen Infarkt.«

»Nicht möglich!« wunderte ich mich. Ich hatte immer den Eindruck, seine Gesundheit sei unverwüstlich.

»Ist nun mal so. Habe zu viel und zu oft einen gehoben, verstehst du. Bin beinahe abgekratzt. War länger als einen Monat im Krankenhaus. Jetzt fühle ich mich wieder einigermaßen. Nur der Arm da tut immer noch weh, hier, an dieser Stelle.« Er strich über seinen linken Arm unterhalb der Schulter und sagte: »Die Trinkerei habe ich aufgegeben.«

»Völlig?«

Ich kannte ihn zu gut, um ihm das einfach so abzunehmen.

»Völlig. Und stell dir vor, hab nicht mal mehr Verlangen danach. Und bin zufrieden dabei. Wenn ich bedenke, nichts weiter als ärgerlich das Ganze. Wieviel Kraft und Gesundheit vergeudet, und wofür? Für dieses scheußliche Zeug! Nicht umsonst heißt es Trunksucht! Ist nichts als freiwilliger Wahnsinn. Lebe jetzt ruhig und ohne Sorgen, habe mir eine neue Mütze gekauft und eine neue Gitarre...«

»Eine zweite?«

»Eine zweite. Die alte arbeite ich in eine sechssaitige um, und die neue kann so bleiben. Und den Chopin, den kann ich schon beinahe. Komm doch mal, so in einem Monat, da kann ich ihn dir vorspielen!«

Einen Monat danach traf ich ihn an derselben Stelle. Er kam sorgenvoll in einem irgendwie hüpfenden Gang daher. Seine linke Schulter stand höher als die rechte – ich begriff sofort.

Wir begrüßten uns.

»Ein Trösterchen?« fragte ich.

»Aber nicht doch, wo denkst du hin! Keine scharfen Sachen mehr. Haben die Ärzte kategorisch verboten. Trockener Wein dagegen – hier, habe ihn gerade gekauft«, er zeigte auf einen Flaschenhals, »soll nicht schädlich sein. Unter Bergbewohnern, die trockenen Wein trinken, soll es einen großen Prozentsatz Leute geben, die ein hohes Alter erreichen.«

Ihm sollte es trotz des trockenen Weines nicht vergönnt sein, zu denen zu gehören, die ein hohes Alter erreichen. Schon bald danach hörte ich von Onkel Sergej und anderen, daß Onkel Wolodja wieder einen Herzinfarkt gehabt hat, seinen letzten.

Onkel Sergej besuchte ihn noch zweimal im Krankenhaus und brachte ihm Lebensmittel, einmal Kefir und beim zweiten Mal ein Glas Honig. Anderthalb Wochen später starb Onkel Wolodja. Er wurde auf Kosten der Gewerkschaft beerdigt. Tamara Andrejewna ging durch die Zimmer und sammelte für einen Kranz. Doch im Laden für Bestattungszubehör gab es nur teure Kränze, und die Summe, die zusammengekommen war, reichte nicht einmal für die Hälfte des Preises. Tamara Andrejewna nahm die fehlende Summe aus ihrer eigenen Tasche – sie machte einen nicht unbedeutenden Teil ihres Lohnes aus. Dieser Kranz war der einzige auf dem Grab des Verstorbenen.

Seine Habe wurde wie folgt aufgeteilt: Seine ehemalige Frau, Tante Kilja, nahm sich, wie es ihr rechtlich zustand, die Steppjakke und die neue Gitarre. Die alte Gitarre bekam Onkel Sergej dafür, daß er ihn im Krankenhaus besucht hatte. Die Schirmmütze und der alte Anzug mußten weggeworfen werden, weil sie nicht mehr brauchbar waren. Der neue Anzug war seitens des Krankenhauses niemandem ausgehändigt worden, da es keine juristisch bestätigten Verwandten gab.

1961

Major Dogadkin

I

Unter uns nannten wir ihn gegen alle Dienstvorschrift Fjodor Iwanowitsch, später gab er sich dann selber den Spitznamen ›Der Wilde‹. An diesem Spitznamen war ich bis zu einem gewissen Grade nicht ganz unschuldig.

Eines Tages hatte er mich zu sich rufen lassen, um mich wegen Verstoßes gegen die militärische Disziplin vorzuknöpfen. Abgesehen von einigen wenigen Vorkommnissen waren meine Vergehen wenig aufregend: Ich war ein Einzelgänger und zog es vor, statt mich in der Gruppe zu drängeln, allein in den Eßsaal oder morgens auf den Lokus zu gehen. Meistens gelang mir auch diese Operation, da jedoch der gesamte Kommandeurbestand des Bataillons, angefangen beim Gruppenspieß, dem Gefreiten Sossik, bis hin zum Bataillonskommandeur Oberstleutnant Kowalew hauptsächlich damit beschäftigt war, diejenigen Unteroffiziersschüler herauszufischen, die sich von der Gruppe zu absentieren wagten, war es nicht gerade verwunderlich, daß auch ich von Zeit zu Zeit erwischt wurde. Und dann gingen Donner und Blitz auf mich nieder. Und es hagelte nur so Dienst außer der Reihe, wovon das Wischen des Leninzimmers, unseres Erholungsraumes, noch am einfachsten war, Tag- und Nachtdienst in der Küche hingegen am schwersten. Es gibt keinen Dienst, der schwerer wäre. Die Nacht hindurch hat jeder an die hundert Kilo Kartoffeln zu schälen. Natürlich macht man das nur so lala, wie es eben gerade kommt: Die Hälfte schneidet man weg, die Keime läßt man dran, und dennoch... Am Morgen kriegt man den Rücken nicht mehr hoch, die Hände zittern und man steckt von oben bis unten in Kartoffelschaum, vom Hemd über die Hosen bis zu den Stiefeln. Am liebsten würde man sich anschließend eine Stunde hinhauen, aber da geht es schon weiter mit dem Frühstück und ran ans Geschirrspülen. Und zu zweit hat man achthundert Schüsseln und achthundert Löffel und achthundert Becher egal wie abzuwaschen. Da kann man nur noch dankbar sein, daß Soldaten weder Messer noch Gabeln in die Hand kriegen. Diese achthundert Schüsseln, Löffel und Becher sind natürlich nicht etwa tatsächlich vorhanden, vielmehr geht es um achthundert Soldaten, und die zweihundert Schüsseln, die zur Verfügung stehen, müssen eben für die achthundert Mann viermal abgewaschen werden, und zwar möglichst dallidalli, damit nicht, kaum daß die eine Kompanie mit dem Essen fertig ist, auch schon die nächste an die Tische drängelt und der Stubendienst zur Eile antreiben muß. Nach dem Frühstück wäscht man dann völlig erledigt die letzten zweihundert Schüsseln ab und muß sich schon wieder ranhalten, obgleich man kaum mehr imstande dazu ist. Und kaum hat man die letzte Schüssel fertig abgewaschen und sich mit steifgewordenen Fingern eine Zigarette gedreht, da stampft auch schon die nächste Kompanie mit einem Lied (»Unerschütterliche, nie dagewesene, in Kämpfen erfahrene Siegesfreud'«) im Marschschritt heran, und los geht's mit dem Mittagessen. Wenn man so eine Tag- und Nachtschufterei hinter sich gebracht hat, wankt man noch eine Woche danach. Und das alles für das seltene Vergnügen, nur einmal wenigstens zweihundert Meter, und sei es heimlich, ohne die anderen ein paar Schritte machen zu können.

Und so bin ich denn also für gelegentliches Aus-der-Reihe-Spazieren zum Kompanieführer Major Dogadkin beordert worden.

Stehe also vor ihm wie auf Kommando »Stillgestanden«, und er versucht, in mein Innerstes vorzudringen:

»Nun sag schon, warum mußt du eigentlich immer gegen die militärische Disziplin verstoßen?«

Ich stehe da, schweige und weiß nicht, wie ich erklären soll, warum es mir nun mal nicht behagt, in Reih und Glied zu marschieren.

Und er zeigt sich ehrlich bemüht, die Wahrheit zu ergründen, die Wurzel des Übels ausfindig zu machen. Vielleicht ist mein undiszipliniertes Verhalten auf mein niedriges Bildungsniveau zurückzuführen?

»Sag mal, liest du eigentlich schöne Literatur?«

»Kommt vor, Genosse Major.«

Damit ist der Mensch aber durchaus noch nicht am Ende.

»Und was liest du so?«

»Was mir halt gefällt.«

»Und davon abgesehen? Hast du das Buch ›Aleksander Matrossow‹ gelesen?«

»Nein.«

»Und die ›Geschichte von Soja und Schura‹?«

»Auch nicht.«

»Und ›Die Möwe‹, hast du die auch nicht gelesen?«

»Nein, ›Die Möwe‹ auch nicht.«

Da hatte er die Ursache für mein mangelndes Pflichtbewußtsein, Dienst und Disziplin betreffend!

»Was liest du denn dann?« fragte er teilnahmsvoll.

»Im Augenblick zum Beispiel Dickens.«

Jetzt war ihm alles klar. Er sah mich an, als wäre ich ein hoffnungsloser Fall und zuckte die Achseln. »Was soll's, geh jetzt!«

Beim Abendappell gab sich Dogadkin größte Mühe, die schlechte Disziplin der Kompanie aus dem mangelnden Interesse der Unteroffiziersschüler an schöner Literatur, die von höchst erzieherischem Wert sei, zu erklären.

»Ich kann euch, Genossen, ein anschauliches Beispiel dafür geben. Ich habe den Genossen Woinowitsch gefragt, was er liest. Wie sich herausstellte, hat er ›Aleksander Matrossow‹ nicht gelesen, Zoja Kosmodemjanskaja nicht gelesen, Lisa Tschaikina nicht gelesen. Und was liest er?«

Der Major machte eine Pause, um den Unteroffiziersschülern Gelegenheit zu geben, darüber nachzudenken, wie ungeheuerlich tief einer aus ihren Reihen gesunken war.

»Er liest, Genossen, irgendsoeinen Dickens.«

2

»Kompanie-ie! Rührt euch! Ein Lied! Schritt, Marsch! Eins-s, zwei!«

A-als in den Kampf nach Berlin zog ei-ein Soldat...
Ach!
War es Zeit, ein Lied anzustimmen-stimmen...
Ach!
Wie viele Lieder lassen sich singen-singen...
Ach!
Lassen sich singen-singen, aber nicht alle kann man singen...
Nicht alle singen-singen...
Ach liebstes, graublau geflügeltes Schwälbchen du,
Geliebtes, teures Heimatland du,
Ach liebstes, mein liebstes Schwälbchen du,
Mein graublau geflü-ügeltes du-u!

Zack! Zack! Die Stiefelsohlen der ersten Kompanie krachen über das Straßenpflaster.

Die Kompanie marschiert mit großem Ziel, marschiert zum Abendessen.

Zack! Zack!

Uns zur Seite tänzelt, den Schnurrbart stolz in die Höhe gereckt, de Gaulle, der Spieß. Sein Spitzname geht auf seinen hohen Wuchs und seine auffallende Ähnlichkeit mit dem französischen General zurück.

»Wie viele Lieder lassen sich singen-singen...« – Aber für uns langt nicht einmal dies eine, zu kurz ist die Entfernung zwischen Eßsaal und Kaserne.

In der Kurve zwischen Straße und Sportplatz steht unter einer Laterne, proper in Paradeuniform und von oben bis unten mit Orden (nicht Dienstorden, Kriegsorden!) behängt, der Gardemajor Fjodor Iwanowitsch Dogadkin. Ausbildung: acht Klassen Grundschule; Zivilberuf: Schlosserlehrling.

»Karassew«, schreit Dogadkin dem Vorsänger zu, »hören Sie auf, unanständige Lieder zu singen!«

»Das ist kein unanständiges Lied, Genosse Major, das steht im Liederbuch.«

»Karassew, lassen Sie sich gesagt sein, das ist ein unanständiges Lied!«

»Habe verstanden, Genosse Major!«

Und Karassew, der Vorsänger, Mitglied eines Laienchors, stimmt mit seiner kräftigen Stimme ein neues Lied an:

Über dir rauschen gleich Flaggen
Jahre großmächtiger Siege.
Im Sonnenglanz ruhmreicher Mannen
Deine Bahn laß uns rühmen mit unserem Liede.

Zack! Zack! Und alle zusammen:

Unerschütterliche, nie dagewesene,
In Kämpfen erfahrene Siegesfreud'...
Dir, teure, geliebte Armee
Unser Vaterland schickt zum Gruße ein Lied...

Zack! Zack!

Tara-ta-ta-ta-ta-ta-ta!...

Was ist das? Ein automatisches Maschinengewehr! Da schießt irgendwer. Warum und auf wen? Der Bataillonskommandeur Oberleutnant Kowalew rast vorbei:

»Oberfeldwebel, wieso steht das Magazin offen? Sofort die Kompanie auflösen!«

Und rennt weiter.

Bei einer Schießerei soll man nicht in Reih und Glied stehen bleiben, denn eine geschlossene Front bietet eine viel zu günstige Zielscheibe.

»Wegtreten!«

Und aus dem B-/A-Lager kommt ein verzweifelter Schrei:

»Stehenbleiben! Ich schieße!«

Das läßt sich der Bataillonskommandeur nicht zweimal sagen. Er wirft sich auf der Stelle aufs Pflaster, alle Viere von sich gestreckt und schreit im Liegen:

»Wachposten, ich bin Oberleutnant Kowalew!

»Liegenbleiben! Ich schieße!«

»Wachposten! Ich bin Oberleutnant Kowalew! Was ist denn los?«

»Ich schieße!«

Beim Abendessen gab es erste Gerüchte: Zwei Unbekannte in Zivil haben den Wachposten überfallen. Der Posten hat das Feuer eröffnet. Einer der Angreifer war auf der Stelle tot, der andere verwundet und zum Sanitätsdienst abtransportiert worden. Eine Kellnerin aus dem Speisesaal der Offiziere ist beim Vorübergehen leicht verletzt worden. Eine Kugel war auf dem Fahrdamm eingeschlagen, hatte als Querschläger ihre Schläfe gestreift und dabei Haut abgeschürft. Nur ein Millimeter, und ...

Am nächsten Morgen werden wir im Leninzimmer versammelt. Major Dogadkin berichtet, was vorgefallen ist: Ein junger Unteroffiziersschüler (wir dienen bereits im zweiten Jahr und gelten als »alt«) stand Wache. Plötzlich tauchen zwei Gestalten im Sportzeug auf und kommen von zwei Seiten auf ihn zu. Der Posten schreit:

»Stehengeblieben! Wer da?«

Die beiden bleiben nicht nur nicht stehen, sondern kommen näher. Der Posten schreit abermals, aber sie kommen immer näher auf ihn zu. Er gibt einen Schuß ab, und der eine fällt. Der andere reißt unterdessen sein Dienstsiegel runter, öffnet die Tür und versteckt sich im Magazin. Der Wachposten ihm nach, sieht, wie der Missetäter auf ihn zukommt, richtet die Maschinenpistole auf ihn und drückt ab. Die MP schweigt. Wie sich hinterher herausstellte, klemmte der Verschluß, der Posten aber dachte, das Magazin sei leer. Er zieht sein Messer (wir waren alle außer mit einer MP mit finnischen Messern ausgerüstet) und holt zum Hieb gegen seinen Widersacher aus. Der bleibt stehen. In diesem

Moment hört der Wachposten hinter sich das Stampfen irgendwelcher Stiefel und, in der Annahme, es handle sich um einen neuerlichen Angriff, schreit er mit sich überschlagender Stimme:

»Stehenbleiben! Ich schieße!«

Wie nicht recht bei Sinnen ließ er niemanden an sich herankommen, weder Oberleutnant Kowalew noch den Diensthabenden der Truppe noch den Chef der Wachabteilung und antwortete auf alle Zurufe immer nur mit:

»Nicht näherkommen! Ich schieße!«

Wie sich herausstellte, war einer der Angreifer der Sergeant, der das Magazin unter sich hat. Er war gerade im Begriff, sich zum Ausgang fertigzumachen und sollte das Magazin übergeben, das jedoch, wie er wohl wußte, nicht mehr ganz komplett war, denn einen Teil der Sachen hatte er, der Sergeant, an die Polen verhökert und vertrunken. Er konnte aber seinen Kumpel rumkriegen: Sie tranken einen zusammen, zogen sich um und ihre Sportanzüge an und machten sich auf in Richtung Magazin. Der eine sollte den Wachposten ablenken, der andere ihm das Dienstsiegel runterreißen. Am Morgen, wenn er dann das Magazin wieder übernehmen und das abgerissene Dienstsiegel entdekken würde, wollte der Sergeant sich weigern, das Übernahmeprotokoll zu unterschreiben, und die ganze Schuld hätte bei der Wache gelegen. Aber es sollte alles ganz anders kommen. Der Sergeant erlag noch in derselben Nacht in der Truppensanitätsabteilung seinen Verletzungen, und sein Kumpel fand sich in der Arrestanstalt wieder. Das Schreckliche an dem, was vorgefallen war, lag vor allem darin, daß sich der Sergeant nicht einfach so von der Truppe entfernen wollte. Einfach so kriegen nämlich Soldaten und Sergeanten im Militärdienst auf Zeit überhaupt keinen Ausgang, das heißt nur als ganz besondere Belohnung oder als Ansporn. Und in Polen kriegte man ihn nicht einmal aus diesem Grunde. Man kriegte ihn vielmehr unter keinen Umständen, außer es handelte sich um einen Todesfall in der Familie. Der Sergeant konnte aber eben diesen Ausnahmefall nachweisen: Seine Schwester war in einem Grubenschacht tödlich verunglückt, und seine Mutter hatte ihm telegraphiert. So hatte sie auf einen Schlag Tochter und Sohn verloren.

Das alles berichtete uns Major Dogadkin, nachdem er uns am Morgen im Leninzimmer versammelt hatte. Alle waren erschüttert. Der Gefreite Baklanow fragte, ob der Wachposten daraufhin Urlaub erhielte. Der Major bekam plötzlich einen veränderten Gesichtsausdruck, und er blickte voller Entsetzen auf Baklanow.

»Urlaub? Wofür? Für Mord?«

»Aber er hat doch nach Vorschrift gehandelt«, sagte Baklanow verdutzt. »In solchen Fällen, heißt es, gibt es Urlaub.«

Stimmt, so hieß es. Wenn einer auf Wache einen erschießt, kriegt er Urlaub, und zwar zehn Tage plus die Zeit für Hin- und Rückfahrt nach Hause. Das nämlich ist die zweite und letzte Bedingung, unter der man Urlaub für zehn Tage bekommen kann. Freilich hatte jeder von uns die Möglichkeit, sich auf diese Weise hervorzutun. Gegen Ende des Sommers gingen nachts an jedem Wachposten eine Unmenge Soldaten vorbei, um außerhalb des Reviers Äpfel, die den Polen gehörten, zu schütteln, gingen gleich nach dem Abendappell los und kamen zurück, die Hemden prallvoll mit Äpfeln. Natürlich bemerkt man sehr wohl, wenn einer klauen geht, doch greift man deshalb weder zur Waffe noch schlägt man Lärm. Man fragt leise »Wer da«, die Antwort lautet »Einer von euch«, und man läßt ihn näher herankommen, sieht ihn sich genauer an und – wirklich, es ist einer von uns! Dafür nimmt man sich, was einem zusteht, ein paar Äpfel, und der Missetäter geht seines Weges, um dann die nächste Nacht mit einem selber genau so human umzuspringen.

In unserem zweiten Dienstjahr jedoch erhielten wir Verstärkung, teils aus Ishewsk, teils aus Saransk. Und diese Neuen waren noch nicht in der Lage, ihre eigenen Leute wiederzuerkennen, so daß nachts hier und da Maschinengewehre zu hören waren, die allerdings, bis heute jedenfalls, immer daneben zielten. Als dann diese grünen Jungs aus dem ersten Dienstjahr zum Wachdienst kamen, gab es so gut wie keinen mehr, der sich zu solch nächtlichen Touren entschließen wollte. Und jetzt also war diese unglückselige Heldentat von solch einem Grünling vollbracht worden, wobei jedoch jeder, indem er sich in seine Lage zu versetzen suchte, dachte: und ich, wenn ich so angegangen worden wäre, was hätte ich wohl getan? Schließlich war uns gesagt worden, die Bevölkerung hier sei uns feindlich gesinnt. Seltsam, wenn man bedenkt: ein sozialistisches Bruderland – und eine feindlich gesinnte Bevölkerung! Die Sache ist die, so hat man uns erklärt, das ist Schlesien, ehemaliges deutsches Gebiet, und heute leben hier in der Hauptsache nicht Polen, sondern Deutsche. Doch wer immer sie waren, Polen oder Deutsche, sie verhielten sich nun mal feindselig, und sei es auch nur deshalb, weil kein einziger Garten in der Stadt mehr unangetastet geblieben war: Jede Nacht prasselte es von den Bäumen, und die Besitzer saßen in ihren Häusern, verkrochen sich und wußten nicht, ob sie nach draußen gehen sollten, um wenigstens in irgendeiner Weise ihre Anwesenheit zu erkennen zu geben. Der Gerechtigkeit halber muß gesagt werden, daß wir für die Besitzer selbst keinerlei Gefahr darstellten, denn kaum fing eine Tür an zu quietschen, türmten wir Hals über Kopf über den Zaun davon; die Besitzer anzugreifen, wäre niemandem von uns auch nur in den Sinn gekommen. Doch einmal geschah es, daß ein mutiger Kerl allein mit einer Laterne in der Hand aus seinem Haus herauskam und anfing, den nicht sonderlich Angst einflößenden Räubern in den Bäumen Vorhaltungen zu machen. Als ihm aber vom Baum herab die bekannte Aufforderung »Stehenbleiben! Ich schieße!« entgegenschallte, gab es für ihn kein Halten mehr, und er stürzte in seine Wohnung zurück. In Wirklichkeit konnten wir auf niemanden und auf nichts schießen, weil wir beim Äpfelklauen die Waffe grundsätzlich zu Hause ließen.

Doch ich bin vom Thema abgekommen. Wir sprachen darüber, daß sich nun jeder in die Lage des betreffenden Wachpostens zu versetzen suchte. Schließlich ließ es so gut wie jeder von uns an Disziplin fehlen, und da war niemand, der sich sonderlich an die Dienstvorschriften hielt. Auf Wache pflegten wir zu schlafen, gingen zu den benachbarten Posten eine rauchen oder in den Speisesaal der Offiziere, um irgendetwas Eßbares zu ergattern, ein Bierglas oder einen Löffel (wir hatten immer zu wenig) zu klauen, ließen, wenn wir Wache hatten, unsere Leute jederzeit und jede Menge durch; aber was, wenn man angegriffen wird, womöglich noch von zwei Seiten und dazu noch von Leuten in Zivil? Ja, was dann?

»Man hätte in die Luft schießen müssen, schreien, sich mit dem Gewehrkolben verteidigen«, sagte Dogadkin.

Und sofort kamen alle geschlossen und auf einmal angelaufen:

»Aber nach der Dienstvorschrift...« fing Baklanow wieder an.

»Du bist ein Idiot, Baklanow, ein Idiot bist du«, sagte der Major, plötzlich nicht mehr im geringsten nach Vorschrift. »Was ist das für eine Dienstvorschrift, wenn eine Mutter von heute auf morgen ihre Kinder verliert?«

3

Nach diesem Vorfall begann ich, Major Dogadkin genauer zu beobachten und kam zu der Feststellung, daß dieser auf den ersten Blick jähzornige Mensch, der auch mir frühmorgens schon so manche Rüge verpassen konnte, ein eindeutig negatives Verhältnis zu jeder Art von Gewaltanwendung und Willkür hatte.

Im Waffenunterricht:

»Unteroffiziersschüler Kabakowitsch, was ist ein Bajonett?«

»Ein Bajonett stellt eine blanke Stoß- und Stichwaffe dar und dient zur Verletzung des Gegners im Nahkampf...«

»Stellt dar« und »dient«... In der Fachliteratur heißt es immer: Dasunddas stellt dasunddas dar und dient zu demunddem. Also: Der Flügel stellt die Tragfläche des Flugzeugs dar und dient zur Schaffung der Aufstiegskraft. Die Querruder stellen die Steuerorgane des Flugzeugs dar und dienen zur Veränderung der

Stellung des Flugzeugs beziehungsweise seiner Längsachse. Der Einschnitt in der Schulter, pflegte Oberleutnant Potanow zu sagen, stellt eine kleine Vertiefung dar und dient zur Stützung des Karabinerkolbens.

Also:

»Das Bajonett stellt eine blanke Stoß- und Stichwaffe dar und dient zur Verletzung des Gegners im Nahkampf. Es besitzt eine sich verengende dreieckige Form mit zugespitztem Ende und drei Rillen zum Abfließen des Blutes.«

»Kabakowitsch«, sagt Dogadkin mit gerunzelter Stirn, »wozu sagst du das?«

»Was, bitte?«

»Na, das mit den Rillen. Wir sind schließlich keine Kinder mehr und wissen alle, wozu diese Rillen dienen. Weshalb also noch überflüssige Worte darüber verlieren?«

»Wie soll ich denn dann sagen?« fragt Kabakowitsch verdutzt zurück.

»Sag einfach: Es gibt drei Rillen. Wozu sie dienen, brauchst du gar nicht erst zu sagen, das weiß man auch so.«

4

Ich stand Wache und hatte meine letzte Ablösung zu absolvieren. Mein Bewachungsobjekt war das geheime Zimmer im zweiten Stock des Unterrichtsgebäudes. Genauer gesagt, nicht das Zimmer selbst, sondern seine Tür. Noch genauer gesagt, nicht die Tür, sondern das Siegel, das an der Tür hing. Die Geheimnisse, die sich hinter der Tür befanden, waren keinen Pfifferling wert: Es handelte sich um unsere Konstruktionsentwürfe für den Flugzeugtyp MIG-15, zu dieser Zeit bereits sämtlichen Nachrichtendiensten so weit und bis in alle Einzelheiten bekannt, daß sie in aller Vollständigkeit in amerikanischen Armeejournalen wiederzufinden waren. Es hieß sogar, daß die Angaben, die man uns machte, aus eben diesen Journalen stammten. Nichtsdestotrotz, es war dieses Zimmer, in dem alle unsere Hefte zusammengebunden und mit Siegel versehen aufbewahrt wurden.

Dennoch war dies einer der angenehmsten Wachdienste und kam gleich nach dem Holzlager. Seine Vorzüge lagen klar auf der Hand. Erstens war man im Warmen, zweitens konnte man auf den Treppenstufen oder auf dem Fensterbrett sitzen, und wenn man einen leisen Schlaf hatte, konnte man sogar ein Schläfchen machen. Und wenn der Wachhabende plötzlich auf den Gedanken kam, Kontrolle zu machen, konnte man sicher sein, daß das auf keinen Fall lautlos vor sich gehen würde. Denn der Posten ruft ihn unten vom Eingang zum Unterrichtsgebäude aus laut an. Und über die Steinstufen der Treppe läßt sich's nicht gerade lautlos schleichen!

So absolvierte ich also meine letzte Ablösung. Genau genommen begann sie um sechs, nicht so genau genommen ein bißchen später. Die neue Wache wurde normalerweise bei der Wachablösung ein wenig aufgehalten und dann noch einmal bei der Instruktion im Wachlokal. Ich hatte mir ausgerechnet, daß ich so ungefähr halb sieben abgelöst werde. Und um acht gab es im Klub einen Film, den ich mir wieder einmal ansehen wollte: »Träume auf den Wegen!« In einer halben Stunde schaffe ich es, die Waffe zu reinigen und zu übergeben, Knöpfe und Stiefel zu säubern, noch rechtzeitig mit den anderen zum Abendessen zu gehen und dann – ab ins Kino.

Die Vergatterung ging, so viel konnte ich sehen, pünktlich über die Bühne. Der neue Diensthabende der Truppe, Unterleutnant Dobronrawow – er ist auch der Komsomolgruppenleiter der Schule –, gab den in Reih und Glied Angetretenen seine Instruktionen, und alle gingen ab in Richtung Wachlokal. Und kamen nicht wieder! Halb sieben – keine Wache in Sicht. Sieben Uhr – der Teil der Kompanie, der dienstfrei hat, ist angetreten und zum Abendessen marschiert. Halb acht – eine Kompanie nach der anderen ist unter Gesang zum Klub marschiert. Viertel vor acht sehe ich Dobronrawow vorbeigehen. Ich lehne mich aus dem Fenster:

»Genosse Unterleutnant, warum werde ich nicht abgelöst?«

Er bleibt stehen, hebt den Kopf und schaut mich neugierig an.

»Wer hat Ihnen erlaubt, auf Wache Unterhaltungen zu führen?«

Ich unterließ es zu antworten. Unterhalten nicht erlaubt heißt nun mal nicht erlaubt. Aber es gibt eine legitime Methode, den Wachhabenden anzurufen. Ich stellte also den Karabiner ins Fenster, stellte ihn aufrecht und mit dem Kolben in Anschlagrichtung und schoß in die Luft. Unterleutnant Dobronrawow, der weitergegangen war, blieb stehen und schickte sich an zu beobachten, was geschehen würde. Und es lief alles ab, wie es im Buch steht: Aus dem Wachlokal kamen der Wachhabende, Oberleutnant Potapow, der für die Einteilung der Posten zuständige Wachhabende sowie ein Wachsoldat der neuen Ablösung herausgestürzt. Im Laufschritt ging es zum Unterrichtsgebäude und die Treppe hinauf.

»Warum hast du geschossen?« fragte Potapow außer Atem.

»Warum werde ich nicht abgelöst?«

»Aber selbstverständlich«, sagte Potapow.

Im Wachlokal nahm er mir Karabiner und Riemen ab und verpaßte mir Arrest – ohne zu sagen, für wie lange.

Ich sitze also in einer Einzelzelle. Genauer gesagt, ich sitze nicht, ich stehe. Denn es gibt nichts, worauf man sitzen könnte. Weder eine Pritsche noch einen Hocker. Den Mantel hat man mir weggenommen. In der Zelle ist es kalt und feucht. Ich stehe eine Weile, gehe in der Zelle auf und ab, hocke mich nieder. Mir ist zwar wärmer geworden, aber dafür bin ich müde. Schließlich habe ich auf Wache genauso lange stehen müssen! Aber hier, wieder stehen! Eine Stunde vergeht, die zweite Stunde vergeht. Ich weiß nicht, ob mir irgendetwas zum Sitzen oder Liegen zusteht. Ich habe versucht zu sitzen, ich habe versucht zu liegen, aber von dem Zementfußboden zieht es wie aus einem Grab. Ich stehe auf. Trete mit den Füßen gegen die Tür. Der Begleitposten schaut herein.

»Was ist mir dir?«

»Hol den Wachhabenden!«

Es verging noch einige Zeit, bis endlich der Wachhabende, Oberleutnant Kolesnitschenko, erschien. Von ihm ging ein Geruch aus, als habe man ihn eine Woche lang in Wodka eingeweicht.

»Brauchst du was?«

»Geben Sie mir meinen Mantel.«

»Ist nicht vorgesehen.«

»Aber es ist kalt.«

»Wärmen kannst du dich, wenn du in Kur bist.«

In der Nacht schaute der Begleitposten herein.

»Kommst du, Kartoffeln schälen?«

»Mit Vergnügen.«

Mit Vergnügen aus keinem anderen Grunde als dem, um wenigstens ein wenig im Warmen sitzen, sich ein bißchen aufwärmen zu können.

Ich sitze also in der Küche, schrubbe Kartoffeln, neben mir der Begleitposten, bewaffnet: Er bewacht mich. Eigentlich ist das ein Verstoß gegen die Dienstvorschrift, daß ein Begleitposten Wache steht. Im Unterschied zu mir hat er weder ein Recht zu sitzen, zu essen, zu trinken, zu rauchen noch seine natürlichen Bedürfnisse zu verrichten. Folglich müßte er auch abgelöst werden. Folglich müßte mich eigentlich eine Reihe von nicht weniger als drei Mann bewachen: Einer steht Wache, einer bleibt wach und einer schläft. Und um die drei abzulösen, braucht man noch einen vierten Mann, den nämlich, der die Posten einteilt.

Der Begleitposten sitzt also da, den Karabiner auf den Knien: Erschöpft und müde von der Hitze ist er eingenickt.

Bei Tagesanbruch kommt Major Dogadkin hereingestürmt.

»Wer ist hier von der ersten Kompanie?«

»Ich.«

»Sieh mal einer an, schon wieder du, zum Teufel nochmal!« schreit der Major, stampft mit dem Fuß auf und holt sogar zum Schlag aus. Ich würde ihm die ganze Suppe versalzen, die Kompanie stünde, was ihren Leistungsstand anbelangt, an erster

Stelle, aber was die Disziplin betrifft, käme sie, sieh mal einer an, an die letzte, und er könnte mir versprechen, daß ich von der Schule fliege und zu den Hundezüchtern versetzt werde. Er würde mich in die Arrestanstalt befördern, mich dem Militärtribunal übergeben und mir ein Zeugnis ausstellen, daß man mich im Zivilleben nicht einmal mehr als Viehhirten nehmen würde. »Na gut«, sagte er plötzlich ohne jeden Übergang, »schrubb die Kartoffeln fertig und komm dann rüber ins Wachlokal! Ich habe Befehl gegeben, dich freizulassen.«

5

Als ich in die Kaserne zurückkam, traf ich dort niemanden an außer dem Stubendienst. Die Kompanie war zum Unterricht gegangen. Ich säuberte meinen Karabiner, stellte ihn in den Gewehrständer und legte mich schlafen. Und schlief auf der Stelle ein. Ich hörte, wie mich irgend jemand an den Schultern packte und schüttelte und aufforderte, auf der Stelle aufzustehen. Ich bekam nur mit Mühe die Augen auf und sah über mir das verhaßte Gesicht de Gaulles.

»Wer hat dir erlaubt, am Tage zu schlafen? Du kommst jetzt mit, Gelände säubern!«

»Ich komme nicht«, sagte ich und drehte mich auf die andere Seite.

»Du kommst nicht?«

»Nein.«

Er verharrte noch eine Minute über mir und ging. Noch vor gar nicht langer Zeit hätte er, ohne zu überlegen, Gewalt angewendet, aber nach diesem Vorfall ... Doch bevor ich von diesem Vorfall berichte, gilt es, einige Details zu erläutern! Die Sache ist die, daß auf unserer Schule gerade erst eine Neuerung eingeführt worden war, und zwar: Die Betten müssen so gemacht werden, daß sie wie ein Ziegelstein neben dem anderen stehen. Zu diesem Zweck bekam jeder zwei Stangen, die tagsüber unter die Bettdecke gesteckt und zur Nacht am Kopfende aufgestellt wurden. Eines Tages, ich war nach dem Wecken nicht schnell genug aus den Federn, kam de Gaulle und zerrte mich an einem Bein vom Bett herunter. Im Fallen verletzte ich mich am Ellenbogen, packte, wütend geworden, eine Stange und holte nach dem Spieß aus. Und dieser hochnäsige Despot und Schrecken der ganzen Kompanie (der zudem noch doppelt so groß war wie ich) lief schmählich vor aller Augen den ganzen Korridor entlang, um sich schließlich im Uniformlager zu verstecken. Von ihm selbst erfuhr natürlich niemand etwas von diesem Vorfall, denn wohl jeder hätte sich darüber königlich amüsiert. Doch hatten nach diesem Vorfall auch die anderen Unteroffiziersschüler nicht mehr so große Angst vor ihm.

Da standen also nun die Stangen an ihrem vorgeschriebenen Platz an meinem Kopfende, und de Gaulle ging, nachdem er noch ein Weilchen über mich gebeugt blieb, aus dem Zimmer.

Eine Minute später kam er zurück und erklärte feierlich, Major Dogadkin ließe nach mir rufen.

Ich konnte nicht umhin aufzustehen. Dogadkin begrüßte mich in äußerst strengem Ton. Wieder einmal war ich es, der vor ihm stand, ich, der Unverbesserliche, der ewige Missetäter in Sachen militärische Disziplin!

»Woinowitsch, warum weigerst du dich, den Befehl des Hauptfeldwebels auszuführen?«

»Genosse Major«, sagte ich, »wie Sie bereits wissen, hatte ich vierundzwanzig Stunden Dienst und habe anschließend eine ganze Nacht lang Kartoffeln geschrubbt.«

Es war nicht sonderlich schwierig, bei ihm Mitleid zu erwecken.

»Müde?« fragte er wohlwollend.

»Müde, Genosse Major«, sagte ich ehrlich.

»Also geh und schlaf ein paar Stunden!«

Ich bedankte mich, ging, haute mich hin und schaffte es mit Ach und Krach, zum Abendessen wieder wach zu werden.

Ich weiß nicht, ob sich der Major wegen unnötig liberalen

Verhaltens und Charakterlosigkeit Selbstvorwürfe machte oder ob er sein Verhalten Untergebenen gegenüber als Maßstab menschlichen Verhaltens überhaupt ansah. Wenn er wütend war, konnte er losbrüllen, mit den Füßen stampfen, ja bisweilen sogar ausspucken. Kaum aber bemerkte er das verwirrte Gesicht desjenigen, an dem er seinen Zorn ausgelassen hatte, nahm er ohne jeden Übergang einen total entgegengesetzten Standpunkt ein und fühlte sich bemüßigt, sich zu entschuldigen. Bisweilen jedoch versuchte er auch, Härte an den Tag zu legen.

So war es in dem Fall, als er, nachdem er mich aus der Arrestanstalt hatte herausholen lassen, mich gleich wieder dahin zurückbringen lassen wollte, und diesmal gewissermaßen für nichts und wieder nichts. Also, das Ganze kam so: Am zweiten Tag nach meiner Befreiung sagte unser Oberleutnant Potapow zu mir, wenn Major Dogadkin nicht so gutmütig gewesen wäre, hätte ich mehr als noch einmal vierundzwanzig Stunden absitzen müssen.

»Mag sein«, sagte ich, um etwas Geistreiches zu sagen, »aber was hat das mit Gutmütigkeit zu tun? Der Schulleiter gestattet nun mal nicht, Unteroffiziersschüler einzulochen, damit sie nicht im Lehrplan zurückbleiben.«

Potapow antwortete nichts darauf. Noch am selben Abend erschien Major Dogadkin zum Abendappell und forderte mich auf vorzutreten, was ich auch einigermaßen erstaunt tat, denn ich hatte mir in letzter Zeit, so schien es mir jedenfalls, nichts mehr zuschulden kommen lassen.

»Genossen Unteroffiziersschüler«, sagte der Major zu den in Reih und Glied Angetretenen hingewendet. »Der Unteroffiziersschüler Woinowitsch hat da behauptet, ich, Major und Kompaniekommandeur, hätte nicht das Recht, ihn, den Unteroffiziersschüler Woinowitsch, zu arretieren. Damit er nicht länger darüber im Zweifel ist – zweimal vierundzwanzig Stunden verschärften Arrest!«

Ich wagte nichts zu entgegnen. Ich war sogar beinahe begeistert über diese Lösung des Problems. Und ich habe tatsächlich diese zweimal vierundzwanzig Stunden abgesessen, obgleich mich der Major nicht von meiner Meinung abzubringen vermochte: Ich wurde nämlich nicht auf der Stelle abgeführt, sondern erst am Abend vom Samstag auf Sonntag, und habe also auf diese Weise nicht zwei, sondern nur einen Tag Unterricht versäumt.

Diesmal hatte ich mich übrigens bestens auf den Arrest vorbereitet. Ich hatte den entsprechenden Paragraphen über Haftbedingungen für Arrestanten durchgelesen und festgestellt, daß dem Arrestanten tagsüber ein Hocker und nachts außer einer Pritsche auch ein Mantel zusteht. Bei einer Temperatur von weniger als sechzehn Grad plus steht ihm auch am Tage ein Mantel zu. Außerdem ist es dem Arrestanten gestattet, Zeitungen zu lesen, ebenso die Statuten und politische Literatur. Ich war selber höchst erstaunt, was alles während des Arrests gestattet war.

Der Samstag kam. Kaum waren wir aus dem Unterricht zurückgekehrt, erschien Oberleutnant Potapow höchst zufrieden mit seiner Mission.

»Also, gehen wir?« forderte er mich auf.

»Sofort«, sagte ich, »will nur noch meinen Mantel holen.«

»Mantel ist nicht vorgesehen«, sagte er.

»Wirklich?« sagte ich. »Und hier, was steht hier in den Statuten?«

Er las und wunderte sich. Er wußte selber nicht, was alles den Arrestanten erlaubt war.

Ich nutzte seine plötzliche Verlegenheit und zog einen Stapel Bücher aus dem Nachttisch, den ich mir schon vorher zurechtgelegt hatte: sämtliche vier Statuten, die *Geschichte der Diplomatie*, die *Geschichte der KPdSU*, irgendeinen Band Lenin und Stalins *Über den großen Vaterländischen Krieg*. Potapow blickte mich einigermaßen entsetzt an, wagte aber nicht, irgendwelche Einwände zu erheben. Nur als ich das Thermometer von der Wand nahm, fragte er:

»Wofür das denn?«

»Dafür, daß ich in der Zelle die Zellentemperatur messen und, sollte sie unter sechzehn Grad sein, auch tagsüber den Mantel anfordern kann.«

Er hätte mir natürlich entgegenhalten können, daß das Thermometer Staatseigentum ist, der Kaserne gehört und in deren Inventarverzeichnis aufgeführt ist, aber offensichtlich war er völlig baff und zog es vor zu schweigen.

Unterwegs begegnete uns der Unterleutnant Dobronrawow und erkundigte sich interessiert bei Potapow, wohin er mich denn begleite. Als er hörte, daß es in die Arrestanstalt ging, sagte er verwundert:

»Und ich dachte, in die Bibliothek.«

Auf diese Weise richtete ich mich diesmal in meiner Einzelzelle einigermaßen, das heißt unter den gegebenen Umständen so bequem wie eben möglich und häuslich ein und verbrachte die mir zuteil gewordenen zweimal vierundzwanzig Stunden nicht ohne Nutzen für meine eigene Person. Offen gesagt, ich glaube sogar, daß für einen Soldaten, der Tag und Nacht ständig und ununterbrochen unter Leuten ist und nirgends, nicht einmal auf dem Lokus sich absentieren kann und keinerlei andere Gelegenheit findet, einmal mit sich selber allein sein zu können, die Einzelzelle für eine gewisse Zeit nicht die schlechteste Art und Weise ist, sein Nervenkostüm zu entspannen.

Als ich nach zwei Tagen in die Kaserne zurückkam, wurde ich stehenden Fußes zu Dogadkin beordert. Er begrüßte mich einigermaßen betreten und bat mich, Platz zu nehmen. Das allerdings war mehr als seltsam – ein Offizier, der einen Soldaten zu sich gerufen hat, bietet ihm so gut wie nie Platz an.

»Also, wie fühlst du dich?« fragte er.

»Geht so.«

»Bist du etwa«, fragte er zögernd, »beleidigt?«

»Aber woher denn, Genosse Major.«

»Begreif doch! Ich konnte dich doch nicht bestrafen, weil du nun mal selber ...«

»Verstehe, Genosse Major.«

»Nun, wenn du verstehst, ist ja gut. Und ich dachte schon, du wärst beleidigt. Ich habe doch schließlich nicht aus Wut, sondern um...«

Und er begann, mir abermals umständlich zu erklären, wieso ausgerechnet er sich genötigt gesehen hat, mich zu arretieren.

Es gibt ängstliche Menschen, die ständig den Eindruck haben, irgend jemand habe etwas Schlechtes über sie gesagt oder gedacht oder sie absichtlich kränken wollen. Dogadkin hingegen hatte ständig den Eindruck, er habe jemanden gekränkt.

Viele Jahre sind inzwischen vergangen, doch erinnere ich mich bis zum heutigen Tage an ihn. Und was ist es, woran ich mich erinnere? Daran, wie er wüten und toben, wie er lächerlich und unbeholfen mit den Füßen aufstampfen konnte, um dann plötzlich umzuschwenken und beinahe unter Tränen zu sagen:

»Dabei möchte ich doch für dich so etwas wie dein eigener Vater sein.«

1974

Hauptmann Kurassow

Anfangs waren wir zu dem Schluß gekommen, er müsse von der Marine sein, denn als er den ersten Abendappell abhielt, um uns kennenzulernen, sagte er statt des gewohnten »Weggetreten!« ruhig und gelassen:

»Auf Zwischendeck weggetreten!«

Dann stellte sich jedoch heraus, daß auf irgendeiner Infanterieschule so geredet wurde, an der er vorher gewesen war, und zwar ebenfalls als Kompaniekommandeur.

Aus irgendeinem Grunde hatten wir am Anfang den Eindruck, er sei von Natur Zivilist, doch bald schon wurde uns klar, daß wir uns getäuscht hatten und gaben ihm den Spitznamen »Statutnik«. Denn wie sich herausstellte, waren Statuten und Dienstvorschriften aller Art seine liebste und wahrscheinlich einzige Lektüre; er kannte sie aus dem Effeff, wußte, für welches Bein das Kommando »Kehrt! Marsch!« gilt, in welchem Abstand zum entgegenkommenden Vorgesetzten man zum Exerzierschritt übergehen muß, auf wieviel Zentimeter die Socken hochgezogen werden dürfen und wieviel Millimeter der Abstand vom linken Ohr bis zum Rand der Feldmütze zu sein hat.

Während er uns derlei höchste Weisheiten eintrichterte, schien er sich aufrichtig an ihrem tieferen Sinn zu ergötzen.

An einem der ersten Tage unserer Bekanntschaft erklärte er im Exerzierunterricht:

»Genossen Unteroffiziersschüler, vergessen Sie nicht: Sie alle erwartet die Anklagebank!«

Am Anfang waren wir wie vor den Kopf gestoßen, denn wir hatten keineswegs den Eindruck, irgendetwas Schlimmes angestellt zu haben, abgesehen von den vergleichsweise harmlosen Verstößen gegen die Disziplin wie das von mir bereits erwähnte Ausscheren aus der Marschordnung.

Im Unterschied zu Major Dogadkin war Hauptmann Kurassow niemals jemandem böse, lächelte nie, sprach nie mit erhobener Stimme und erzählte niemals Begebenheiten aus seinem Leben. Sein Gesichtsausdruck erschien stets gelassen, und seine Fischaugen blickten gerade und ohne zu blinzeln unter den geradezu wie versengt rötlichen Brauen. Schon bald begannen wir, ihn zu hassen, obgleich er noch keinem irgendetwas Konkretes angetan hatte. Untereinander sprachen wir oft über ihn, anfangs ungestraft, bis wir merkten, daß unsere Gespräche ihm zu Ohren gekommen sein mußten. Derjenige, der irgendetwas Negatives über ihn gesagt hatte, bekam plötzlich ohne allen Grund oder aber schon für das geringste Vergehen unverhältnismäßig hohe Strafen verpaßt. In den Disziplinarstatuten heißt es, ein Militärangehöriger kann sich wegen einer ungerechtfertigten Strafe beschweren, nicht aber aufgrund der Härte des ihm zugeteilten Strafmaßes. Das heißt: für ungeputzte Stiefel, für Zuspätkommen beim Antreten in Reih und Glied, für ein nicht angenähtes Band unter dem Uniformkragen kann es Dienst außer der Reihe geben, aber auch mehr als das Höchstmaß, nämlich bis zu zwölf Tagen Arrest. Dieser weitgefaßten Strafskala bediente sich auch unser Statutnik, wobei er übrigens nicht bis zum vollen Strafmaß ging.

So hatten wir also mitgekriegt, daß unserem Statutnik unsere Gespräche über ihn zu Ohren kamen. Aber wie? Es gab nur eine Antwort: Es mußte einen Denunzianten unter uns geben! Wir fingen also an, uns gegenseitig genauer zu beobachten und stellten fest, daß der Unteroffiziersschüler Jachontow, mit Spitznamen Jaschka, sich an brisanten Gesprächen nicht zu beteiligen pflegte, sich überhaupt in Schweigen hüllte und ständig einen irgendwie betretenen Eindruck machte. Wir stellten ein höchst einfaches Experiment an. Irgendwann einmal sagte ich in Gegenwart von Jachontow sowie zweier Eingeweihter, Genka Denissow und Kasimir Jermolenko:

»Und trotzdem, unser Hauptmann ist ein ganz schön gemeiner Hund.«

»Also hör mal«, sagte Genka. »Er ist nichts weiter als ein richtiger Militär und hat nur eine Sorge, daß nämlich aus uns genau solche Militärs werden wie er.«

»Aber er hat eine reichlich widerliche Visage«, sagte ich.

»Dafür kennt er sich bestens in den Statuten aus«, sagte Jermolenko.

»Wie auch nicht, wo er sie doch Nacht für Nacht ununterbrochen auswendig lernt.«

»Und wann schläft er eigentlich mit seiner Frau?« fragte Genka.

»Na hör mal«, sagte ich, »was denn für eine Frau? Die ist ihm doch schon lange weggelaufen! Er lebt jetzt mit einer Katze.«

»Wie gräßlich«, sagte Jermolenko. »Die kratzt doch.«

»Nein«, sagte ich, »er hat ihr nämlich eigens zu diesem Zweck die Krallen ausgerissen.«

An diesem Tag konnte er es nicht einmal bis zum Abendappell abwarten, kam gleich nach dem Abendessen in die Kaserne gerannt und brummte mir dreimal Dienst außer Reihe auf, weil ich auf dem Bett gesessen hätte.

Nach dem Appell ging ich zu Kurassow und sagte, daß ich mich weigere, den Befehl auszuführen.

»Dann werde ich Sie wegen versuchter Nichtbefolgung eines Befehls bestrafen«, sagte er, ohne sich im geringsten über meine Mitteilung überrascht zu zeigen.

»Aber für einen Versuch können Sie mich gar nicht bestrafen«, sagte ich.

»Wieso nicht?«

»Weil ich gar nicht den Versuch mache, den Befehl nicht auszuführen, sondern ihn schlicht und einfach nicht ausführen werde.«

Ich sagte ja schon, daß es beim Militär laut Statuten Nichtbefolgung eines Befehls gar nicht geben kann. Der Kommandeur ist nämlich verpflichtet, alle Mittel der Beeinflussung bis hin zur Waffen- und Gewaltanwendung einzusetzen, das heißt, bei strenger Einhaltung der Dienstvorschriften kann einer, der einen

Befehl nicht befolgt hat, überhaupt nicht mehr unter den Lebenden sein. Laut Statut. In der Praxis jedoch braucht der Kommandeur aus vielerlei Gründen seinem Recht auf Liquidierung nicht nachzukommen. Erstens muß er nämlich damit rechnen, daß seine Untergebenen ebenfalls bewaffnet sind und ihre Wut mit Hilfe der Waffe zu entladen bereit sind. Zweitens entspricht dieser Paragraph des Statuts nicht dem Strafkodex, und der Kommandeur würde unausweichlich vors Tribunal zitiert werden. Drittens, selbst wenn der erste und der zweite Grund nicht gegeben wäre, wäre doch der folgende Grund gewichtig genug: Dieser Grund ist der Karriere-Bürokratie-Augenwischer-Aspekt der Angelegenheit. Beim Militär wird nämlich genau so wie in zivilen Organisationen die Tätigkeit eines Kommandeurs nach der Gesamtsumme der Indikatoren beurteilt, das heißt also, wenn in der Produktion die Arbeitsproduktivität der Hauptgradmesser ist oder in der Schule der Leistungsstand, dann ist es beim Militär der Zustand der militärischen Disziplin. Über den jeweiligen Zustand der Disziplin wird selbstverständlich aufgrund der Anzahl der vorgenommenen Bestrafungen befunden. Vom Zustand der Disziplin in der Einheit der Truppe hängt die Karriere des Kommandeurs ab. Ein Kommandeur, der um seine Karriere Sorge trägt, wird also, selbst wenn er von Natur aus grausam ist, zu vermeiden suchen, Strafen in eigener Regie zu verhängen, weil diese Strafen dann nämlich unausbleiblich in den entsprechenden Berichten figurieren. Deshalb wird sogar Arrest nur höchst selten verhängt. (In der Arrestanstalt pflegen deshalb die Stadtkommandanturen, wenn sie fremde Soldaten erwischen, entsprechend großzügig zu verfahren, um die Dienstgutachten der Kommandanten nicht negativ zu beeinflussen.) Und man stelle sich einmal vor, irgendein Kommandeur hätte einen Soldaten erschossen. Ein außergewöhnlicher Vorfall! Selbst wenn er nicht hinter Gitter kommt, wird seine Kompanie, was die Disziplin anbelangt, dadurch garantiert an die letzte Stelle rücken. Und die Truppe, zu der seine Kompanie gehört, ebenfalls. Und die Einheit, zu der die Truppe gehört, selbstverständlich ebenso.

So daß also einen solchen Schützen selbst ohne eine offizielle Verurteilung ein Leben erwartet, daß er sich gehörig umsehen wird. Er wird weder auf seinem Dienstposten noch, was seinen Rang anbelangt, weiterkommen. Und jeder Vorgesetzte wird bestrebt sein, nichts mit ihm zu tun haben zu müssen und ihn möglichst nur von weitem zu sehen. Zu guter Letzt versetzt man ihn dann jotwede, wo sich die Füchse gute Nacht sagen und von wo er erst am Sankt Nimmerleinstag wieder wegkommt. Ja, und der letzte Grund, den man natürlich auch zuerst hätte nennen können, ist der, daß nicht jeder Kommandeur, selbst wenn er unangenehme Folgen nicht einkalkuliert, einfach so und ohne irgendeinen Grund einen Menschen erschießen darf. Ich bin nicht einmal sicher, daß unser Statutnik dazu fähig gewesen wäre!

»Sie weigern sich demnach, meinem Befehl Folge zu leisten?«

»Jawohl, ich weigere mich.«

»Also gut«, sagte er mit unheildrohender Stimme, »wenn Sie unbedingt auf die Anklagebank wollen, werden Sie auch dahin kommen. Ich kriege Sie schon noch ran. Vergessen Sie nicht: Ich weiß alles über Sie, kenne jeden Ihrer Schritte!«

»Und jedes Wort, das ich über Sie gesagt habe«, setzte ich hinzu.

»Jawohl, auch das«, konnte er nicht umhin zu bestätigen.

»Wenn es Sie dermaßen bewegt, was Ihre Untergebenen über Sie reden, bemühen Sie sich doch, sich anständig zu benehmen, und niemand wird mehr schlecht von Ihnen sprechen!«

»So?« sagte er erstaunt. »Sie wollen mich auch noch schulmeistern? Sie sind mir ein bißchen zu gescheit, mein Lieber. Jawohl, zu gescheit sind Sie ...«

Aus seinem Munde klang das Wort gescheit so wie Schwerstverbrecher. Aber ich setzte meinen Angriff weiter fort.

»Und daß Sie sich gar nicht schämen«, sagte ich, »Erkundigungen darüber einzuziehen, wer was über Sie gesagt hat! Wie sollen denn Ihre Untergebenen Gutes von Ihnen denken, wenn Sie jedem nachspionieren und sich so einen Halunken da dingen ...«

»Was erlauben Sie sich, wie kommen Sie dazu, so etwas zu

sagen! Das ist ein redlicher Mensch, ein sowjetischer Krieger! Er erfüllt nur seine Pflicht!«

Der Hauptmann merkte, daß er zu weit gegangen war und zuviel gesagt hatte, doch war es bereits zu spät, den Rückzug anzutreten.

Zu dieser Zeit war ich beinahe so etwas wie ein romantischer Schwärmer und liebte es, schöne Phrasen zu dreschen.

»Dieser redliche sowjetische Krieger«, sagte ich, »verpfeift heute mich bei Ihnen, morgen Sie bei irgendeinem anderen und wird übermorgen sogar sein Vaterland verpfeifen.«

Ich kam erst nach dem Zapfenstreich in der Kaserne an, alle lagen schon lang.

»Jungs«, sagte ich wie nebenbei, »gerade hat Hauptmann Kurassow ausgeplaudert, wer uns verpfeift. Der letzte Typ ist das, sage ich euch, und sein Name steht übrigens an letzter Stelle in unserer Namenliste.«

So sagte ich, und in diesem Augenblick war wahrhaftig jegliche Schönrederei fehl am Platze. Alle schwiegen. Ich blickte Jachontow an. Er hatte die Bettdecke bis zu den Augen hochgezogen und verfolgte mit gespitzten Ohren, wie es weitergehen würde. Endlich fragte Genka Denissow sichtlich aufgebracht:

»Jaschka, ist das wahr?«

Alle waren starr vor Schreck. Einen Augenblick lang wurde mir unwohl. Wenn er es nun doch nicht war? Schließlich hatte ich keinerlei Beweise. Ich hatte ihn, wie man so schön sagt, einfach überrumpelt.

»Es ist wahr«, antwortete Jaschka leise, und mir fiel ein Stein vom Herzen.

Wieder allgemeines Schweigen.

»Also, erzähl schon«, unterbrach Genka das Schweigen.

Jachontow versuchte erst gar nicht, Widerstand zu leisten, und in seiner Lage war das wahrscheinlich der beste Ausweg. Im übrigen halte ich es durchaus für möglich, daß er sich in seiner Rolle unwohl fühlte und deshalb froh war, daß das Ganze zu einem Ende kam.

»Erinnert ihr euch noch, da war doch so eine Geschichte, als mal irgendwann Uniformmäntel verschwunden waren?«

An die Geschichte konnten wir uns noch gut erinnern. Eines Morgens hieß es, aus der B/A-Kammer seien zwei Uniformmäntel verschwunden, die nicht unserem Zug gehörten. Es hieß, irgendjemand hätte sie gestohlen. Wir waren einigermaßen verwundert, denn bis zu diesem Zeitpunkt war dergleichen noch nicht vorgekommen. Bisher war nur Seife geklaut worden, die nicht abgezählt in Sperrholzschachteln herumlag. Alle klauten Seife, und abends brachten wir sie zwischen Abendessen und Abendappell ins Nachbardorf, um sie an die Polen zu verkloppen oder in Wein umzusetzen. Aber das mit den Uniformmänteln ... Das war noch nie passiert. Nach dem Frühstück vermeldete de Gaulle dann plötzlich, die Mäntel seien nicht gestohlen worden, sie seien nur irgendwohin geraten, er habe sie zunächst nicht bemerkt und geglaubt, sie seien gestohlen worden, aber jetzt habe er sie gefunden. Irgendetwas war seltsam an dieser Mitteilung, doch keiner von uns schenkte dem Beachtung. Die Mäntel hatten sich gefunden – und damit basta.

Und jetzt erzählte Jachontow, er hätte damals die Mäntel gestohlen, um sie an die Polen zu verschachern, er sei aber erwischt worden, und Oberleutnant Kurassow habe ihn vor die Wahl gestellt: Entweder Anklagebank oder denunzieren.

Kasik Jermolenko stand auf und fuhr mit den Beinen in seine Stiefel.

»Kommt, laßt uns eine rauchen!«

Er, ich, Genka Denissow und Oleg Wassilew gingen auf die Treppe hinaus.

Nach ungeschriebenen Militärgesetzen hätte Jaschka in die Zelle gehört, doch hatte er mit seiner Erzählung bei allen Mitleid erweckt, außer bei Wassilew, der unverzügliche Bestrafung forderte, und zwar nicht aus Wut, sondern aus seinem Gerechtigkeitssinn heraus. Da aber die Zelle dafür da ist, Rädelsführer zu verstecken, würde in diesem Falle natürlich herauskommen, wer die sind – für den Fall natürlich, daß Jaschka sich entschließen sollte zu denunzieren. Außerdem ging unsere Ausbildungszeit ihrem Ende zu und wir fürchteten, im Falle eines Skandals das Abschlußzeugnis nicht zu bekommen.

»Also gut«, sagte Kassik, »lassen wir die Sache bis zur Schulentlassung auf sich beruhen und geben wir's ihm dann zum Schluß...«

Alle waren einverstanden und erleichtert, bloß Wassilew murrte, es käme immer auf dasselbe hinaus, sobald es ans Handeln ginge, wolle sich keiner die Finger schmutzig machen, und bloß wegen solcher »Humanisten« gäbe es jede Art von Spitzeln und Schweinehunden...

»Also gut«, beruhigten wir nicht nur ihn, sondern auch unser eigenes unbefriedigtes Gerechtigkeitsgefühl, »erst einmal die Schule beenden, dann aber, am letzten Tag...«

Natürlich waren wir uns darüber im klaren, daß wir uns damit selbst betrogen hatten, daß am letzten Schultag bestimmt nichts mehr laufen würde, und nur Wassilew hatte noch Hoffnung. Als es dann so weit und der letzte Tag da war, kam er zu mir und fragte in strengem Ton, was denn nun mit Jaschka würde.

Ich fragte ihn nicht ohne Neugier:

»Wie wär's, wenn du heute Nacht zu ihm gingest, ihm die Bettdecke über den Kopf wirfst und mir nichts dir nichts auf ihn losprügelst?«

»Aber wenn er doch denunziert hat, wird er doch sicher wissen, worum es sich handelt...«

Ich konnte ihn beruhigen, erklärte ihm, daß inzwischen viel Zeit verstrichen sei und Jaschka sicher alles Unangenehme von damals vergessen habe, so daß er sich schließlich doch, wenn auch ohne sonderliche Begeisterung, dazu bereit erklärte.

Das Gespräch mit Wassilew fand am letzten Schultag vor unserer Abreise statt, und gleich nach der Zeugnisverkündigung gingen wir auf unser Zimmer und – sahen die angsterfüllten Augen Jaschkas. Er hatte begriffen, um was für eine Beratung es damals auf der Treppe gegangen war und was ihm bevorstand. Genka Denissow ging zu ihm.

»Hör mal, Jaschka, wir werden dich vorläufig nicht verprügeln, aber du mußt uns dein Wort geben, daß du die Denunziererei sein läßt.«

»Er wird mich einlochen«, sagte Jaschka verängstigt.

»Das geht uns nichts an«, beharrte Genka, »sieh zu, wie du aus der Patsche rauskommst, aber gib uns dein Wort!«

»Ich verspreche, es nie wieder zu tun«, sagte Jaschka widerwillig und mit äußerster Überwindung.

Am nächsten Tag erschien Jaschka (so jedenfalls hat er es uns berichtet!) bei Kurassow, um ihm zu sagen, daß er nicht mehr denunzieren werde und die »Anklagebank« vorziehe. Kurassow begriff alles und antwortete nichts. Er ließ Jaschka von da an offenbar in Ruhe und stellte ihm auch nicht nach, und Jaschka denunzierte nicht mehr, zumal es mühsam für ihn geworden wäre, da wir in seiner Gegenwart kein überflüssiges Wort mehr sprachen, und das nicht etwa, weil wir auf der Hut waren vor ihm, sondern weil sich die Zunge irgendwie von selbst nicht mehr lösen wollte.

Dafür rechneten wir mit Oberleutnant Kurassow ab, und zwar ziemlich gründlich. Und dabei sollte besagter Wassilew doch noch groß rauskommen.

Wir hatten untereinander abgesprochen, dem Hauptmann bei der Verabschiedung vor der Abreise nicht die Hand zu geben. Der Spieß ließ uns nun also zum letzten Mal in Reih und Glied auf dem Übungsplatz vor der Kaserne antreten. Und er erstattete dem Hauptmann Meldung, die Kompanie sei zur Abreise angetreten.

»Rührt euch!« sagte der Hauptmann und schmiß die Hand an die Schläfe. »Auf Wiedersehen, Genossen!«

»Auf Wiedersehen, Ge...« rief irgendeiner, um noch im selben Augenblick zu verstummen.

Der Hauptmann schritt den rechten Flügel ab, eben den, wo sich unser Gerechtigkeitsfanatiker Wassilew befand.

»Auf Wiedersehen, Genosse Wassilew«, sagte der Hauptmann und streckte ihm die Hand entgegen.

»Auf Wiedersehen, Genosse Hauptmann«, sagte Wassilew laut und vernehmlich, wobei er die Hände hinter dem Rücken verschränkte und dem Hauptmann in die Augen sah.

»Nun, drücken Sie mir nur die Hand«, winselte der Statutnik hündisch.

»Kommt gar nicht in Frage, Genosse Hauptmann«, sagte Wassilew laut und deutlich, ohne den Blick von ihm abzuwenden.

Der Hauptmann machte wie auf Kommando kehrt und stürzte, was die Beine hielten, in die Kaserne.

Und als wir dann auf dem Lastwagen durchs Tor nach draußen fuhren, sagte jemand zu mir:

»Sieh mal da, der Statutnik.«

Ich blickte nach oben und sah an einem der Fenster im ersten Stock unseren ehemaligen Hauptmann. Hinter der Gardine stehend, blickte er uns nach, wahrscheinlich in der Annahme, daß er von uns nicht gesehen würde. Und ich schwache Kreatur muß bekennen: Ein flüchtiges Gefühl von Mitleid preßte mein Herz zusammen.

Schon früher schien mir, und auch heute noch scheint es mir so zu sein, daß sich der Charakter eines Menschen nur selten unter dem Einfluß äußerer Umstände ändert. Seltsamerweise berichteten die Unteroffiziersschüler, die nach uns unter Hauptmann Kurassow dienten, der Hauptmann sei völlig verändert und nicht wiederzuerkennen, und während ihrer Zeit auf der Schule habe es keinen besseren Hauptmann gegeben als Kurassow. Gewisse Lektionen sind demnach an gewissen Leuten nicht spurlos vorübergegangen.

1974

Oberleutnant Pawlenko

»Kompanie-ie, sti-illgestanden!«

Pawlenko schritt die Reihe ab, blickte in die enttäuschten Gesichter seiner Unteroffiziersschüler und setzte mit seinem gedämpften, tiefen und unheilschwangeren Baß hinzu:

»Noch stiller!«

Er stand in dem Ruf, der grimmigste Offizier der Schule zu sein. Früher war er Zugkommandeur der sechsten Kompanie gewesen, nun aber befördert und zu uns abkommandiert worden, um unsere Disziplin zu festigen.

Schon seit langem hieß es, die Disziplin der ersten Kompanie ließe zu wünschen übrig und daß Major Dogadkin daran schuld sei, weil er im Umgang mit seinen Zöglingen unverzeihlich liberal und nachgiebig sei. Schon seit langem hieß es, er gehöre beseitigt, doch da seine dreijährige Amtszeit im Ausland ihrem Ende zuging, fand man sich mit ihm ab. Nun aber war es so weit, Major Dogadkin war auf und davon, um eine neue Dienststelle in Rußland anzutreten.

Die ersten beiden Tage verliefen still und friedlich. Dann aber geschah es, daß einer bei einer Steigung nicht mitkam.

»Zögling Soundso, rausgetreten! Wegen Verstoßes gegen die militärische Disziplin fünfmal Dienst außer der Reihe!«

Irgendwer hatte die Stiefel nicht richtig geputzt – fünfmal Dienst außer der Reihe. Irgendwer hatte geraucht, wo man nicht rauchen durfte – fünfmal Dienst außer der Reihe. Bei irgendeinem war der obere Knopf am Militärhemd aufgegangen – fünfmal Dienst außer der Reihe. Warum nicht zwei-, nicht drei-, nicht vier-, nicht zehnmal? Weil fünfmal Dienst außer der Reihe die absolute Grenze nach oben, das heißt, das Höchstmaß ist, das man einem Soldaten für einen Verstoß aufbrummen darf. Und er brummte immer, egal wofür, die Höchststrafe auf. Freilich gibt es noch eine andere Strafskala, nämlich bis zu zwanzigmal vierundzwanzig Stunden Arrest, doch bedienen sich dieser Skala die Kommandeure nur ungern – aus Gründen, auf die ich später noch eingehen werde.

Er erschien bereits vor dem Aufstehen bei der Kompanie, das heißt vor sechs Uhr morgens, und ging erst nach dem Abendappell, das heißt nach dreiundzwanzig Uhr. Während des Aufstehens stand er im Korridor mit der Uhr in der Hand und stoppte die Zeit: zwanzig Sekunden gab er zum Anziehen und Antreten, und wer es nicht schaffte, kriegte fünfmal Dienst außer der Reihe. Er paßte genau auf, daß auch jeder in Reih und Glied marschierte, versuchte ständig, uns eine Falle zu stellen, sorgte für Razzien und war überhaupt ständig darauf aus, uns bei irgendwas zu erwischen.

Und dann hatte er noch die unter Spießen verbreitete Eigenart, plötzlich und unerwartet hinter einer Ecke hervorzuspringen:

»Warum grüßen Sie nicht?«

»Verzeihung, habe Sie nicht gesehen.«

»Ein Soldat hat alles zu sehen. Fünfmal Dienst außer der Reihe.«

So erging es auch mir einmal. Er sprang hinter einer Ecke hervor, und ich hatte zu alledem auch noch die Hände in den Hosentaschen. Ich konnte nicht grüßen, denn ich kriegte die Hände nicht schnell genug aus den Hosentaschen. Prompt ließ mich Pawlenko beim Abendappell vortreten und verpaßte mir, versteht sich, fünfmal Dienst außer der Reihe.

»Mache ich nicht«, sagte ich.

»Wie bitte?«

Er schaute mich an, als hätte er nicht recht gehört.

Ich bekam es zwar ein wenig mit der Angst zu tun, denn irgend etwas würde bestimmt passieren, aber da es nun einmal raus war, mußte ich auch dazu stehen.

»Mache ich nicht.«

Ich stand vor der angetretenen Kompanie, blickte geradeaus vor mich hin, er blickte mich an, und die Kompanie blickte ihn an. Alles wartete, wie das Ganze wohl ausgehen würde. Die Dienstvorschrift lautet: Der Befehl des Vorgesetzten ist für den Untergebenen Gesetz. Ein Befehl ist ohne Widerrede, korrekt und pünktlich auszuführen. Damit ein Befehl ausgeführt wird, ist der Vorgesetzte verpflichtet, mit allen ihm zur Verfügung stehenden Mitteln, bis hin zur Waffen- und Gewaltanwendung also, auf den Untergebenen einzuwirken. (Im Polituntericht haben wir einmal gefragt, welche Gewalt denn gemeint sei, ob das heiße, daß ein Vorgesetzter einen Untergebenen schlagen dürfe, worauf wir das eine Mal eine ausweichende, das andere Mal eine bejahende Antwort bekamen.)

Alles wartete, was Pawlenko unternehmen würde. Wird er über das Höchstmaß hinausgehen und ein paar Mal vierundzwanzig Stunden Einzelhaft verpassen, wird er nach der Pistole greifen (ich weiß nicht, wie das für ihn ausgegangen wäre) oder...

»Unteroffiziersschüler Woinowitsch, ins Glied zurücktreten!«

Ich dachte, er würde mich nach dem Zapfenstreich zu sich rufen, aber nichts dergleichen. Am nächsten Morgen stand er wie immer im Korridor mit der Uhr in der Hand, ohne mir auch nur die geringste Beachtung zu schenken. Je länger er schwieg, desto unruhiger wurde ich. Er begleitete uns in den Eßsaal, dann in den Unterricht – nichts. Was mochte er wohl vorhaben? Kann sein, während ich im Unterricht sitze und mich ins Arbeitsprinzip des Düsenantriebmotors vertiefe, brauen die ihr Süppchen, und eine Sonderabteilung heckt meine Versetzung ins Strafbataillon aus. Die ersten sechs Unterrichtsstunden pflegen im Unterrichtsgebäude stattzufinden, die letzten beiden, Körperschulung, in der Turnhalle. Wir kommen gerade aus dem Unterrichtsgebäude und treten an, da steht auch schon Pawlenko da. Der Gruppenälteste, der Gefreite Sossik, gibt das Kommando »Richt' euch! Stillgestanden!« und erstattet dem Kompanieführer Meldung. »Übernehmen Sie die Führung der Gruppe! Unteroffiziersschüler Woinowitsch, kommen Sie her zu mir!«

Die Gruppe marschiert voran, und ich mit dem Oberleutnant in einigem Abstand hinterher.

»Warum willst du den Befehl nicht ausführen?« fragt er mich.

»Du«, das ist schon mal ein Zeichen des Wohlwollens.

»Weil er nicht gerechtfertigt ist. Sie sind unerwartet hinter einer Ecke hervorgekommen, ich konnte Sie nicht sehen...«

»Ein Soldat muß alles sehen.«

»Auch durch die Wand? Bringen Sie mir das mal bei!«

»Na gut«, erklärte er sich überraschend freundschaftlich bereit, »du wischst heute das Leninzimmer, und dabei belassen wir's.« Es wäre natürlich konsequenter gewesen, wenn ich auf meinem Standpunkt beharrt hätte. Aber dann hätte auch er Charakter zeigen müssen. Und wie die Sache ausgegangen wäre, bleibt ungewiß. Andererseits ist es keine große Sache, das Leninzimmer zu scheuern. Für ihn ist wichtig, daß jeder sieht, daß er bei seinem Standpunkt geblieben ist. Für mich ist wichtig, daß er mich in Ruhe läßt. Und wenn er sich erst einmal auf einen Kompromiß eingelassen hat, heißt das, daß er nicht noch einmal hinter der Ecke hervorgesprungen kommt. Und beim nächsten Mal vorziehen wird, mich nicht zu bemerken. Irgendwas ist also immerhin dabei rausgesprungen für mich.

Das Leninzimmer habe ich gewischt, wie's halt so kam. Habe den Scheuerlappen naßgemacht und mit dem Fuß über den Boden geschoben. De Gaulle war selbstverständlich nicht zufrieden mit meinem Werk und er befahl mir, den Boden noch einmal zu wischen. Und als ich mich weigerte, ging er, sich beim neuen Kompanieführer zu beschweren. Der wollte jedoch nicht schon wieder in einen Konflikt hineingezogen werden und sagte dem Spieß, er solle sich nicht einmischen.

Zwar ließ Pawlenko mich von nun an in Ruhe, hielt dafür aber die anderen zum Besten. Er war inzwischen allseits gefürchtet. Seltsamerweise ließen die Leistungen der Unteroffiziersschüler nach, und auch die Disziplin ließ bei weitem häufiger zu wünschen übrig als bei Dogadkin. Und eines Tages kam es zur völligen Gehorsamsverweigerung. Die Sache war folgende:

Pawlenko war nach dem Zapfenstreich noch einmal in die Kaserne eingedrungen und hörte irgendein Flüstern. Er knipste das Licht an und fragte, wer sich da unterhält. Alles schwieg.

»Ich warte«, mahnte Pawlenko. Seine Augen blickten unbeweglich unter dem tief ins Gesicht gezogenen Mützenschirm hervor.

Schweigen.

»Kompanie! Aufgestanden!« befahl er mit gedämpftem Baß.

Keiner muckste sich.

»Kompanie! Aufgestanden! Alarm!« befahl er diesmal mit erhobener Stimme und nicht ohne Anflug von Beunruhigung.

Bei Alarm liegenbleiben, ist nach militärischem Gesetz so etwas wie Vaterlandsverrat.

Pawlenko machte jäh auf dem Absatz kehrt und stürzte aus der Kaserne. Als er nach ein paar Minuten zurückkam, fand er die Kompanie nicht mehr an ihrem Platz. Hundert Mann waren einfach verschwunden. Nur der Mann vom Stubendienst stand mit seinem Dolch neben dem Nachttisch.

»Stubendienst, wo ist die Kompanie?«

»Wie soll ich das wissen, Genosse Oberleutnant«, glotzte der Stubendienst ergeben.

Pawlenko lief den Korridor entlang, schaute in das eine Zimmer, dann in das nächste. Niemand. Kein Mensch weit und breit. Bloß unordentlich herumgeworfene Betten. Endlich begriff er und kletterte auf den Dachboden. Er stand im Rechteck des Lichtes, das aus der Tür fiel, und konnte sich nicht entschließen, sich in die Dunkelheit zu begeben, wo der angehaltene Atem von hundert Mann zu hören war.

»Kompanie! Raus- und angetreten!« gab er nicht gerade überzeugt Kommando und rannte als erster hinaus auf die Straße.

Diesmal gaben sie klein bei. Setzten sich in Bewegung und traten auf dem Übungsplatz an.

Mit halber Stimme kam das Kommando:

»Richt' euch! Stillgestanden! Rechte Schulter vorn, Schritt marsch!«

Sie marschierten zum Kontroll- und Passierpunkt. Pawlenko zeigte dem Posten die Genehmigung des Stubendienstes, die Kompanie an die Stadtgrenze führen zu dürfen, der Posten hob den Schlagbaum, und wir marschierten die verschlafenen Gäßchen des polnischen Städtchens entlang, vom Mond und dem schwachen Flackern der Gaslaternen beschienen.

Pawlenko war offenbar kein sonderlich guter Psychologe. Er begriff nicht, daß für uns ein Ausflug nach außerhalb des uns ständig umgebenden Stacheldrahts, und sei es auch nur für kurze Zeit, bei Nacht und in Reih und Glied, daß das Vorbeimarschieren an irgendwelchen Häusern, hinter deren dunklen Fenstern ein uns unbegreifliches, fremdes Leben dahinfloß, daß für uns ein solcher Spaziergang keine Strafe, sondern eine Beglückung war.

Doch wohin führte er uns eigentlich? Das Städtchen lag schon hinter uns, und zu beiden Seiten des gepflasterten Weges nichts als Felder, vom gleichmäßig strahlenden Licht des Mondes übersät.

»Kompanie, halt! Panzer von rechts, Kavallerie von links ...!«

Und kaum hatte er sein »Weggetreten« gebrüllt, stoben wir auch schon wie in echter Panik vor den nichtvorhandenen Panzern und der nichtvorhandenen Kavallerie (Wieso Kavallerie und was für eine Kavallerie in der Ära des Düsenflugzeugs?) in verschiedene Richtungen auseinander. Und legten uns in die Furchen zwischen die Kohlkopfreihen.

Pawlenko wurde schlagartig klar, daß er einen Fehler begangen hatte.

»Kompanie, raus- und angetreten!«

Wir liegen, rauchen, die Zigaretten nach allen Regeln der Tarnung mit den Händen verdeckt.

Pawlenko steht auf dem Weg, allein im grünlichen Licht des Mondes.

»Kompanie! In Viererkolonnen angetreten!«

Wir liegen, halten uns verborgen und warten voller Neugier, wie die Sache wohl ausgehen wird.

Plötzlich rannte er querfeldein, über Kohlköpfe stolpernd. Als ersten holte er Unteroffizier Kabakowitsch heraus und brachte ihn auf den Weg. Kabakowitsch war stets der erste, der erwischt wurde.

»Stell dich hierhin!« befahl Pawlenko, ließ Kabakowitsch auf dem Weg stehen und stürzte wieder in Richtung Feld. Kaum hatte er dann auch Gratschew auf den Weg gejagt, war Kabakowitsch auch schon wieder auf und davon. So rannte er Gott weiß wie lange über das Feld, bis uns das Spiel selber langweilig wurde. In irgendeinem Augenblick rannten schließlich alle auf die Straße, traten gehorsam an und marschierten ebenso gehorsam in Reih und Glied zur Truppe zurück. Oberleutnant Pawlenko jedoch kam unser nächtlicher Spaziergang teuer zu stehen: Er wurde seines Amtes als Kompaniekommandeur enthoben. Ein anderer kam an seine Stelle. Natürlich ein noch üblerer.

1974

Offene Briefe

An den Vorsitzenden der Allunionsagentur für Autorenrechte, Genosse B. D. Pankin

(Als Antwort auf sein Interview, veröffentlicht in der ›Literaturnaja Gasjeta‹ vom 26. September 1973)

Sehr geehrter Boris Dmitrijewitsch!

Bis zum Erscheinen Ihres Interviews in der Zeitung war ich offengestanden einigermaßen beunruhigt, weil ich einfach nicht begriff, worum es ging: Da hat plötzlich irgendein Gründungsrat irgendeine Agentur zum Schutze irgendwelcher Autorenrechte ins Leben gerufen...

Wozu?

Autorenrechte sind bei uns innerhalb der Landesgrenzen, wenn auch bisweilen in sonderbarer Weise, so doch immerhin, auch früher schon geschützt gewesen. Aber im Ausland...

Gerade das ist es, was mich immer schon bewegt hat. Wer, so dachte ich bei mir, kann denn wohl am meisten um den Schutz seiner Autorenrechte im Ausland besorgt sein? Aller Wahrscheinlichkeit nach doch diejenigen, die mehr als alle anderen dort zu publizieren pflegen. A. Solshenizyn zum Beispiel, W. Maksimow, Akademiemitglied A. Sacharow und andere sogenannte Dissidenten – entschuldigen Sie das Modewort. Die Vermutung lag auf der Hand, daß auch sie es wären, die in den Gründungsrat aufgenommen werden. Als ich aber hörte, daß Genosse Stukalin zum Vorsitzenden des Rats ernannt worden ist, verwarf ich diese Vermutung auf der Stelle. Nein, so sagte ich mir, Genosse Stukalin wäre niemals damit einverstanden, den Vorsitz eines solchen Gründungsrats zu übernehmen.

Ihr Interview hat in einer Hinsicht zur Klärung des Sachverhalts beigetragen, in anderer Hinsicht hingegen noch mehr Verwirrung gestiftet. Einerseits ist es natürlich erfreulich, daß von der Schriftstellerorganisation solch große schöpferische Persönlichkeiten wie G. Markow, Ju. Wertschenko, S. Sartakow und so weiter in den Gründungsrat berufen worden sind. Andererseits jedoch ist es unbegreiflich, wieso ausgerechnet sie mehr als andere um den Schutz der Autorenrechte im Ausland besorgt sein sollen? Schließlich darf angenommen werden, daß es niemand außerhalb unserer Landesgrenzen ausgerechnet auf ihre Autorenrechte abgesehen hat.

Ich bin in diesem Zusammenhang auf höchst absurde Gedanken gekommen. Bis ich die Werke dieser Schriftsteller genauer in Augenschein genommen hatte, ging ich sogar so weit, es für möglich zu halten, daß sie nach Kräften ungewöhnliche Meisterwerke geschaffen hätten, über denen die Gefahr schwebte, bei Samisdat, Possev oder Gallimard zu landen. Oder sollten sie sich womöglich aus purem Altruismus zur Verteidigung der Autorenrechte anderer stark machen wollen?

Ich versuchte, mir Ziel und Zweck der Agentur klar zu machen, die von den erwähnten Genossen gegründet worden ist und der Sie vorstehen.

In Ihrem Interview sagen Sie, daß die Aktivitäten Ihrer Agentur auf einen »verstärkten Austausch wahrer Leistungen auf verschiedenen Gebieten des menschlichen Geistes« abzielen. Wiewohl Sie das Wort »wahrer« nicht eigens hervorgehoben haben, ist es mir dennoch gut im Gedächtnis geblieben. Ich war immer der Meinung, es sei ziemlich schwierig, das Wahre, Echte in den Leistungen menschlichen Geistes auszumachen. Bisweilen braucht es dafür Jahre, ja sogar Jahrzehnte. Es steht zu hoffen, daß nun unverzüglich festgelegt wird, was wahre Leistungen menschlichen Geistes sind...

Von wem? Von Ihrer Agentur?

Ich wüßte gern, nach welchen Kriterien! Darf man A. Solshenizyns Leistungen als wahre Leistungen ansehen? Oder gelten gegenwärtig die Leistungen des Genossen Wertschenko als wahre Leistungen menschlichen Geistes?

Wie Sie in Ihrem Interview durchaus zu Recht bemerken, muß sich so mancher Autor des einen oder anderen Werkes »mühsam und unökonomisch« um den Schutz seiner eigenen Autorenrechte kümmern. Zwischen den Zeilen geben Sie zu verstehen, daß es für einen Autor erst recht mühsam wird, wenn er für die Publikation seiner Werke im Ausland nicht die Vermittlung Ihrer Agentur in Anspruch nehmen sollte. In diesem Falle wird der Autor augenscheinlich als jemand eingestuft, der das Staatsmonopol auf dem Gebiet des Außenhandels verletzt hat und damit automatisch der Kategorie der Kriminellen zuzuzählen ist.

Eine famose Idee! Sie birgt eine ganze Reihe von Möglichkeiten in sich wie zum Beispiel diese: Ein Autor, der das von ihm Geleistete an das Ausland weitergibt, wird damit selbst zum Schutzobjekt. Dem Schutz der Autorenrechte gleichzeitig und zusammen mit dem Träger dieser Rechte muß man ja schließlich höchste Zuverlässigkeit zuerkennen. Im Zusammenhang damit wäre es, wie mir scheint, zweckmäßig, bei entsprechend kompetenten Instanzen einen Antrag darauf einzureichen, das Lefortowo- oder Butyrskaja-Gefängnis mitsamt seinen Polizeispitzeln und Schäferhunden der Kompetenz Ihrer Agentur unterstellen zu dürfen. Dort könnte man nämlich nicht nur die Autoren, sondern auch ihre Rechtsnachfolger unterbringen. Und da Ihre Agentur ja den Angehörigen der an der Internationalen Konvention teilhabenden Staaten dieselben Rechte wie den eigenen Bürgern zusichert, ließe sich diese Form des Schutzes auch auf sie ausdehnen.

Mich beunruhigt indessen folgender Umstand: Ihre Agentur stellt allem Anschein nach eine gesellschaftliche und keine staatliche Organisation dar. Da nun aber das Außenhandelsmonopol eben gerade beim Staat und ausschließlich beim Staat liegt, droht also auf diese Weise Ihrer Agentur keinerlei Risiko, sich selbst einem Strafverfahren auszusetzen. Wie kann nun aber eine Agentur, die ihr eigenes Schutzobjekt darstellt, irgend etwas anderes in ihren Schutz stellen? Darüber sollte man vielleicht einmal nachdenken.

Und hier noch ein Vorschlag!

Da Ihre Agentur beabsichtigt, allein darüber zu befinden, wo und unter welchen Bedingungen dieses oder jenes Werk erscheinen oder aber nicht erscheinen darf, sollte diese juristische Besonderheit der Agentur sich auch in ihrem Namen widerspiegeln. Ich schlage hiermit vor, sie in Zukunft nicht mehr Allunionsagentur für Autorenrechte, sondern Allunionsagentur für Autorenrechtsanmaßung zu nennen, also nicht AAAR, sondern AAARA.

Nur ein einziger Buchstabe mehr im Firmenschild, doch um wieviel präziser die Bedeutung!

Entwickelt man diesen Vorschlag weiter, läßt sich die anmaßende Aneignung der Autorenrechte zusammen mit den Rechten der Autorenschaft selber als etwas durchaus selbstverständlich Zusammengehöriges betrachten: In Zukunft sollte Ihre Agentur für die Werke sowjetischer Autoren sowie deren ideellen und künstlerischen Gehalt verantwortlich zeichnen.

Im Bestreben, einen eigenen Beitrag zu diesem interessanten Unterfangen zu leisten, bitte ich als Autor des vorliegenden Briefes (sowie natürlich auch Träger der Autorenrechte) die Agentur als eine AAARA zu betrachten.

Mit dem Ausdruck vorzüglicher Hochachtung

W. Woinowitsch

2. Oktober 1973

An das Sekretariat des Schriftstellerverbands der RSFSR, Sektion Moskau

Ich werde nicht an Eurer Sitzung teilnehmen, da sie hinter geschlossenen Türen stattfinden soll, heimlich und nicht öffentlich, das heißt also illegal. Ich aber möchte nicht an irgendeinem illegalen Vorgehen beteiligt sein.

Im übrigen gibt es zwischen uns weder etwas zu besprechen noch irgendwelche Auseinandersetzungen auszutragen, denn ich würde wie immer meine Meinung sagen, und Ihr würdet irgendwelchen Befehlen gehorchen.

Das Sekretariat stellt in seiner gegenwärtigen Zusammensetzung kein demokratisch gewähltes Organ dar, denn es ist dem Schriftstellerverband durch anderweitige Organisationen verpflichtet, die von der Sache her nichts mit dem Verband zu tun haben. Weder das Sekretariat als Ganzes noch seine einzelnen Mitglieder stellen für mich eine Autorität dar, weder in schöpferischer und noch viel weniger in moralischer Hinsicht. Zwei, drei ehemalige Schriftsteller, und wer sind die übrigen? Schaut Euch doch gegenseitig an: Ihr wißt ja selbst nicht einmal, was der, der neben Euch oder Euch gegenübersitzt, schreibt! Von einigen weiß man übrigens, daß sie überhaupt nichts schreiben ...

Ich bin bereit, aus einer Organisation auszutreten, die unter Eurer aktiven Beteiligung von einer Schriftstellervereinigung zu einer Bürokratenvereinigung geworden ist, wo Rundschreiben aller Art, im Stil von Romanen, Dramen und Poemen abgefaßt, sich als literarische Musterprodukte ausgeben, über deren Qualität nach der Stellung, die der Autor einnimmt, geurteilt wird, von einem amtlicherseits beauftragten Autor nämlich.

Vaterlandsverteidiger und Patrioten! Kommt Euer Patriotismus dem Vaterland nicht ein wenig zu teuer zu stehen? Schließlich bekommt manch einer von Euch für seine belanglosen, langweiligen Werke so viel, wie die von Euch besungenen Bauern nicht einmal mit einer ganzen Kolchose erarbeiten können.

Ihr seid ein Komplizenverband ... Der eine hat die Parteikasse geplündert, ein anderer seine Staatsdatscha verschachert, ein Dritter hat Genossenschaftsgelder auf sein Privatkonto übertragen ... In den zwölf Jahren, in denen ich im Verband gewesen bin, kann ich mich an keinen Fall erinnern, wo auch nur ein einziger von diesen Leuten aus diesem Grunde aus dem Verband ausgeschlossen worden wäre.

Sobald man aber einmal ein ehrliches Wort sagt (oder manchmal auch einfach nur schweigt, während alles laut durcheinanderschreit) hagelt es gleich aus sämtlichen Richtungen Rache: Der Druck eines Buches, an dem man jahrelang gesessen hat, wird abgelehnt, ein Drama verboten, ein Film, dessen Drehbuch von dir stammt, verschwindet im Schrank. Und was ist die Folge? Völlig prosaisch – Geldknappheit! Ein volles Jahr lang keine einzige Kopeke, zwei Jahre lang keine einzige Kopeke, so daß man gezwungen ist, Schulden zu machen, zu verkaufen, was man verkaufen kann, und wenn es dann absolut nicht weitergeht und man in diesen zwei Jahren kein unvorsichtiges Wort hat laut werden lassen, kann es sogar sein, daß man sich herabläßt und dir zweihundert, dreihundert Rubel aus dem Litfond spendiert, um dann dein Leben lang vorgehalten zu kriegen: »Wir haben ihm unter die Arme gegriffen, und er ...« Ich brauche keine Hilfe, ich bin kein Bettler. Ich habe Leser und Zuschauer. Stellt Euch nicht zwischen sie und mich, und ich werde Eurer Hilfe nicht bedürfen.

Ich werde nicht an Eurer geheimen Sitzung teilnehmen. Ich bin bereit, mit Euch auf jeder beliebigen öffentlichen Schriftstellerversammlung zu polemisieren oder auch, wenn Ihr wollt, auf einer Versammlung mit Arbeitern, in deren Namen Ihr mich angreift! Im Unterschied zu den meisten von Euch bin ich selbst auch Arbeiter gewesen. Elf Jahre lang habe ich meinen Lebensunterhalt als Kuhhirt auf einer Kolchose verdient. Ich habe Äcker gepflügt, auf dem Bau Mörtel gemischt und in der Fabrik an der Werkbank gestanden. Vier Jahre habe ich als Soldat in der Sowjetarmee gedient. Ich würde gern einmal auf einer öffentlichen Versammlung sehen wollen, wie Ihr es fertigbringen würdet, mich als imperialistischen Ausbeuter oder einen Agenten ausländischer Spionagedienste hinzustellen ...

Eure Waffe ist die Lüge. Ihr habt den größten Bürger unseres Landes verleumdet und mitgeholfen, ihn abzuschieben. Und Ihr meint, daß es Euch allen zusammen jetzt gelingen wird, seinen Platz einzunehmen. Aber da geht Ihr fehl! Vorläufig gehen die Plätze in der großen russischen Literatur nicht an Euch. Und keinem einzigen von Euch wird es gelingen, auch nur an allerletzter Stelle genannt zu werden!

W. Woinowitsch

19. Februar 1974
Moskau

Streng vertraulich!
An den Minister für das Post- und Fernmeldewesen der UdSSR, Genosse N. W. Talysin

Verehrter Nikolai Iwanowitsch!

Zutiefst beunruhigt setze ich Sie hiermit davon in Kenntnis, daß sich in dem Zweig der Volkswirtschaft, dem Sie vorstehen, ein Gegner der internationalen Entspannung verbirgt, der zudem noch den verantwortungsvollen Posten des Leiters des Moskauer städtischen Telefonnetzes an sich gerissen hat.

Folgendermaßen ist es mir gelungen, ihn zu entlarven:

Am 20. September dieses Jahres beschloß ich, die Dienstleistungen, die von der Telefondienststelle ihren Abonnenten angeboten werden, in Anspruch zu nehmen und rief meinen persönlichen Freund, den Dichter Naum Korshawin in Boston (USA) an. Den Inhalt des Gesprächs, das ich mit ihm geführt habe, will ich hier in etwa wiedergeben:

»Hallo«, sagte ich zu dem Dichter Korshawin.

»Hallo«, antwortete er.

»Wie geht es dir?«

»Geht so. Und dir?«

»Auch so einigermaßen.«

In der Hauptstadt unseres Vaterlandes war Tag. Ein lichter Tag des zehnten Fünfjahresplans. Unsere Leute errichteten in einem Anfall von Arbeitsenthusiasmus neue Gebäude, lenkten die verschiedensten Arbeitsmaschinen, glühten Stahl und gaben dem Land Kohle.

Zur selben Zeit war in der Stadt Boston selbstverständlich Nacht. Im Schutz der Dunkelheit trieben Gangsterbanden ihr Unwesen, brannten die Fackeln des Ku-Klux-Klan, qualmte Marihuanarauch, fiel unaufhaltsam der Dollarkurs, traten Arbeitslose, die die Hoffnung auf Arbeit aufgegeben hatten, so früh wie nur möglich beim Arbeitsamt an, und zwar in so langen Reihen, wie es sie bei uns nur bei Teppichen und Wurst gibt.

Der Dichter Korshawin antwortete, offensichtlich niedergeschlagen durch diese bedrückenden Verhältnisse oder auch einfach nur, weil er verschlafen war, auf meine Fragen träge und unpassend.

»Wie geht es Ljuba?« erkundigte ich mich nach dem Gesundheitszustand seiner Frau.

»Ljuba?« fragte er zurück mit einer Verständnislosigkeit, die seiner rückständigen Weltanschauung entsprach. »Ljuba schläft. Und wie geht es Ira?«

Es wird Ihnen, wie ich glaube, durchaus angenehm sein zu hören, daß das unter Ihrer Leitung arbeitende Telefonverbindungssystem vorzüglich funktionierte. Die Verständigung war dermaßen gut, daß es mir war, als befände sich der schlaftrunkene Dichter Korshawin nicht an der entgegengesetzten Seite des Planeten, sondern irgendwo in unmittelbarer Nachbarschaft. Unser Gespräch, das als solches für Außenstehende völlig uninteressant war (wie mir schien), war nichtsdestoweniger eine beredte Bestätigung der Tatsache, daß wir in der Ära der Entspannung leben, wo sich die Kontinente näher kommen, wo Kontakte und Informationsaustausch (und seien sie noch so belanglos) unter den Menschen nicht nur möglich geworden sind, sondern auch von den Ländern gefördert werden, die die Vereinbarungen von Helsinki unterschrieben haben.

Leider jedoch sollte der Triumph der Entspannung nicht von Dauer sein.

Am Morgen des nächsten Tages nahm ich den Telefonhörer in die Hand und mußte verärgert feststellen, daß das Telefon stumm war wie ein Fisch. »Irgendwas muß kaputt sein«, sagte ich mir und ging zur nächstbesten Telefonkabine.

»151-28-53?« ließ sich bei der Störungsstelle eine bezaubernde weibliche Stimme vernehmen. »Ist das Ihr Telefonanschluß?«

»Ja, meiner.«

»Ist wegen groben Unfugs gesperrt.«

Ich war dermaßen verdutzt, daß ich den Hörer auflegte. Aber dann wagte ich es doch noch einmal.

»Verzeihen Sie, vielleicht habe ich mich verhört... Weshalb ist meine Nummer gesperrt?«

»Handelt es sich um Ihren eigenen Telefonanschluß?« wurde ich abermals gefragt.

»Nein, nicht um meinen«, gab ich dieses Mal zur Antwort.

»Ist gesperrt, weil die Gebühren nicht ordnungsgemäß entrichtet worden sind.«

Ungeachtet meiner Reputation als Hooligan versuchte ich höflich zu sein.

»Vorhin haben Sie aber einen anderen Grund angegeben. Überlegen Sie bitte noch einmal und beantworten Sie mir ganz genau, warum mein Telefonanschluß gesperrt worden ist.«

Wie es schien, wurde sie verlegen. Vielleicht auch nicht.

»Ihr Telefonanschluß ist auf Anordnung von oben gesperrt worden.«

»Von wem von oben?«

»Wissen Sie das denn nicht?«

»Nein, weiß ich nicht.«

»Sonderbar.« Sie glaubte mir offenbar nicht. »Tja, dann rufen Sie mal denundden an, dort wird man Ihnen Auskunft geben.«

Ich rief Denundden an, darauf noch einen Denundden, dann noch einen, noch einen und noch einen. Die Personen, mit denen ich sprach, weigerten sich, mir ihren Namen sowie ihre Dienststellung zu nennen, antworteten in Rätseln und unklaren Andeutungen dahingehend, daß ich ja selber alles gut verstünde (obgleich ich gar nichts verstand); kurzum, ich hatte das Gefühl, nicht mit der Telefonzentrale zu sprechen, sondern mit irgendeiner Untergrundorganisation. Unter unbeschreiblichen Anstrengungen gelang es mir dann aber dennoch herauszubekommen, daß mein Telefonanschluß auf Anordnung des Leiters des Moskauer städtischen Telefonnetzes, Wiktor Fedjejewitsch Wassiljew, abgeschaltet worden war. Aber weshalb?

Da sitze ich also, teuerster Nikolai Wladimirowitsch, in meiner von aller Welt abgeschnittenen Wohnung und stelle mir eben diese Frage: Weshalb?

Wegen nicht entrichteter Gebühren, das ist natürlich schlicht gelogen! Die Dienstleistungen, die ich vom Post- und Fernmeldedienst in Anspruch nehme, zahle ich stets aufs pünktlichste. Sie können ohne weiteres ein Porträt von mir, nämlich als das eines höchst beispielhaften Zahlers, in Ihrem Arbeitszimmer oder auch draußen auf der Straße vor Ihrem Ministerium aufhängen!

Grober Unfug? – Wenn es darum ginge, warum bestimmt dann eigentlich nicht ein Gericht das Strafmaß, sondern der Leiter des Post- und Fernmeldedienstes? Und was soll erst werden, wenn die Leiter der Elektrizitätswerke, die für Lifte, Gas, Wasserversorgung und Kanalisation zuständig sind, seinem Beispiel folgen? Das ist doch einfach absurd! Das könnte schließlich durchsickern und in die Zeitungen kommen! Dergleichen wäre für auf Sensationsmeldungen seitens westlicher »Stimmen« oder des armenischen Rundfunks Versessene ein gefundenes Fressen.

Und worin soll mein »grober Unfug« bestanden haben? Dem Dichter Korshawin gegenüber habe ich nichts geäußert, was man als groben Unfug bezeichnen könnte. Sie können ihn anrufen und testen, falls Sie soviel Zivilcourage haben, ob Ihr Apparat anschließend ebenfalls stumm sein wird. (Im übrigen glaube ich, daß Sie sicher mehrere Telefonanschlüsse haben, so daß Sie sich, sollte einer davon abgeschaltet werden, vorübergehend sicher eines anderen bedienen können.) Möglicherweise wird allein schon die Tatsache, daß man in einem anderen Land anruft, als grober Unfug angesehen?

Weshalb werden dann aber den Abonnenten dergleichen Dienstleistungen angeboten?

Die Antwort »Verstehen Sie ja selber« erscheint mir ebenfalls unbefriedigend. Ich verstehe nicht, Nikolai Wladimirowitsch.

Bei aller mir eigenen selbstkritischen Haltung kann ich in dem, was ich getan habe, keinen groben Unfug sehen. Die Tatsache jedoch, daß der Ihnen untergebene Wassiljew fremde Gespräche abhört, daß er höchst persönlich lügt, daß er andere zum Lügen nötigt und den Menschen die Möglichkeit nimmt, untereinander Kontakt aufzunehmen, das allerdings ist grober Unfug in Reinkultur. Es ließen sich freilich auch noch andere Definitionen dafür finden wie Gesetzwidrigkeit, Willkür oder Despotismus – ich weiß nicht, was Ihnen am ehesten zusagt.

Indessen geht es nicht so sehr um die Definition. Es geht viel mehr darum, daß es sogenannte Menschenrechte (Sie haben vielleicht schon davon gehört) gibt, gemäß denen der Mensch nicht nur, wie es in einem Lied heißt, das Recht »auf Lernen, Erholung und Arbeit« hat, sondern auch noch auf andere Kleinigkeiten des Lebens. Unter anderem auch auf solche wie freie Meinungsäußerung, Informations- und Gedankenaustausch sowie die Möglichkeit, untereinander Kontakt aufnehmen zu können, sei es, ich mit Ihnen oder mit dem Dichter Korshawin, oder Sie mit dem Dichter Korshawin oder irgendeinem beliebigen anderen, ohne deshalb um die Erlaubnis des Ihnen unterstellten Wassiljew bitten zu müssen. Diese unseren gemeinsamen (um mit Ihnen zu sprechen) Rechte gelten in der zivilisierten Welt als in einem Maße unveräußerlich, daß ihre Wahrung als eine der wichtigsten Bedingungen für die internationale Entspannung betrachtet wird. Sie finden in diversen internationalen Vereinbarungen ausdrücklich Erwähnung und eben auch in den Vereinbarungen von Helsinki, die Leonid Iljitsch Breschnjew persönlich im Namen des Sowjetstaates unterschrieben und feierlich verkündet hat. Demnach hat Wassiljew damit, daß er meinen Telefonanschluß gesperrt hat, nicht nur sich selbst als einen Hooligan in Verruf gebracht, sondern auch versucht, Zweifel in die Aufrichtigkeit der Bemühungen der Sowjetunion hinsichtlich der Entwicklung des Entspannungsprozesses zu säen und den Genossen Breschnjew persönlich in eine unangenehme Lage zu bringen.

Ich brauche Ihnen nicht zu sagen, Nikolai Wladimirowitsch,

daß es weltweit noch eine nicht unbeträchtliche Anzahl von Entspannungsgegnern gibt. Da hat man einen guten Adlatus in unserem Lande gefunden! Schließlich ist es keinem von ihnen, nicht einmal dem berüchtigten George Meany gelungen, auch nur einen einzigen Telefonanschluß zu sperren. Wassiljew jedoch ist es gelungen. Soviel ich gehört habe, soll das nicht das erste Mal sein und der Telefonterror unter seiner Ägide nie dagewesene Ausmaße angenommen haben.

Ich weiß nicht, wie Sie, Nikolai Wladimirowitsch, die Dinge sehen, doch mir scheint die Lage durchaus bedrohlich. Haben sie erst einmal das Telefonnetz in ihre Gewalt gebracht, können die Gegner der Entspannung jederzeit auch noch weiter gehen. Und wenn dann auch noch Post- und Telegraphenamt, Rundfunk und Fernsehen in ihrer Hand sind, dann ... Sie wissen selbst, was in solchen Fällen zu geschehen pflegt.

Um unser Land vor solch unangenehmen Folgen zu bewahren, bitte ich Sie, Wassiljew fristlos von dem Amt, das er bekleidet, zu entbinden und dem neuen Leiter des Moskauer städtischen Telefonnetzes zu verbieten, meinen Telefonanschluß zu sperren.

Mit dem Ausdruck vorzüglicher Hochachtung,

Wladimir Woinowitsch

10. Oktober 1976
Moskau

Vorbemerkung zum »Brigantiner«-Brief

Vor einigen Jahren erhielt ich einen Brief von Schülern der Mittelschule Nr. 7 in Artjomowsk (Region Woroschilowgrad). Sie schrieben mir, an ihrer Schule sei ein Literarischer Klub namens »Brigantine« gegründet worden und baten in diesem Zusammenhang um irgendein Buch von mir. Ich schickte ihnen zwei meiner Bücher, die gerade kurz zuvor erschienen waren. Die Schüler antworteten umgehend, bedankten sich und ließen mich wissen, daß sie mich zum Ehrenmitglied ihres Klubs ernannt hätten, dem bereits Sofronow, Gribatschow, Permjak und noch irgendwer als Ehrenmitglieder sowie, scheint's, Sartakow als Ehrenvorsitzender angehörten. Eine schöne Gesellschaft, dachte ich erstaunt, und ließ die »Brigantiner«-Briefe in der Folge unbeantwortet. Die »Brigantiner« indessen hörten nicht auf, mir zu schreiben. Zu jedem Feiertag, sei es Neujahr, sei es der 23. Februar, der 1. Mai oder 7. November kamen Postkarten und Briefe, ganz so, wie die sogenannten Arbeitsrapporte, die in den Zeitungen zu erscheinen pflegen.

Die Besatzung der »Brigantine«, wie sie sich selbst titulierten, erstattete feierlich Bericht über ihre Erfolge und warf mit Zahlen um sich: In ihrem Museum befänden sich vierhundertachtzig Bücher nebst Autogramm des jeweiligen Schriftstellers aus siebenundachtzig Städten, eintausendfünfhundertfünfzig Briefe von Schriftstellern und so weiter und so fort. Dann kamen Liebeserklärungen und Ergebenheitsbekundungen (»Kommen Sie uns besuchen, und Sie werden sich selbst davon überzeugen können, wie sehr man Sie und Ihr Werk bei uns in der ›Brigantine‹ liebt und verehrt.«) sowie endlose Wünsche für ein »erfolgreiches Schaffen und gute Gesundheit«!

Es kam die Zeit, in der meine Post einschneidende Einschränkungen erfuhr. Der eine oder andere hörte auf zu schreiben, gewisse Briefe kamen nicht an, nur die Briefe der »Brigantine« trafen wie eh und je zu jedem Feiertag ein. Die Zeit verging, in meinem Leben ereignete sich so manches, meine Briefpartner aus Artjomowsk beendeten die Schule, doch eine neue »Besatzung« ließ mir hartnäckig weiterhin Glückwünsche zu irgendwas zukommen, wünschte mir dies und das und insbesondere »stets der zu sein, als den wir Sie kennen«.

Und gestern nun, am 1. November 1977, traf wieder solch ein Brief ein, der letzte sehr wahrscheinlich:

Bürger W. N. Woinowitsch!

Über Rundfunksendungen aus dem Ausland sowie aus einem Sammelband des Schriftstellerverbandes haben wir erfahren, daß Sie wegen antisowjetischer Betätigung aus dem Schriftstellerverband ausgeschlossen worden sind.

Ebenso empört sind wir über Ihr »Schaffen« und sind der Ansicht, daß Sie damit der Würde, Mitglied des Litklubs »Brigantine« zu sein, verlustig gegangen sind, wovon wir Sie hiermit in Kenntnis setzen.

Der Direktor der Schule Nr. 7
(Unterschrift unleserlich)
Die Klubmitglieder
(Zwölf Unterschriften von Kindern)

In unserem Land sind Kinder, was ihren Anteil am gesellschaftlichen Leben anbelangt, den Erwachsenen so gut wie gleichgestellt. Ständig bedanken sie sich – innigst, versteht sich – bei irgendjemandem für ihre glückliche Kindheit, erstatten feierlich Rapport über Schrott- und Altpapiersammlungen, prangern dafür bei gegebener Gelegenheit voller Zorn Abtrünnige an und fordern Blut. Leider wird sich mit einiger Gewißheit ein Großteil von ihnen auch in späteren Jahren in dieser Weise hervortun.

Aus eben diesem Grunde bin ich der Auffassung, daß der Brief der »Brigantiner« sowie meine Antwort darauf von allgemeinem Interesse sind. Es bedarf, wie ich hoffe, nicht erst des Hinweises, daß die Argumentation meines Antwortbriefes in ihrer Form auf das Niveau meiner jungen Briefpartner zugeschnitten ist.

W. Woinowitsch

An die Mitglieder des literarischen Klubs »Brigantine«

(Tschernyschewa, Kornejewa, Chmelewa, Kisil, ... restschewa, Wasjutschenkowa, Ud*aw*ik, Bereschenko, Kapljana, Bondarenko, *P*rjusynjuk, *Ka*n*o*nowa. Die *kursiven* Buchstaben sind unklar.)

Ich habe Euren Brief erhalten, den Ihr an den »Bürger Woinowitsch« adressiert und in einem Ton abgefaßt habt, als wäret Ihr bereits auf der Schulbank zu Gefängniswärtern erzogen worden. Wäre Euer Brief von Erwachsenen geschrieben, würde ich mir gar nicht erst die Mühe machen, ihn zu beantworten. Da Ihr jedoch Kinder seid und auf Euch erst noch viele Erkenntnisse und Erfahrungen warten, bin ich bereit, Euren Brief zu beantworten.

Ihr könnt gar nicht aus einem Sammelband des Schriftstellerverbands von einer »antisowjetischen Betätigung« meinerseits gehört haben, da ein solcher Sammelband überhaupt nicht existiert. Und Euer Direktor ist ein äußerst schlechter Pädagoge, wenn er Kinder Unterschriften unter eine bewußte Lüge geben läßt. Ihr tätet also nur gut daran, wenn Ihr ihm deshalb in Zukunft den Respekt verweigert.

Von einer Betätigung meinerseits, die Euch von Eurem Direktor als »antisowjetisch« eingeredet worden ist, könnt Ihr nur über die von Euch erwähnten Rundfunksender aus dem Ausland oder andere, Eurem Direktor zugängliche Quellen gehört haben.

Vor vier Jahren (es ist Euch erst spät eingefallen!) bin ich in der Tat aus dem Schriftstellerverband ausgeschlossen worden, und zwar wegen einer Betätigung, die man korrekterweise literarisch und gesellschaftlich bezeichnen sollte, das heißt, weil ich mich bemüht habe, nach meinen Fähigkeiten zu schreiben und nach meinem Gewissen zu leben. Deshalb, weil ich mehrmals für zu Unrecht Verfolgte eingetreten bin. (Ich rate Euch, ein Gleiches zu tun, sobald Ihr groß seid, oder sogar auch schon jetzt. Und das nicht, weil es Euch Euer Direktor einredet, sondern aus eigenem Antrieb!) Ich bin deshalb aus dem Schriftstellerverband ausgeschlossen worden, weil ich inmitten Andersdenkender nach meinen schwachen Kräften versucht habe, dem Wiederaufleben von Zuständen in unserem Land, wie sie charakteristisch für eine Zeit gewesen sind, die heute höchst zurückhaltend als »Periode des Personenkults« bezeichnet wird, entgegenzuwirken.

Wenn Ihr erst größer und mehr von dieser Zeit erfahren werdet, als Ihr derzeit wißt, werden denjenigen von Euch, die so etwas wie ein Gewissen haben, die Haare zu Berge stehen. Ihr werdet erfahren, daß Millionen Menschen (unter ihnen möglicherweise auch Eure Großmütter und Großväter) umgekommen sind, denen man »antisowjetische Betätigungen« vorgeworfen hat.

Ebenso werdet Ihr erfahren, daß Schriftsteller wie Zwetajewa, Achmatowa, Mandelschtam, Babel, Bulgakow, Platonow, Sostschenko und Pasternak entweder in Lagern gefoltert oder auf jede nur mögliche Art und Weise verfolgt und schikaniert worden sind, weil erwachsene Leute aus Dummheit oder Bosheit ihnen solche Briefe geschrieben haben, wie Ihr das getan habt. Ihr werdet erkennen, daß es heute eben gerade diese Schriftsteller sind – und nicht ihre in Gunst stehenden Zeitgenossen –, die der Stolz unserer vaterländischen Literatur sind.

Leider sind Verfolgungen von Schriftstellern (und anderer redlicher Menschen) nicht auf diese längst vergangene Periode beschränkt geblieben. Wenn Ihr schon ausländische Sender hört (wozu eigentlich die Aufsicht Eures Direktors?), könnt Ihr Euch auch eine Liste von Schriftstellern zusammenstellen, die unsere heutige Literatur mit weitaus größerer Berechtigung vertreten als die Ehrenmitglieder Eures Klubs. Es sind eben gerade diejenigen Schriftsteller, die des Landes verwiesen oder in ihrem Vaterland unerträglichen Verfolgungen ausgesetzt sind, die die Besten der heute Lebenden ausmachen und früher oder später bei unseren Nachkommen dankbare Anerkennung finden werden. Was heißt hier von unseren Nachkommen? Schon heute sind es Tausende von Menschen in unserem Lande und Millionen auf der ganzen Welt, die sich in ihre Bücher, die von Hand zu Hand gehen, vertiefen.

Es ist noch gar nicht so lange her, da habt Ihr mir geschrieben, daß Ihr mich und meine Bücher liebt. Einer von Euch hat geschrieben: »Wir wünschen Ihnen, stets der zu sein, als den wir Sie kennen.« Und jetzt schreibt Ihr: »Ebenso empört sind wir über Ihr »Schaffen« (wobei Ihr das Wort Schaffen in Anführungszeichen gesetzt habt). Als wen kanntet Ihr mich eigentlich? Und hat sich mein Schaffen denn verändert? Und was ist Eure »Liebe« wert (jetzt setze ich Anführungszeichen!), wenn sie in die Brüche geht, kaum daß Ihr erfahren habt, daß ich aus dem Schriftstellerverband ausgeschlossen worden bin?

Wie man sieht, war diese Eure »Liebe« nichts weiter als eine banale Formsache, genauso übrigens, wie Eure verspätete »Empörung«.

Meine Bücher sind, weil man mich aus dem sogenannten Schriftstellerverband ausgeschlossen hat, noch lange nicht schlechter geworden. Sie sind in mehr als zwanzig Sprachen übersetzt worden und viele hundert Aufsätze sind in der Weltpresse, die kommunistische inbegriffen, über sie erschienen. Nicht ohne Stolz sage ich Euch, daß Tausende von Lesern in unserem Lande sich nicht von mir losgesagt haben, daß sie meine Bücher hegen und bewahren, sie wieder und wieder lesen und bisweilen sogar mit der Hand abschreiben. Diese Leser sind mir teuer und wert, solche wie Ihr, entschuldigt, nicht!

Überhaupt, ein wahrer Leser ist nicht der, der wahllos an

sämtliche Mitglieder des Schriftstellerverbandes Festtagsgrüße verschickt und im Rechenschaftsbericht abhakt, sondern der, der Bücher liest, ohne sie in sowjetische und antisowjetische einzuteilen, vielmehr in gute und schlechte, wahre und verlogene. Wer gute Bücher liest und wieder liest, wird über ihnen weinen oder lachen und dadurch zu Geist und Verstand, Güte und Wohlwollen den Menschen gegenüber gelangen.

Daß meine Bücher im Augenblick nicht in der UdSSR gedruckt werden, ist keineswegs meine Schuld.

W. I. Lenin (der für Euch möglicherweise eine Autorität darstellt) hat nach den Worten Bontsch-Brujewitschs davon geträumt, daß einmal die Zeit kommen wird »wo wir endlich die Literatur, die sich zu beiden Seiten der Grenzen des autokratischen Rußland herausgebildet hat, wiedervereinigen, wo wir endlich in der Lage sein werden, sie zur Gänze und in ihrer ungeschmälerten Fülle kennenzulernen und allerhöchstes Augenmerk darauf richten werden, daß viele Autoren wohl oder übel im Ausland gedruckt werden«.

Ich hoffe, daß der Traum Lenins trotz alledem irgendwann einmal in Erfüllung gehen wird und von den vielen Büchern, die Euch vorläufig noch unzugänglich sind, auch meine zu Euch gelangen werden. Und dann werden sich einige von Euch dessen schämen, daß sie diesen Brief unterschrieben haben, den Euer Direktor für Euch abgefaßt hat.

W. Woinowitsch

Moskau, 2. November 1977

Anmerkungen des Übersetzers

Der ich hätte werden können

Lawson: Henry Archibald (eig. Henry Hertzberg Larsen, 1867–1922); australischer Dichter.

Staatsfeiertag: Tag der Oktoberrevolution vom 25. 10. 1917 (7. 11. neueren Datums).

Babi Jar: Ein Steilhang bei Kiew, Hauptstätte der Massenmorde an Juden unter der Naziokkupation. Vgl. das Gedicht »Babi Jar« von Jewgeni Jewtuschenko (1961).

Lomonossow: Michail Wassiljewitsch (1711–1765); russischer Gelehrter und Dichter, Naturwissenschaftler und Philologe. Seine philologischen und stiltheoretischen Arbeiten trugen wesentlich zur Fixierung der russischen Literatursprache bei.

Dolores Ibarruri: genannt *La Pasionaria* (geb. 1895). 1920 Mitbegründerin der Kommunistischen Partei Spaniens. Emigrierte 1939 in die SU. Seit 1942 Generalsekretärin der spanischen KP im Exil. Ihr Ausspruch »Lieber aufrecht sterben als kniefällig leben« ist Kern der polnischen »Hymne der Solidarität«.

Rastrelli: Bartolomeo Francesco (1700[?]–1776); Graf, russischer Architekt italienischer Abstammung. Unter Kaiserin Elisabeth führender Baumeister Rußlands, hat als solcher das Stadtbild St. Petersburgs wesentlich mitgeprägt.

Rossi: Karl Iwanowitsch (1775[?]–1849); italienisch-russischer Baumeister, gab dem Stadtbild von St. Petersburg unter Alexander I. mit klassizistischen Monumentalbauten das Gepräge.

23. Februar: Tag der Sowjetarmee.

Einen halben Kilometer weit

GAS: Abkürzung für Gorkowski awtomobilny sawod, das heißt ein Fabrikat der Automobilwerke Gorki.

Im Freundeskreis

›Ogonjok‹: »Das Flämmchen«. Populäre sowjetische illustrierte Wochenzeitschrift, gegründet Moskau 1923.

»In alphabetischer Reihenfolge«: Das russische Alphabet hat, anders als

das deutsche, die Lautfolge: A, B, W, G, D, E, Sh, S, I, K, L, M, N, O...

»Die Lücke zwischen Werschilow und Kasanowitsch«: Die Lücke zwischen dem dritten und dem zehnten Buchstaben im Alphabet.

Koba: Stalins Deckname in der kaukasischen Untergrundbewegung.

Hopak: ukrainischer Tanz, der »Hopser«.

Sergej Skurlatski, Schriftsteller

›Narodnaja Wolja‹: ›Volkswille‹.

Onkel Wolodja

Blok: Aleksander Aleksandrowitsch (1880–1921); bedeutendster Lyriker des russischen Symbolismus.

Vatersname: Im Russischen tritt zum persönlichen Vornamen grundsätzlich der Vorname des Vaters, der sogenannte Vatersname hinzu.

Hauptmann Kurassow

»An letzter Stelle auf unserer Namenliste«: ›Ja‹ (Ja-chontow) ist der letzte Buchstabe im russischen Alphabet.

An den Vorsitzenden der Allunionsagentur für Autorenrechte

Literaturnaja Gasjeta: dt. »Literaturzeitung«. 1929 gegründetes, seit 1967 wöchentlich mit einem Umfang von sechzehn Seiten erscheinendes Organ des Vorstands des Schriftstellerverbandes der UdSSR.

Allunionsagentur für Autorenrechte: russ. Abk.: WAAP (Wsesojusnoje agentstwo po awtorskim prawam).

Markow: Georgi Mokejewitsch, geb. 1911; Prosaiker und Literaturfunktionär.

Wertschenko: Juri.

Sartakow: Sergej Wenediktowitsch, geb. 1908; Prosaiker und Literaturfunktionär.

Samisdat: Kurzform für samoisdatelstwo, dt. Selbstverlag. Im Samisdat erscheint (verbotene) Literatur ohne staatliche Zensur.

Possew: russischer Emigrantenverlag in Frankfurt am Main.

Gallimard: Pariser Verlag.

Lefortowo- und Butyrskaja-Gefängnis: Das Lefortowo-Gefängnis liegt im Moskauer Stadtbezirk Baumanski und gilt als eines der strengsten Gefängnisse des KGB der UdSSR. Das Butyrskaja-Gefängnis liegt nicht weit vom Moskauer Stadtzentrum entfernt und ist eines der größten Gefängnisse von Moskau mit nicht weniger als fünfundzwanzig großen Strafanstalten.

An die Mitglieder des literarischen Klubs »Brigantine«

Brigantine: leichte Brigg, Segelschiff; Titel eines bei der Sowjetjugend beliebten romantischen Liedes.

Sofronow: Anatoli Wladimirowitsch, geb. 1911; Dramatiker und Lyriker.

Gribatschow: Nikolai Matwejewitsch, geb. 1910; Lyriker und Prosaiker

Permjak: Jewgeni Andrejewitsch, geb. 1902; Prosaiker.

Sartakow: Sergej Wenediktowitsch, geb. 1908; Prosaiker und Literaturfunktionär.

Bei den genannten Schriftstellern handelt es sich durchwegs um parteiliche Sowjetschriftsteller von mäßiger literarischer Qualität.

23. Februar: Tag der Sowjetarmee.

7. November (25. Oktober alten Stils): Tag der Oktoberrevolution und der bolschewistischen Machtübernahme 1917.

Wladimir Woinowitsch im Diogenes Verlag

Auf gut russisch oder
Der ich hätte werden können
Erzählungen und offene Briefe
Aus dem Russischen von G. von Halle

Die denkwürdigen Abenteuer des
Soldaten Iwan Tschonkin
Roman. Deutsch von Alexander Kaempfe
detebe 20628

Brieffreundschaften
Erzählung. Deutsch von Heddy Pross-Weerth
detebe 20106

In Vorbereitung:
Iwan Tschonkin, Thronanwärter
Roman. Deutsch von Alexander Kaempfe